Veronika Kracher

INCELS

Geschichte, Sprache und Ideologie eines Online-Kults

Veronika Kracher, 1990 in München geboren, beschäftigt sich mit der Incel-Subkultur, der Alt-Right, Imageboards wie 4chan und Rechtsterrorismus - irgendjemand muss es ja tun. Weitere Forschungsschwerpunkte sind Feminismus und Patriarchatskritik, Antisemitismus, Literaturtheorie und Popkultur. Regelmäßige Publikationen u. a. in »konkret«, »Jungle World«, »Neues Deutschland« und »Antifaschistisches Infoblatt«. Wenn sie sich nicht gerade durch die Sümpfe toxischer Online-Kulturen wühlt, guckt sie Horrorfilme, liest Romane von Gisela Elsner, spielt Video- und Pen-and-Paper-Rollenspiele, besucht Postpunk-Konzerte und trinkt Wein.

»testcard zwergobst« wird präsentiert vom Magazin »testcard. Beiträge zur Popgeschichte«. Weitere Bände der Reihe:

- Frank Apunkt Schneider: »Deutschpop halt's Maul«
- Dagmar Brunow (Hg.): »Stuart Hall. Aktivismus, Pop und Politik«
- Jonas Engelmann: »Wurzellose Kosmopoliten. Von Luftmenschen, Golems und jüdischer Popkultur«
- Wolfgang Seidel: »Wir müssen hier raus! Krautrock, Free Beat, Reeducation«
- Yvonne Kunz: »Jihad Rap. An den Rändern muslimischer Subkulturen«
- Sonja Vogel: »Turbofolk. Soundtrack zum Zerfall Jugoslawiens«
- Jan-Niklas Jäger: »Factually. Pet Shop Boys in Theorie und Praxis«

Diese Publikation entstand mit Unterstützung der Rosa-Luxemburg-Stiftung Rheinland-Pfalz

3. Auflage März 2026
ISBN 978-3-95575-130-2

Lektorat: Jonas Engelmann
Gesamtgestaltung und Satz: Oliver Schmitt
Druck und Bindung: Hunter Books

Ventil Verlag, Boppstraße 25, 55118 Mainz
www.ventil-verlag.de

Inhalt

Was sind Incels überhaupt? Und wieso über sie schreiben?

Wissen Sie was, liebe Leser*innen? Eigentlich würde ich dieses Buch lieber gar nicht schreiben müssen. Es gibt so viel schönere Dinge, als sich durch die frauenfeindlichen Hasstiraden frustrierter junger Männer zu lesen. Kätzchen kraulen. Mit der besten Freundin Champagner trinken. Feministische Graphic Novels lesen. Pen-and-Paper-Kampagnen spielen. Sogar sich die Zehennägel zu schneiden ist angenehmer als die Recherche in Incel-Foren! Aber, um mal mein eigenes Motto zu zitieren: Irgendeine muss es ja tun.

Lange Zeit war es, wenn ich über Incels sprach oder schrieb, so, dass viele Zuhörer*innen oder Leser*innen – vor allem ein Publikum über 35 oder Personen, die weniger internetaffin sind als ich – mir sagten, dass sie gerade zum ersten Mal in ihrem Leben mit dem Thema konfrontiert worden wären. Incels waren lange Zeit ein primär nordamerikanisches Phänomen, in Deutschland berichtete man erst im Rahmen des Anschlags von Elliot Rodger in Santa Barbara 2014 und, dann auch im größeren Rahmen, als Alek Minassian 2018 in Toronto mit einem Sprinter in eine Menschenmenge raste. Ich hatte mich zu diesem Zeitpunkt sowohl intensiv mit der Geschlechterideologie der Alt-Right als auch mit der sogenannten »Manosphere«, also einem Online-Netzwerk antifeministischer Männerrechtsgruppen, befasst und auch einen Vortrag zum Thema konzipiert und begann, stärker zu dem damals in Deutschland noch vergleichweise obskuren Thema Incels zu recherchieren.

Das alles änderte sich nach dem 9. Oktober 2019, als ein junger Rechtsradikaler an Jom Kippur ein Attentat auf die Synagoge in Halle verüben wollte und seine Tat live im Internet teilte. Auch wenn die Tat, die zwei Menschen – Jana S. und Kevin L. – das Leben kostete, kein explizites Incel-Attentat, sondern ein antisemitischer Angriff war, stellten zahlreiche Medien, von der *BILD*-Zeitung[1] bis hin zum leninistischen Blog *Klasse gegen Klasse*[2], die Frage: »War der Täter ein Incel?« Diese Frage liegt nicht fern, da der Täter sowohl in seinem Livestream als auch seiner – dem Namen eines Manifestes unwürdigen – veröffentlichten Tatbeschreibung unter anderem Codes und Memes der von Incels frequentierten Imageboards wie *4chan* verwendete, ein Alek Minassian gewidmetes Lied des Rappers Egg White hörte und durch seine Selbstgeißelung als »Versager« und »NEET«[3] stark an den in hunderttausenden Foreneinträgen zelebrierten Selbsthass von Incels erinnerte.

Ich verbrachte den kompletten Tag nach dem Attentat damit, mich durch Imageboards wie *Kohlchan* und Foren wie *Kiwifarms* zu wühlen, mir den Stream des Täters anzusehen, die höhnischen Kommentare der globalen Online-Rechten zu lesen. Trauer über die beiden Opfer suchte man vergeblich, stattdessen fand man das zynische Lachen darüber, dass es dem Täter nicht gelungen war, die Betenden in der Synagoge zu ermorden.

Mir war schlecht. Die Anschläge von jungen Männern, die sich auf rechten Foren wie *4chan, 8kun, Kiwifarms* oder *incels.co* radikalisiert hatten, die sich durch eine eigene Sprache, eigene Codes und das zynische Kokettieren mit Entfremdung, Nihilismus und Menschenhass auszeichneten, waren bisher etwas gewesen, das mehrere tausend Kilometer entfernt passierte: Incel-Attentate wie in Santa Barbara und Toronto, die antisemitischen Anschläge von Pittsburgh und Poway, die rassistischen Anschläge von Christchurch und El Paso. Die Täter: narzisstisch gekränkte junge Männer, die sich durch den Terroranschlag an der modernen Welt mit ihrem Feminismus und Kosmopolitismus zu rächen gedachten. Narzisstisch gekränkte junge Männer, für die der Terroranschlag eine Form der Wiedergutmachung der gefühlten Ungerechtigkeit war, nicht die Anerkennung, die Liebe und den Ruhm vor die Füße und die Schlüpfer williger junger Frauen an den Kopf geworfen zu bekommen, sondern tagtäglich erfahren zu müssen, ein unbedeutender Loser zu sein wie alle anderen auch – obwohl man sich selbst zu Größerem berufen fühlte. Es war ein Schock: Dieser Anschlag wäre der größte antisemitische Anschlag seit ... Ja, seit dem Sieg über den Nationalsozialismus gewesen.

Mit dem Attentat auf die Synagoge von Halle, das gegen den Feminismus, People of Colour, vor allem aber gegen die vermeintlich hinter all diesen Übeln steckenden Juden gerichtet war, wurde die Möglichkeit dieser Form von Gewalt mit einem Mal auch in Deutschland real. Dass wir uns nicht falsch verstehen: rechter Terror hat in einem nur sehr unzureichend entnazifizierten Deutschland eine Tradition, die von der *Wehrsportgruppe Hoffmann* über den NSU bis hin zu rechtsradikalen Prepper-Gruppen wie *Nordkreuz* reicht. Dass jedoch ein Täter im Alleingang loszieht, ein mit zahlreichen Memes und Videospiel-Anspielungen gespicktes »Manifest« (na ja, eher: eine Loseblattsammlung) hinterlässt und seine Tat online überträgt, das gab es in der Form bisher nicht.

Ich schrieb auf *Facebook* einen längeren Post über den Anschlag und verbrachte die Nacht weitestgehend schlaflos und von Albträumen heimgesucht. Am nächsten Tag klingelte ab früh morgens das Telefon: Pressekontakte, die wissen wollten, ob es sich bei dem Attentäter um einen Incel handeln würde. Man hätte meinen Text gelesen und würde sich nun für meine Expertise interessieren. Ich korrespondierte an dem Tag mit meinem sehr geschätzten Kollegen Roland Sieber, mit dem ich gemeinsam auf *Kohlchan* und *Kiwifarms* recherchiert und viele Screenshots und Videos hin- und hergeschickt hatte. Er recherchiert zu Rechtsextremismus in der Gaming-Community und ebenfalls zu rechten Online-Foren, auch bei ihm stand das Telefon nicht mehr still. »Es ist bitter, dass wir seit Jahren über das Gefahrenpotential dieser Strukturen schreiben, und wir werden ignoriert. Und dann werden zwei Menschen ermordet und der potentiell größte antisemitische Anschlag in Nachkriegsdeutschland scheitert an der Synagogentür«, schrieb er mir.

Mit einem Mal war die Frage »Was sind eigentlich Incels?« auch in Deutschland angekommen. Wenige Tage nach dem Anschlag war ich zusammen mit meinem Verleger Jonas Engelmann auf eine Konferenz in Merseburg eingeladen, ich sollte dort zu Incels referieren. Merseburg ist nur wenige Kilometer von Halle entfernt. Ich hatte ein mulmiges Gefühl im Bauch, als ich im Zug saß. Das Gespräch mit den Veranstaltenden kam recht schnell auf das Attentat, auch da eines der Opfer, Kevin L., aus Merseburg stammte.

Wir wissen nicht, ob der Täter ein Incel war – sein Anschlag war, obwohl ihm eine antifeministische Komponente innewohnte, primär antisemitisch; seine »Alternativopfer« sollten Menschen mit Migrationshintergrund sein. Aber wir wissen, dass er die auf Selbst- und Frauenhass basierende Ideologie mit ihnen teilte.[4] Und es war dieses Attentat, mit dem die längst überfällige Beschäftigung mit dem Gefahrenpotential online radikalisierter junger Männer auch in Deutschland begann – auf Kosten zweier Menschenleben.

Ich selbst beschäftige mich seit etwas mehr als zwei Jahren intensiv mit der Incel-Subkultur und kann guten Gewissens behaupten, deutschlandweit zu den Personen zu gehören, die sich am besten mit diesen »unfreiwillig im Zölibat Lebenden« auskennen. Wer hätte gedacht, dass ein Mangel an Respekt vor den eigenen psychischen und emotionalen Grenzen auch von Vorteil sein kann – man kann sich intensiv mit einem wirklich scheußlichen Thema befassen, von dem die meisten Menschen, und das auch zu Recht, lieber die Finger lassen, und – zack! – ist man gefragte Koryphäe auf dem Gebiet.

Die erste Frage, die mir in Interviews gestellt wird, lautet in der Regel: »Was sind Incels eigentlich?« Incels, antworte ich dann, ist die Kurzform für »Involuntary Celibate«, also: unfreiwillig im Zölibat Lebende. Es handelt sich um junge Männer, die der sogenannten Blackpill-Ideologie anhängen, das nihilistischere Derivat der verschwörungstheoretischen und antifeministischen Redpill-Ideologie.

Die Redpill-Ideologie ist, kurz skizziert, eine maskulinistische Verschwörungsideologie, die besagt, dass der weiße, heterosexuelle und cisgeschlechtliche Mann inzwischen der große Verlierer unserer Zeit ist, in der die Welt vom Feminismus beherrscht wird, der wiederum eine jüdische Erfindung sei. Deswegen müsse sich der Mann auf ursprünglich männliche Werte zurückbesinnen und, da Männlichkeit sich für diese Redpiller über die Abwertung von Weiblichkeit konstituiert, Frauen zeigen, wo sie hingehören: in die Küche und ins Ehebett. Die Redpill-Ideologie ist die Ideologie narzisstisch gekränkter Männer, die panische Angst vor dem Verlust ihrer Hegemonie haben, die nun einmal auf der Unterdrückung und Ausbeutung anderer basiert. Wenn People of Colour, Frauen und queere Menschen sich emanzipieren, wird die Aufwertung der eigenen Person über die Abwertung Marginalisierter um einiges erschwert, weshalb jegliche Emanzipationsbestrebungen bis aufs Blut bekämpft werden. Deswegen ist es auch nicht verwunderlich, dass Männerrechtsaktivismus *die* Einstiegsdroge in rechtsradikales Denken ist.

Incels identifizieren sich weitestgehend mit dem Antifeminismus, Antikommunismus und Antisemitismus dieser Redpill-Ideologie, wie auch mit der Inszenierung als Erleuchteter und Aufgeklärter. Sie treiben aber all diese Aspekte auf eine wahnhafte Spitze: die Blackpill.

Sie sind der Ansicht, dass der Mann als solcher ein naturgegebenes Recht auf Sex hätte. Frauen verweigern Incels dieses Recht jedoch, da sie – so das Verständnis der Incels – allesamt wirklich oberflächliche Schlampen sind, die nur mit gottgleichen Klischeezeichnungen von Hypermaskulinität, sogenannten »Chads« schlafen, denn alle Männer, die nicht den weiblichen Anforderungen von Attraktivität entsprechen, hätten den sexuellen Wettbewerb schon lange verloren. Incels betrachten sich als die größten Verlierer unserer Zeit: sie haben, so ihr Glaube, eine Niete in der »genetischen Lotterie« gezogen und seien viel zu unansehnlich, um von Frauen überhaupt beachtet zu werden. Die einzige Empfindung, die Frauen unattraktiven Männern entgegenbringen können, sei nämlich Verachtung. Schuld daran ist der Feminismus. Die Welt sei vor der Geißel des Feminismus nach dem Prinzip des »Looksmatching« gestaltet gewesen, was bedeutet: Incels sortieren Menschen, ähnlich wie Pick-up-Artists, in »Attraktivitätslevel« von eins bis zehn ein. Früher sei einem Mann des Attraktivitätslevels »vier« eine Frau des gleichen Attraktivitätslevels garantiert gewesen, heute seien Frauen jedoch dem Anspruchsdenken verfallen, nur noch »Chads« könnten ihnen genügen. Deswegen bleibe keine Frau mehr für den armen, einsamen und jungfräulichen Incel übrig (dessen Idealfrau übrigens minderjährig, jungfräulich, unterwürfig und einem grenzwertigen Anime entsprungen sein muss), ja eigentlich ist schon jeder Mann unter dem Level »acht« in den weiblichen Augen eine unerträgliche ästhetische Zumutung. Dieser vernichtenden Kränkung der »Sexlosigkeit« kann für Incels nur mit einem Mittel begegnet werden: dem Krieg gegen Frauen, der bis zum Femizid reicht.

Als der damals gerade 22 Jahre alte Elliot Rodger im Mai 2014 auf dem Campus der Santa Barbara-Universität in Kalifornien sechs Menschen erschoss und 14 weitere verletzte, wurde die Öffentlichkeit zum ersten Mal mit dem Phänomen der Incels konfrontiert. Nach dem Attentat tötete Rodger sich selbst, nicht jedoch ohne davor ein 137 Seiten langes Manifest unter dem Titel *My Twisted World* zu veröffentlichen, in dem er seine komplette Biographie akribisch nach Gründen absucht, wieso sein eliminatorischer Frauenhass eine legitime Wiedergutmachung der Kränkung sei, noch nie einen weggesteckt zu haben. Größere Bekanntheit erlangten Incels nach einem Attentat in Toronto: Am 23. April 2018 raste der 25 Jahre alte Alek Minassian mit einem Sprinter in eine Menschenmenge in einem belebten Geschäftsviertel. Er ermordete zehn Menschen, 16 weitere wurden verletzt. Auf *Facebook* ließ er verlauten: »Private (Recruit) Minassian Infantry 00010, wishing to speak to Sgt 4chan please. C23249161. The Incel Rebellion has already begun! We will overthrow all the Chads and Stacys! All hail the Supreme Gentleman Elliot Rodger!«[5]

Wenn man sich die Debatte über Incels anschaut, werden diese oft als psychisch krank, Freaks, Außenseiter, das Andere oder als ein Kult gelabelt – als etwas, mit dem der ganz normale Mann überhaupt nichts zu tun hat. Dies ist jedoch ein gewaltiger Fehlschluss – böse Zungen könnten gar behaupten, dass die Auseinandersetzung mit dem Incel als frauenhassendem Gewalttäter eine unbewusste Abwehr der Tatsache ist, dass der durchschnittliche Mann und der Incel ideologisch gar nicht so weit voneinander entfernt sind.

Die Gesellschaft, in der wir leben, ist auf der systematischen Unterdrückung von Frauen aufgebaut, und nicht nur Incels reagieren mit Gewalt auf die narzisstische Kränkung, von einer Frau abgelehnt zu werden. Männer weigern sich, Frauen als eigenständige Subjekte anzuerkennen, und bestrafen sie, wenn sie auf ihr Recht auf einen Subjektstatus pochen. Männer objektivieren Frauen, belästigen Frauen, stalken Frauen. Sie verprügeln Frauen, kaufen sich die Körper von Frauen und verfassen anschließend vor Frauenhass triefende »Bewertungen« in Freierforen. Sie vergewaltigen und sie ermorden Frauen. Laut einem Bericht des Bundeskriminalamtes wurden 2018 114.393 Frauen in Deutschland Opfer häuslicher Gewalt[6], 122 Frauen wurden von ihrem Partner oder Ex-Partner ermordet.[7] Männer unterdrücken Frauen sowohl auf gesellschaftlicher als auch individueller Ebene, in einem patriarchalen System, das die Herrschaft *aller* Männer über *alle* Frauen, wie auch generell über Menschen, die außerhalb binärer Geschlechterkategorien fallen, garantiert. Und selbst wenn man zu den selbsternannten feministischen Helden zählt, die eine Frau niemals aktiv vergewaltigen würden, profitiert man von einer Gesellschaft, in der Frauen permanent durch patriarchale Gewalt in die Schranken gewiesen werden. Denn Frauen wird von klein auf eingebläut, dass es einfacher ist, sich den patriarchalen Vorstellungen von Frausein zu unterwerfen, als gegen diese Strukturen aufzubegehren. Der Kampf gegen das Patriarchat ist ein schwerer und wird gegen die heftigen Widerstände von Männern und deren Steigbügelhalter*innen geführt. Jede Feministin, jeder Mensch, der von den hegemonialen Vorstellungen des Geschlechterverhältnisses abweicht, kann ein Lied davon singen.

Es ist also mitnichten so, dass Frauenhass ein Spezifikum von Incels ist. Er ist, tragischerweise, konstitutiv für unsere Gesellschaft. Das Phänomen »Incels« entsteht nicht in luftleerem Raum, sondern ist Resultat eines Systems, in dem patriarchales Anspruchsdenken, Misogynie und Gewalt gegen Frauen an der Tagesordnung sind.

Dieses Buch hat es sich zur Aufgabe gemacht, einen Einblick in die Incel-Subkultur zu liefern. Im ersten Teil werde ich einen Abriss über die Entstehungsgeschichte der Incels von einer Selbsthilfegruppe hin zu einem toxischen Kult liefern und über die Mitglieder der Szene sprechen – über die Anzahl, ihre Herkunft, ihr Alter und ihre Organisation auf unterschiedlichen Foren.

Im darauffolgenden Kapitel werde ich eine tiefenhermeneutische Analyse der Incel-Ideologie anhand Elliot Rodgers Manifest *My Twisted World* leisten, das innerhalb der Incel-Community inzwischen Kultstatus erlangt hat. Anschließend wende ich die Textanalyse auf Incel-Foren an und analysiere dort exemplarisch an der verwendeten Sprache die dahintersteckende Ideologie. Diese Ideologie basiert, wie ich aufzeigen werde, auf pathologischem frauenfeindlichen Verschwörungsdenken, Selbsthass und kultiviertem Nihilismus.

Des Weiteren wird in diesem Buch das Verhältnis von Incels zu Rechtsradikalismus, Islamismus und rechtsradikalem Terrorismus verhandelt – Frauenhass ist laut einer Studie der *Anti Defamation League* die »Einstiegsdroge« in rechtsradikales Denken[8], und man kommt nicht umhin zu bemerken, dass auf Boards wie *8kun* eine neue Generation an Terroristen heranwächst, die alle dem gleichen Tätertypus entsprechen: dem narzisstisch gekränkten, in der Regel weißen Mann, der in einem Terrorakt eine Wiedergutmachung seiner vermeintlich erfahrenen Kränkung sieht.

Diesen Tätertypus werde ich im letzten Teil des Werkes vor allem anhand der Theorien von Raewyn Connell, Rolf Pohl, Klaus Theweleit, Theodor W. Adorno und Kate Manne beschreiben und eine sozialpsychologische Analyse von Incels durchführen. Da ich einen materialistisch-feministischen Anspruch an meine Arbeit habe, wird diese Analyse vor einer Kritik am patriarchal strukturierten Kapitalismus erfolgen.

Zum Abschluss werde ich versuchen, Ansätze zu bieten, wie sich aus diesem toxischen Sumpf, der sowohl für seine Mitglieder als auch deren Opfer im Tod enden kann, entkommen lässt. Denn, und daran gilt es festzuhalten: Incels mögen glauben, ihr Zustand sei unausweichlich, er ist es jedoch nicht – genauso wenig wie die patriarchalen Verhältnisse, in denen er seinen Ursprung hat.

Außerdem, da Incels als klandestine Szene ihre sehr eigene, ideologisch aufgeladene Sprache haben, ist am Ende des Buches ein Glossar beigefügt, das die gängigen Begriffe und Memes der Incel-Szene übersetzt. Wer (außer Incels und den bemitleidenswerten Leuten, die zu Incels forschen) weiß denn schon aus dem Stegreif, was »Coomer«, »Lanklet« oder die »PSA-Skala« bedeuten?

Und bevor wir beginnen: dieses Buch behandelt sexuelle Gewalt gegen Frauen wie auch Kinder, Misogynie, Rassismus, Antisemitismus, Homo- und Transfeindlichkeit. Leider komme ich bei einer tiefgründigen Analyse meines Gegenstandes nicht umhin, mich intensiv mit der ihm innewohnenden gruppenbezogenen Menschenfeindlichkeit zu befassen. Auch für Personen, die Erfahrungen mit suizidalen Gedanken oder Depressionen haben, könnte die Lektüre beizeiten beschwerlich werden. Ich hoffe, meinem Anspruch an einen Mittelweg zwischen einer analytischen Betrachtung und einem sensiblen Umgang mit den Themen gerecht zu werden. Den einen oder anderen ironischen Seitenhieb wird mir die Leserin verzeihen müssen – manchmal ist ironische Distanz die einzig mögliche Bewältigungsstrategie, um einem Thema wie »Incels« begegnen zu können.

Let's embrace the Memetic Warfare: Die Rolle von Memes innerhalb der Incel-Community

Die Alt-Right, zu deren Auswüchsen die Incels gezählt werden müssen, ist eine onlinebasierte (Sub-)Kultur, die es sich selbst zur Aufgabe gemacht hat, mittels einer »Memetic Warfare« online eine Diskurshoheit zu erreichen und diese im besten Falle in eine Welt abseits obskurer Imageboards zu tragen – was ihr durchaus gelungen ist. *4chan*-Trolle und rechte *Reddit*-User bildeten das Fußvolk von Donald Trumps Online-Armada, und mit Richard Spencer und Milo Yiannopoulos waren führende Figuren der Alt-Right Teil des engen Beraterstabs des US-amerikanischen Präsidenten. Es existieren zahlreiche Memes, die Donald Trump als oder mit »Pepe the Frog«, einem Maskottchen der Alt-Right, abbilden. Auch Donald Trump hatte auf *Twitter* ein (inzwischen gelöschtes) Meme von sich als Pepe geteilt[9], sein Sohn Donald Trump Jr. tat es ihm einige Zeit später auf dem Fotoportal *Instagram* gleich.[10] Es sei an dieser Stelle angemerkt, dass Pepe the Frog nie als rechtes Symbol intendiert, sondern die Figur eines Webcomics war. Seinen Schöpfer, Matt Furie, frustrierte die Verwendung seiner Figur in rechten Kontexten so sehr, dass er die Figur Pepe im Webcomic sterben ließ und letztendlich die rechtsradikale Plattform *InfoWars* wegen der unrechtmäßigen Verwendung von »Pepe« erfolgreich auf 15.000 Dollar verklagte.

Der Begriff »Meme« hat seinen Ursprung in dem von Richard Dawkins 1976 veröffentlichten Buch *Das egoistische Gen* und beschreibt einen kulturellen Code, der sich, einem Gen ähnlich, entwickelt, verbreitet und auch verändert. Inzwischen wird der Begriff »Meme« weitestgehend mit Internetphänomenen assoziiert. Die Kulturwissenschaftlerin Limor Shifman beschreibt ein Meme als »(a) eine Gruppe digitaler Begriffe, die gemeinsame Charakteristika in Inhalt, Form, und/oder Standpunkt teilen, die (b) im Gewahrsein auf andere Memes geschaffen wurden, und die (c) im Internet von vielen User*innen verbreitet, imitiert oder transformiert wurden.«[11] Wir alle kennen und teilen Memes; sie sind zu einem integralen Bestandteil der modernen Kommunikation geworden, zu einem Code, der mittels eines Bildes über das Bild hinausgehende Inhalte und Botschaften vermitteln kann.

Neben ihrer alltäglichen Verwendung sind sie auch ein Mittel politischer Auseinandersetzung und spielen für die Alt-Right eine besondere Rolle. Bereits 2015 forderte der Trump nahestehende Strategieberater Jeff Giesea in der NATO-Publikation *It's time to embrace memetic warfare*, Memes als politisches Mittel zu erkennen.[12] Der Politikwissenschaftler Morris Kolman analysiert in seiner großartig mit *I have no mouth but I must meme* betitelten Studie, dass Memes, um eine gewisse Popularität zu erreichen und Klicks für ihre Seiten zu generieren, schnell verständlich, schnell teilbar und populär sein müssen. Politische Memes sind in sich geschlossene Botschaften und wesentlich einfacher zu rezipieren als etwas lästig Komplexes und von Widersprüchen Durchzogenes wie kritische Gesellschaftstheorie, die im schlimmsten Falle auch noch die Auseinandersetzung mit der eigenen Position innerhalb herrschender Verhältnisse verlangt. Memes werden in der Regel in einer politischen Echokammer konsumiert. Man kann sich mit den Inhalten und dem Netzwerk, auf dem das Meme gepostet wurde, identifizieren, und bekommt durch das Teilen des Memes vermittelt, man würde sich mit politischen Inhalten befassen oder gar politische oder theoretische Arbeit leisten.[13]

Gleichzeitig funktionieren Memes, gerade in einem Umfeld, das die eigene Klandestinität zelebriert, als eine Art »Erkennungszeichen«. Wer die obskuren Memes kennt, ist Teil einer »In-Group«. Nicht selten wird auf Boards wie *4chan*, dem Ursprungsort zahlreicher Memes, darüber lamentiert, wenn die neueste Kreation von »Normies« entdeckt und adaptiert wurde. Die Alt-Right und White Supremacists schaffen immer wieder neue Memes, mit denen die Öffentlichkeit irritiert und vorgeführt werden soll. Ein Beispiel ist das »White Power«-Zeichen, das 2019 von der *Anti Defamation League* in die Liste der Hasssymbole aufgenommen wurde. Es ist das »Okay«-Handzeichen: Daumen und Zeigefinger bilden einen Kreis, die anderen drei Finger sind abgespreizt. Rechte haben es als Symbol adaptiert und posieren auf Fotos und Videos damit, um sich anderen »Eingeweihten« zu erkennen zu geben und so den Eindruck eines konspirativen Kollektivs zu erwecken. Memes (nicht nur) in Alt-Right-Kontexten haben also dreierlei Funktionen:

1. Das Vermitteln von auf den ersten Blick widerspruchsfreien, oberflächlichen Inhalten, denen jedoch eine tiefere ideologische Bedeutungsebene innewohnen kann, die nur Eingeweihten vorbehalten ist.

2. Die Identifikation der rezipierenden Person mit diesen Inhalten.

3. Das Schaffen eines Kollektivs, das sich mit dem Inhalt des Memes identifiziert und sich so von anderen abgrenzen kann.

Es verhält sich mit Memes also ähnlich wie mit den doch recht eigenen sprachlichen Codes der Alt-Right und der Manosphere: sie sind sowohl Mittel als auch Ausdruck einer Ideologie, die weit über das Wort oder Bild hinausgeht. Ich habe im Folgenden die gängigsten Memes von Incels aufgelistet sowie solche, die aus der Szene der White-Supremacists stammen, jedoch von Incels aufgegriffen wurden. Inzwischen sind viele dieser Memes aus ihrem *4chan*-Kontext transzendiert und haben es in den Mainstream geschafft, wo sie, oftmals ungeachtet ihrer problematischen Herkunft, breitflächig rezipiert werden.

Rejected Doomer

Ein noch recht junges Meme ist der Rejected Doomer. Er ist ein Derivat des Anfang der 2010er Jahre etablierten »Wojack«- oder »Feels Guy«-Template: bei dem »Wojack« handelt es sich um die mit MS Paint gezeichnete Figur eines Mannes, der in der Regel Trauer, Frustration oder Einsamkeit ausdrückt. Der »Doomer« bezeichnet einen depressiven jungen Mann (es sind immer Männer, Frauen können für Incels lediglich als Projektionsflächen fungieren), der sich mit der allgemeinen Schlechtigkeit der Welt abgefunden hat. Er hat ein nihilistisches Weltbild, ist misanthropisch, und bleibt am liebsten für sich. Trotz allem bedauert er seine Einsamkeit, zieht sie aber der permanenten Enttäuschung vor, die ihn, seiner projektiven Betrachtungsweise nach, im zwischenmenschlichen Umgang erwartet. Das Meme spiegelt diese Enttäuschung wider: der Doomer stellt dem Objekt seiner Begierde eine Frage und wird von ihr enttäuscht – und somit in seinem Nihilismus wieder einmal bestätigt. Hass auf die Welt und die Mitmenschen werden so als Ausdruck von Weisheit, Abgeklärtheit und Lebenserfahrung kultiviert anstatt adäquat betrauert. Auch dieses Meme hat inzwischen seinen Ursprung transzendiert und wird auch in progressiven oder selbstironischen Kontexten verwendet, wie die Abbildung zeigt: Es greift satirisch auf, dass der reguläre Verfasser von Doomer-Memes Frauen unterstellt, sie hätten kein

Rejected Doomer: eine klassische Version des Memes

Eine subversive Umkehrung und Kritik

Interesse, sich mit Nischenthemen zu befassen, was als Sexismus entlarvt wird.

Virgin/Chad

Wohl *das* Incel-Meme. Es stellt den jungfräulichen Versager neben den ihm in allen erdenklichen Kategorien überlegenen Chad, der als muskulös, selbstbewusst und mit einem sehr großen Penis ausgestattet dargestellt wird. Wie die meisten Memes hat auch »Virgin vs. Chad« seinen ursprünglichen Kontext inzwischen transzendiert und wird in der Regel verwendet, um einen Gegenstand in der Gegenüberstellung zu diffamieren; es ist oftmals ein Mittel der Polemik.

Eine neuere Version des Memes bedient sich des bereits referenzierten »Wojack«-Templates, das die überlegene Position des Chads noch verdeutlicht. Ausgehend von der antifeministischen Bezeichnung »Soyboy« für linke und profeministische Männer

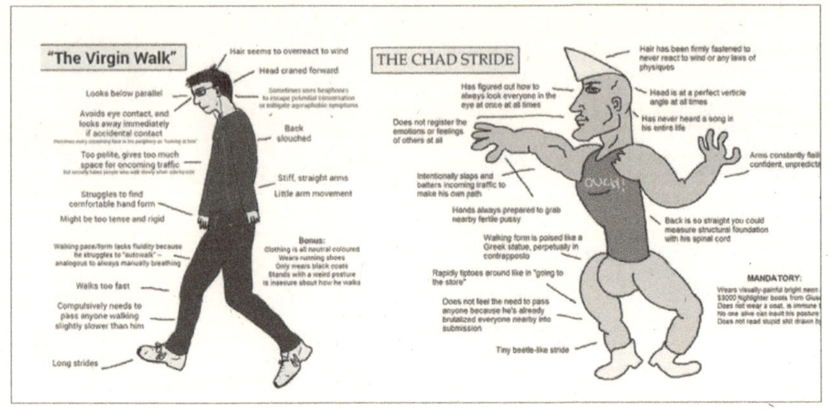

Der jungfräuliche Versager neben einem überlegenen Chad

Neuere Version des Memes: Soyboy vs. Incel in der Rolle des Chads

Stereotypisierte Darstellung von weiblichem Verhalten

wird der Charakter des »Wojack« je nach Kontext als »Soyjack« tituliert, um aufzuzeigen, wie sehr ihn Feminismus verweichlicht hätte. Hier nimmt der Meme-Ersteller weniger selbstironisch die Rolle des Incels ein, sondern affirmativ die des maskulinen Chads, der dem Loser weit überlegen ist. Dieses Meme-Template wird auch regelmäßig verwendet, um stereotypisierte Darstellungen von weiblichem im Gegensatz zu männlichem Verhalten zu zeigen.

Clown Pepe/Honkler

Zahlreiche gekränkte Männer im Internet haben eine meines Erachtens ausgesprochen ungesunde Faszination für den Batman-Schurken Joker; ein psychisch kranker Clown, dessen Handeln Ausdruck nihilistischen Wahns und für den alles ein großer Witz ist. Die aktuelle *Joker*-Verfilmung von Todd Phillips – der besser bei seinem *Hangover*-Franchise hätte bleiben sollen (er selbst sagte, die »Political Correctness« hätte ihm die Comedy ruiniert) – wurde sowohl von Incels als auch Kritiker*innen, inklusive der Verfasserin dieses Buches, als Film für Incels zelebriert, respektive kritisiert. Es gibt zahlreiche Memes, die den Joker abbilden, und er macht ungezählte Profilbilder auf dem großen Incel-Forum *incels.co* aus. Das Meme, das auf dem *4chan*-Board *politically incorrect* seinen Ursprung fand, ist Ausdruck des Habitus, das Leiden der Welt als zynischen Witz aufzufassen; statt einen depressiven Blackpill-Nihilismus zu zelebrieren, solle man lieber über die eigene Umwelt lachen. Dies bedeutet konkret – wir reden schließlich über das *4chan*-Board, auf dem das Kokettieren mit Menschenfeindlichkeit zum guten Ton gehört –, über das Leid anderer, und vor allem Marginalisierter, zu lachen. Auch das Clown-

Clown Pepe, eines der beliebtesten Memes

Emoji wird regelmäßig von Rechten verwendet, um sich Eingeweihten gegenüber zu »outen«.

Happy Merchant

Das als »Happy Merchant« bekannt gewordene Meme stammt ursprünglich aus der Feder des amerikanischen Neonazis Wyatt C. Kaldenberg und zeigt die antisemitische Karikatur eines grinsenden Juden, der sich die Hände reibt. Auch der »Happy Merchant« fand seine Verbreitung durch *4chan* und wird verwendet, um jüdische Verschwörungen zu suggerieren. Hierzu zählen der »Große Austausch«, Feminismus, der Holocaust als jüdische Propaganda oder auch die Idee eines »Zionist Occupied Government«. In der Incel-Subkultur wird das Meme vor allem verwendet, um den Feminismus als jüdische Erfindung zu denunzieren oder die jüdische Kontrolle über die Medien zu untermalen. Wir haben uns entschlossen, das Bild aufgrund seines extrem antisemitischen Inhaltes nicht abzubilden.

Von der Selbsthilfeseite zum misogynen Terror: Eine kurze Geschichte der Incel-Bewegung

Es ist eine bittere Ironie der Geschichte, dass der Begriff »Incel« von einer queeren Frau eingeführt wurde. Auch wenn das erste Forum für Menschen mit Schwierigkeiten bei der Partner*innensuche die bereits 1988 entwickelte Newsgroup *alt.support.shyness* war, etablierte Alana, die ihren Nachnamen lieber anonym belassen möchte, den Begriff in einer 1993 gegründeten Mailingliste, die später zu der Webseite *Alana's Involuntary Celibacy Network* wurde. Solche frühen Incel-Foren wie Alanas Projekt oder *alt.support.shyness* stehen in starkem Kontrast zu dem, was sich heute als Incel-Community bezeichnet. Alana gründete die Seite, nachdem sie ihre erste Partnerin gefunden hatte, um einen Ort des Austauschs und der Reflexion zu schaffen und anderen, die sich in einer ähnlichen Situation befanden, eine Perspektive zu geben. Der »Involuntary Celibate«-Zustand wurde in diesem Kontext nicht als etwas die Identität vollständig Konstituierendes und Unabänderliches verstanden, sondern als etwas Temporäres, das überwunden werden kann. Eines ihrer Postings lautete: »Mein schwierigster Kampf war es, die Wahrheit darüber zu erkennen, was ich wahrnehme und was ich fühle. Ich konnte nicht mit Dating beginnen, bevor ich mir nicht selbst die Wahrheit vor Augen hielt: dass ich eine Partnerin wollte und dass ich eine liebenswerte und attraktive Person war. Dann musste ich das Risiko auf mich nehmen und anderen die Wahrheit erzählen: dass ich mich zu ihnen hingezogen fühlte. Jetzt, da ich meine Gefühle wahrnehmen und anderen darüber berichten kann, habe ich wesentlich mehr Kontrolle über mein Leben und meine Zukunft. Falls Du denkst, dass Du niemals eine*n Partner*in haben wirst, obwohl Du eine*n möchtest – ich hoffe, meine Geschichte hat gezeigt, dass es möglich ist. Und andererseits: vielleicht hast auch Du Schwierigkeiten überwunden, Beziehungen zu beginnen. Je mehr wir miteinander teilen, desto besser können wir einander helfen!«[14] Dies ist meilenweit entfernt von dem weinerlichen und anklagenden Tenor, der heutzutage auf Incel-Foren herrscht.

Der Begriff des »Invcels«, der kurze Zeit später zu »Incel« wurde, sollte ursprünglich vorurteilsbelastete und mit dem Bild des »Losers, der im Keller seiner Mutter wohnt«, assoziierte Vorstellungen des Wortes »Jungfrau« vermeiden, wie Alana in einem sehr hörenswerten Interview mit dem Podcast *Gimlet* ausführt.[15] Auf ihrer Mailingliste waren insgesamt ungefähr 100 Männer und Frauen unterschiedlicher sexueller Orientierungen vertreten. Die Seite war auf solidarischen Austausch und Selbstreflexion angelegt und verwies auf professionelle Hilfsangebote für Menschen mit Depressionen und Sozialängsten. Alana spricht in dem Podcast davon, dass es zwar »viel Empathie, aber wenig Lösungsansätze« gab, wie man das Problem, keine Beziehungen führen zu können, adäquat angehen konnte. Alana verließ die Gruppe 1997, da die Mitglieder weniger Interesse daran hatten, ihre Position durch (Selbst-)Reflexion zu überwinden, als vielmehr in Alana eine Therapeutin suchten – eine Aufgabe, der sie sich nicht gewachsen fühlte.

Anders als die Incel-Szene in ihrer aktuellen Form stellten frühere Seiten tatsächlich Selbsthilfegruppen dar. Vor allem auf der Seite *IncelSupport*, die 2004 zu *IncelSite* umbenannt wurde, war die Analyse des Incel-Zustandes wesentlich differenzierter als das heute vorherrschende »Ich bin hässlich und habe deswegen keinen Sex«. »Incel« beschrieb hier keine unausweichliche Identität, sondern einen temporären Zustand – auch Personen, die sich in einer sexlosen Ehe befinden, könnten sich laut der Seite als »Incels« bezeichnen; statt von einem objektiv unansehnlichen Äußeren wurde von einer negativen Selbstwahrnehmung gesprochen. Generell war die Herangehensweise an den Incel-Status eine eher analytische, die sowohl äußere Umstände (Umzug in eine andere Stadt, finanzielle Probleme) als auch persönliche Erfahrungen (toxische Familienbeziehungen und daraus resultierende Bindungsängste, schlechte Erfahrungen in vorherigen Beziehungen, Angst vor Dating) als mögliche Gründe für das Incel-Dasein benannte. Die Seite *IncelSupport* fokussierte sich darauf, Mittel und Wege aufzuzeigen, dem Incel-Dasein durch – manchmal etwas neoliberal anmutende – Selbstoptimierung zu entkommen.

Die User*innen sollten erlernen, wie man andere Menschen ansprechen und kennenlernen kann, ohne in die toxischen Aufreiß-Mechanismen von Pick-up-Artists zu verfallen. Im Gegenteil, es wurde explizit erwähnt, dass es wichtig ist, die Grenzen anderer Personen zu respektieren. Es fanden sich dort zahlreiche profeministische und patriarchatskritische Analysen sowie Verweise auf Therapiestellen. Gleichzeitig war *IncelSite* ein Ort, an dem man von eigenen Erfahrungen sprechen konnte. Er bot auch zahlreichen frustrierten Durchschnittsmännern Raum, allerdings wurde zum Beispiel User*innen auch empfohlen, ihrer Unsicherheit durch einen Besuch im Stripclub Herr zu werden. Es steht außer Frage, dass eine Objektivierung von Frauen kein adäquater Weg ist, im Umgang mit ihnen selbstsicherer zu werden und sie als Subjekte wahrzunehmen.

Viele der Probleme, sich auf zwischenmenschliche Beziehungen einlassen zu können, wurden als in früheren Erfahrungen begründet erkannt. *IncelSupport* postulierte zudem »Sieben Todsünden«, denen die User*innen sich verweigern sollten, um ihr

Why are you an Incel?		
Geographic Isolation	[4]	[3.67%]
Social Isolation	[16]	[14.68%]
Work-Related Stress	[1]	[0.92%]
Economic Hardship	[2]	[1.83%]
Discouragement from Past Experiences	[20]	[18.35%]
Unconscious Repetition of Childhood Patterns	[10]	[9.17%]
Unresolved Family Issues	[1]	[0.92%]
Anxiety & Depression	[17]	[15.60%]
Low self-esteem	[23]	[21.10%]
Physical illnesses	[3]	[2.75%]
Primary Incel	[9]	[8.26%]
Other causes (please explain)	[3]	[2.75%]
Total Votes: 109		

Umfrage der Seite IncelSupport, *wieso man Incel sei.*

unfreiwilliges Zölibat überwinden zu können: Apathie, Ausflüchte und Rechtfertigungen, Überanalysierungen des eigenen Elends, Naivität, Angst, Wut und Scham. Eine Umfrage auf der Seite, wieso man Incel sei, verorteten die Ursache hier in äußeren Umständen wie »Stress« oder »soziale Isolation«, und noch nicht in der eigenen Unattraktivität und weiblicher Oberflächlichkeit.[16]

Wenn sexuell frustrierte Männer über ihre sexuelle Frustration sprechen, ist Misogynie jedoch nie weit. Es ist Teil einer patriarchalen Sozialisation, vermittelt zu bekommen, man hätte ein irgendwie geartetes Recht auf weibliche Aufmerksamkeit. Und es ist wesentlich einfacher, dem Feindbild Frau die Schuld für die eigene Sexlosigkeit in die Schuhe zu schieben, anstatt hegemoniale Geschlechtervorstellungen oder die eigene Persönlichkeit zu hinterfragen. User, denen die Moderation auf *IncelSupport* zu viel Wert auf respektvollen Umgang und antisexistisches Verhalten legte, emigrierten auf die 2003 gegründete Seite *love-shy.org*. Die Seite, die wie alle frühen Incel-Seiten im Vergleich zu den heutigen relativ harmlos erscheint, wurde nach einigen Jahren von einem User namens »Rammspieler« übernommen. Auf einem noch bei *IncelSupport* veröffentlichten Posting artikulierte er seine Begeisterung für den frauenfeindlichen Mörder George Sodini und die beiden Schützen des Columbine-Massakers und bezog sich, ebenfalls positiv, auf den kroatischen Blogger Marjan Siklic, der, lange bevor der Incel-Begriff »government-assigned girlfriend« an Bekanntheit gewann, verlangte, dass die Regierung allen Männern Partnerinnen zur Verfügung stellt.[17]

Diese Ideologie sollte den Tenor von *Love-shy* vorgeben. Ein anderer Einfluss kam aus dem inzwischen zur Brutstätte der Alt-Right-Bewegung verkommenen Imageboard *4chan*, vor allem von dem *4chan*-Board */r9k/*, kurz für »Robot 9001«, auf dem User sich über ihr mangelndes Sozialverhalten austauschten und gehässige Kommentare über das Sexleben anderer verfassten. Während die Incel-Szene zu Beginn nicht inhärent toxisch war, basierten später viele der *chan*-Boards auf emotionaler Kälte, Zynismus, vermeintlich ironisch zelebrierter Menschenfeindlichkeit und infantilem Provokationsgehabe. Laut dem Kulturwissenschaftler Tim Squirrell entwickelte sich *4chan* zu »einer Community, in der die extremsten Dinge gesagt wurden, um mit der eigenen Traurigkeit umzugehen. Und weil sie nie gelernt haben, die eigenen Emotionen rational zu verarbeiten [...], externalisieren sie die Schuld auf alle, außer sich selbst [...]. Sie sagen Dinge, die so extrem sind, dass man sie extrem schwer zurücknehmen oder sich davon distanzieren kann.«[18] Eine auf *YouTube* verfügbare Dokumentation namens *Shy Boys* der Regisseurin Sarah Gardephe folgt unter anderem einer Gruppe *Love-shy*-Mitglieder, zu denen auch ein Pickup-Artist zählt, der sich vorgenommen hat, den anderen Mitgliedern der Gruppe beizubringen, wie man »Frauen rumkriegt«. Den

Pick-up-Artist zu beobachten verursacht fast physische Schmerzen, aber die Dokumentation ist sehr interessant.

Auf *Love-shy* wurde erstmals die Idee postuliert, das eigene Aussehen determiniere für immer den Dating-Erfolg – oder dessen Ausbleiben. Selbst einem Frauenfeind wie »Rammspieler« wurde es bei *Love-shy* gegen Ende zu toxisch, als populäre User begannen, sich offen für Vergewaltigung auszusprechen.[19]

Nicht wenige Nutzer, die auf *Love-shy* verkehrten, fanden sich früher oder später auf den Seminaren von sich als »Verführungskünstler« labelnden Tätern wieder, um zu erlernen, wie man denn Frauen für sich begeistern könnte. Der Erfolg blieb aus. Dies ist nicht verwunderlich, wenn man sich die Techniken der sogenannten Pick-up-Artists näher anschaut: Hinter dem schöngeistigen Begriff des »Verführungskünstlers« oder im Englischen »Pick-up-Artist« (PUA) steckt die frauenfeindliche »Redpill«-Ideologie, nach der Frauen nichts anderes als Sexobjekte seien, die einem Untertan gemacht werden müssten. Diese Ideologie, der Pick-up-Artists anhängen, popularisierte sich Anfang der 2010er Jahre, das Subreddit *r/Redpill* wurde 2012 gegründet.

Redpiller, zu denen neben Pick-up-Artists auch andere Männerrechtsaktivisten zählen, hängen dem Irrglauben an, Männer seien gesellschaftlich unterdrückt und abgehängt. Frauen würden Männer mittels Schwangerschaften oder falscher Vergewaltigungsanschuldigungen kontrollieren, weswegen Männer ihr Dasein in permanenter Angst vor dieser gefährlichen weiblichen Sexualität fristen würden. Sie seien gezwungen, in einer Welt zu leben, in der man Frauen nicht einmal mehr Komplimente machen könne, ohne direkt eine Anzeige wegen Vergewaltigung am Hals zu haben (dass nur ein Bruchteil angezeigter Vergewaltigungen überhaupt verurteilt wird und viele Opfer sexueller Gewalt aufgrund von Stigmatisierung, unsensibler Polizeibeamter oder Angst vor dem Täter gar nicht erst anzeigen, wird natürlich ignoriert). Während

Frauen dank überall drohender Paritäts- und Quotenregelungen Karriere machen, werde der Mann zunehmend verschwult und verweichlicht, ja, seiner Männlichkeit geradezu beraubt. »Redpiller« haben daher beschlossen, diese Entwicklung der Welt zu bekämpfen, ungeachtet der Tatsache, dass es sich dabei um ein projektiv aufgeladenes Hirngespinst handelt. Sie treffen sich im Internet und auf überteuerten Seminaren, um eine »ursprüngliche Männlichkeit« wiederzuentdecken, oder versuchen, Frauen zum Sex zu nötigen.

Wie eine Sekte haben auch die sogenannten »Verführungskünstler« ihren eigenen Jargon: der Umgang mit Frauen ist demnach ein »Game«, das es zu gewinnen gilt; Frauen werden auf einer Nummernskala von eins bis zehn angeordnet, attraktive Frauen bezeichnet man als »Hot Babes«. Man manipuliert Frauen mit Techniken wie dem »Push and Pull« und »Negging«, deren Prinzip darin besteht, eine Frau durch Abwertung zu verunsichern und anschließend durch ein Kompliment wieder an sich zu ziehen. Ein Beispiel hierfür wäre: »Du wirkst so kühl und selbstsicher. Andere Männer kannst Du sicher damit täuschen, aber ich sehe sofort, dass Du dich eigentlich nach Sicherheit und einer Schulter zum Anlehnen sehnst« oder »Ich mag deine blonden Haare – zu schade, dass sie offensichtlich gefärbt sind«.

Man(n) soll sich unnahbar und unbeeindruckt geben, »die richtigen Knöpfe drücken«, und schon hätte man eine Frau in der Tasche. Diese Vorstellung basiert auf der reaktionären Geschlechtervorstellung, dass Frauen eigentlich gar nichts anderes wollen, als von dominanten Männern gebrochen zu werden, lediglich der lästige Feminismus hätte ihnen den Floh ins Ohr gesetzt, als Subjekt respektiert werden zu wollen. Doch zum Glück wissen es die Pick-up-Artists besser und teilen bereitwillig ihre Weisheit! Nach Absolvierung des Seminares zieht man dann im Rudel los, um die erlernten Fähigkeiten in der Öffentlichkeit zu erproben. Für jene Frauen, die das Pech haben, sich zum selben Zeitpunkt wie die Brigade angehender Sexgötter in der Innenstadt aufzuhalten, bedeutet dies: sexuelle Belästigung, dumme Sprüche, Bedrängung. Anstatt zu dem naheliegenden Schluss zu kommen, dass diese aufdringliche und sexistische Masche nicht dazu geeignet ist, die Herzen der Damenwelt zu erobern, glauben die liebesschüchternen jungen Männer, sie seien schlicht zu hässlich, um von Frauen begehrt werden zu können – und Frauen seien ohnehin alle oberflächliche Schlampen. Dieses Denken bildet den Grundstein der »Blackpill«-Ideologie, und damit jener Überzeugung, der Incels anhängen: Frauen sei es unmöglich, einen unattraktiven Mann zu begehren. Unsere Gesellschaft sei oberflächlich und sexbesessen, und Glück und Erfolg messen sich nur daran, das »Game« zu gewinnen, was Incels aufgrund ihrer Unattraktivität und der daraus folgenden Sexlosigkeit für immer verwehrt bliebe. Sie hatten diese Gedanken schon auf *4chan* und *Love-shy* gelesen, nun hatten sie ihre unzweifelhafte Richtigkeit am eigenen Leib erfahren. Enttäuscht fanden sie sich auf dem Anfang der 2010er Jahre aktiven Forum *PUAHate* zusammen, um ihrem Hass auf Frauen Ausdruck zu verleihen. Der Frauenhass zeigt sich in Postings wie dem Folgenden: »Ich möchte jeden auf PUAHate ermutigen, Dating-Profile von richtig fetten/hässlichen/deformierten/geistig behinderten Weibern anzulegen und sich so selbst zu beweisen, dass alles, was eine Frau braucht, um qualitativ höchstwertige Männer anzuziehen, ein paar Titten und eine Fotze sind«[20]. Andere User fragen, ob Frauen nicht per Gesetz daran gehindert werden sollten, das Haus zu verlassen, wenn sie nicht den »richtigen« Body-Mass-Index vorweisen könnten.[21] 2013 registrierte sich Elliot Rodger auf der Seite *PUAHate*, die später übrigens in *Sluthate* umbenannt wurde. Inzwischen ist das Forum geschlossen, was vor allem der medialen Aufmerksamkeit zu verdanken ist, die es nach Rodgers Anschlag erhielt.

Zu einem ähnlichen Zeitpunkt – Ende der nuller Jahre – begannen die antifeministischen YouTuber William Greathouse, Dwayne Holloway und Steve Hoca das Konzept der »Erzwungenen Einsamkeit« zu vertreten und weitere Grundsteine für die moderne Incel-Subkultur zu legen. Eine der von ihnen ins Internet geseierten Verschwörungstheorien behauptete, der Feminismus sei der Grund, warum Männer in Sachen Liebe und Sex so wenig Erfolg hätten. Holloway stellte die immer noch von selbsterklärten »Nice Guys« vertretene Behauptung auf, Männer hätten Sex verdient, nachdem sie sich dazu herabgelassen hätten, nett zu einer Frau zu sein. Hoca klagte darüber, dass »diese Weiber« einfach zu anspruchsvoll seien. »Diese Kombination aus Opferkomplexen, Anspruchsdenken und Antifeminismus ist charakteristisch für den Großteil zeitgenössischer Incel-Communities«, so Tim Squirrell. Zeitgleich begannen sich über Meme-Seiten wie *ifunny* oder *9Gag* zunehmend junge Männer über die himmelschreiende Ungerechtigkeit der sogenannten »Friendzone« zu empören. Der Begriff der »Friendzone« beschreibt den tragischen Umstand, dass man Zeit und Energie in die Freundschaft zu einer Frau investiert hat, aber dieses Miststück zum Austausch nicht einmal mit einem schlafen will! Frauen werden in dieser Vorstellung als Automat wahrgenommen, der Freundlichkeit gegen sexuelle Gefälligkeiten eintauschen soll. Nimmt eine Frau einen Freund als das wahr, was er für sie ist – ein platonischer Freund –, ist dies eine vernichtende Kränkung. Für Männer, die über die »Friendzone« jammern, ist eine aufrichtige Freundschaft zu einer Frau lediglich der Weg zu einer Beziehung; Frauen werden von ihnen nicht als Subjekte wahrgenommen, sondern auch hier wieder als bloße Projektionsfläche für ihre Fantasie einer idealen Partnerin. Auch wenn die vom Internet als »Nice Guys« betitelten Männer, die sich auf erwähnten Meme-Seiten darüber beklagen, dass ein netter Kerl wie sie keine Weiber abbekommt und lediglich als Schulter zum Ausheulen dient, da Frauen nur auf Arschlöcher stehen, noch nicht bei den misogynen Vernichtungsfantasien eines Incels angekommen sind, ist hier das patriarchale Anspruchsdenken bereits angelegt.

Der Weg vom gekränkten »Nice Guy« über den Pick-up-Artist zum Incel ist ein Weg, den viele Männer beschritten haben. Incels verbleiben mitnichten im Internet, sondern tragen ihren Frauenhass mit erschreckender Regelmäßigkeit auf die Straße. Die radikalste Form dessen ist der frauenfeindliche Terroranschlag. Hier eine (unvollständige) Auswahl:

1989 ermordete Marc Lépine 14 Studentinnen des Polytechnischen Instituts von Montreal in einem explizit antifeministischen Angriff. Er drang bewaffnet in einen Seminarraum ein und forderte die männlichen Studierenden auf, den Raum zu verlassen – sie taten es. Die Studentinnen wurden erschossen. Er hinterließ einen Brief, in dem er behauptete, Feministinnen hätten sein Leben ruiniert, und forderte, dass seine Tat als politischer Akt begriffen werden müsse.

Im April 2007 ließ Seung-Hui Cho der Frustration über seine Sexlosigkeit freien Lauf, indem er 32 seiner Kommiliton*innen des Virginia Polytechnic Institute erschoss. Er hatte zuvor mehrere Kommilitoninnen belästigt, zwei von ihnen meldeten Cho bei der Polizei. In einem Dokument, das Cho hinterließ, geißelte er Dekadenz und Hedonismus und artikulierte seine Bewunderung für die Attentäter von Columbine, die im April 1999 bewaffnet in ihre High School eindrangen und 15 Menschen ermordeten. Erst Jahre später wurde thematisiert, dass sie faschistischem und rassistischem Gedankengut anhingen.

2009 ermordete George Sodini, der in Incel-Kreisen als Vorläufer von Elliot Rodger verehrt wird, drei Frauen in einem Yoga-Studio in Pittsburgh. Einige Monate zuvor hatte er sich auf seinem Blog darüber beklagt, dass Frauen ihn nicht begehrenswert finden würden. Auch Tim Kretschmer, der Amokläufer von Winnenden, attackierte gezielt Schülerinnen und weibliche Lehrkräfte.

Im Mai 2014 erlangten Incels durch den in der Community als »Heiligen« und »Helden« verehrten Elliot Rodger größere Bekanntheit: das Ausleben seiner Rachefantasien kostete sechs Menschen das Leben, er verletzte 14 weitere. Ich werde Rodger noch einer ausführlichen Analyse unterziehen.

Chris Harper-Mercer ermordete 2015 neun Menschen in einer Schießerei an einem Community College in Oregon und publizierte ein Manifest, in dem er darüber klagte, keine Freundin zu haben, und in dem er explizit auf Rodger Bezug nahm, den er geradezu vergötterte.[22]

Im Dezember 2017 erschoss William Atchison zwei Schüler*innen seiner ehemaligen High School in New Mexico. Sein Online-Username lautete »Elliot Rodger«, Atchison bezeichnete sich selbst als »Supreme Gentleman«.[23]

Im Februar 2018 ermordete Nikolas Cruz 17 Mitschüler*innen seiner High School in Parkland, Florida, nachdem seine Ex-Freundin begann, mit einem anderen Jungen auszugehen, außerdem vertrat er rechtsextreme Ansichten. Auf *YouTube* schrieb er: »Elliot Rodger wird nicht vergessen werden«.[24]

Im April 2018 raste der Kanadier Alek Minassian mit einem Auto in eine Menschenmenge und tötete 10 Menschen; zuvor postete er auf Facebook: »The Incel Rebellion has begun. We will overthrow all the Chads and Stacys. All hail the Supreme Gentleman Elliot Rodger.«[25]

Neun Monate später drang Scott P. Beierle in ein Yoga-Studio in Florida ein, erschoss zwei Frauen und anschließend sich selbst; auch Beierle suchte regelmäßig misogyne Online-Foren auf und ließ seinem Frauenhass auf Social Media freien Lauf.

Auch der Mörder der Influencerin Bianca Devins, der die junge Frau im Sommer 2019 aus Eifersucht und Anspruchsdenken ermordete und Bilder ihrer Leiche auf *Instagram* postete, verortete sich in *Incel-* und *chan-*Board-Kreisen.

Der Neonazi, der an Jom Kippur 2019 versuchte, in die Synagoge von Halle einzudringen und – nachdem er daran scheiterte – Jana L. und Kevin S. erschoss, war zwar nicht explizit Incel, aber auch er verortete sich auf Imageboards wie *4chan*, und die in dem Livestream immer wieder geäußerten Selbstgeißelungen lassen darauf schließen, dass er der Incel-Ideologie zumindest ideell nahe stand.

Im Februar 2020 stach ein gerade erst 17 Jahre alter Incel auf die Sexarbeiterin Ashley Noelle Arzaga ein, die in einem erotischen Massagesalon in Toronto arbeitete. Arzaga erlag ihren Wunden, eine weitere Frau und ein Mann wurden verletzt.

Im Mai 2020 plante ein junger Mann im US-Bundesstaat Virginia, eine Bombe in einem Einkaufszentrum zu legen, um sich an den »heißen Cheerleaderinnen« zu rächen, die ihm den Sex verweigert hätten. Das Attentat schlug fehl: die Bombe explodierte bei ihm zuhause, der Täter verstümmelte sich selbst die Hand.

Incels stehen Attentaten, die nicht explizit aus ihrer Community stammen, auch selten ablehnend gegenüber: Schießereien wie jene in Las Vegas 2017, Poway 2018, El Paso 2019 oder Christchurch 2019 werden entweder glorifiziert – die Täter seien »Supreme Gentlemen« –, entschuldigt – die Täter konnten angesichts der männerfeindlichen, »verjudeten« und antirassistischen Gesellschaft gar nicht anders handeln – oder man bezieht die Attentate auf sich, um ein bisschen den eigenen Opferstatus zu perpetuieren – man sorgt sich, dass Medien und Behörden Attentäter mit der Incel-Community in Verbindung bringen, auf dass diese dann politisch verfolgt wird. Gedenken an die Opfer hingegen sucht man vergeblich.

Wären Incels primär selbstzerstörerische Opfer einer auf Schönheit fixierten Gesellschaft, könnte man Mitleid mit ihnen aufbringen. Allerdings sind zahlreiche Incels entweder auf dem besten Weg, Soldaten in einem Krieg gegen Frauen zu werden, oder sie haben ihr Leben bereits diesem Krieg verschrieben. Insgesamt sind in den USA und Kanada über 50 Menschen durch Incel-Attentate ums Leben gekommen.[26] Inzwischen werden Incels in Nordamerika als Gefahr für die innere Sicherheit anerkannt und dementsprechend behandelt. In Deutschland, einem Land, das erst 2017 sexuelle Belästigung als Straftat anerkannt hat und in dem Femizide immer noch als »Familiendrama« gelabelt werden, ist man davon leider noch weit entfernt. Daher ist es kein Wunder, dass der durchschnittliche Polizist keinen blassen Schimmer davon hat, was ein Imageboard ist – es sei denn, er zählt zu jenen rechtsradikalen Polizisten, die besagte Imageboards aufsuchen.

Alana betreibt übrigens seit 2018 die Seite *Love, not Anger,* auf der sie ehemaligen Incels hilft, ihre toxische Weltsicht zu überwinden.

Rote Pille, schwarze Pille: Ein Blick in den Online-Medizinschrank

Auch wenn der Begriff »Incel« erst seit vergleichsweise kurzer Zeit mit misogynem Terror assoziiert wird und sich die Szene anfangs nicht durch Vernichtungswillen, Selbstinfantilisierung und Frauenhass auszeichnete, haben sich diese Momente durchgesetzt. Von Alanas ursprünglichem Selbsthilfeprojekt ist tragischerweise nichts übriggeblieben, der Begriff »Incel« wird für immer mit Männern wie Rodger verbunden werden. Auch wenn laut einer im März 2020 getätigten Umfrage auf dem Forum *incels.co* 96,2 Prozent der User der Ansicht sind, Medien würden Incels dämonisieren und unfair darstellen[27], geben sie sich keinerlei Mühe, ihrer Selbstbezeichnung einer »Supportgruppe« gerecht zu werden. Von dem Selbstanspruch früher Incel-Gruppen, sich durch die eigene Sexlosigkeit nicht verbittern und frustrieren zu lassen, lässt sich in den aktuellen Foren kaum etwas finden. Für eine »Ehrenrettung« des Begriffs »Incel« ist es meines Erachtens zu spät; und es ist bezeichnend, dass Alana ihr aktuelles Projekt »Love, not anger« getauft und sich von dem Label »Involuntary Celibate« als Referenzpunkt verabschiedet hat.

Wie bereits erklärt, basiert das Weltbild von Incels auf der sogenannten Blackpill-Ideologie, die auf der sogenannten Redpill aufgebaut ist. Der Begriff der Redpill stammt aus dem Film *The Matrix*, einem Film, der mit Lana und Lilly Wachowski übrigens von zwei trans Frauen gemacht wurde, und der inzwischen von Filmkritiker*innen als Allegorie auf eine Transition gelesen wird[28] – was die antifeministischen und transfeindlichen Redpiller geflissentlich ignorieren. In *Matrix* wird dem Protagonisten Neo eine rote und eine blaue Pille angeboten; schluckt er die blaue, verbleibt er weiter in der Illusion der Matrix, schluckt er die rote, lüftet er den Schleier der Verblendung und erkennt die Welt, wie sie wirklich ist. Die Vertreter der Redpill betrachten sich selbst also als Erleuchtete, mit dem Fluch gesegnet, die Welt zu erkennen, wie sie in Wirklichkeit ist. Sie haben es geschafft, die Indoktrinierung durch »Fake News« und linksgrünversiffte Mainstream-Propaganda zu durchschauen.

In ihren Augen ist die Welt eine von Kulturmarxismus und Political Correctness beherrschte Dystopie, in der Frauen Männer durch ihre Sexualität kontrollieren und mit feministischen Superwaffen wie »falschen Vergewaltigungsandrohungen« in Schach halten, und in der Männer so eingeschüchtert, verweichlicht und entmannt sind, dass sie nichts anderes tun, als jede erdenkliche Laune dieser kapriziösen Weiber zu erfüllen. Feminismus ist für Redpiller eine »sexuelle Strategie«, um Männer zu unterdrücken und zu kontrollieren. Frauen sind aus ihrer Perspektive von Grund auf verkommen, triebhaft, oberflächlich, hypersexuell, egoistisch, gleichzeitig dumm und manipulativ, und generell ganz schlechte Menschen. Diese Eigenschaften seien ihnen, so die immer biologistisch argumentierende Welterklärung, von Natur aus eingeschrieben und müssten durch das soziale Korrektiv des Patriarchats gebändigt werden. Kurz zusammengefasst erklärt sich das antifeministische, antisemitische und antikommunistische (drei Ausprägungen gruppenbezogener Menschenfeindlichkeit, die übrigens sehr gerne Hand in Hand miteinander gehen) Weltbild hinter der Roten Pille folgendermaßen:

Die Vertreter der Frankfurter Schule haben sich direkt nach der Immigration in die Vereinigten Staaten die Universitäten und die Kulturindustrie unter den Nagel gerissen und begonnen, die amerikanische Bevölkerung mit ihrem egalitären Gedankengut zu indoktrinieren, was beispielsweise die Bürgerrechtsbewegung, die Frauenemanzipation oder die Proteste gegen den Vietnamkrieg zur Folge hatte. Dies führte dann auf direktem Wege zum Zerfall der bürgerlichen Kleinfamilie und dem Ende der patriarchalen Herrschaft. Inzwischen hält der »Kulturmarxismus« den westlichen Wertekanon fest umklammert. Der Begriff des »Kulturmarxismus« wurde übrigens bereits in den neunziger Jahren von reaktionären Kräften wie dem Antisemiten Lyndon LaRouche genutzt, um die Degeneration der westlichen Welt zu beschreiben. Vor allem aber drang er durch das Manifest des Massenmörders und Rechtsterroristen Anders Breivik ins öffentliche Bewusstsein, für den Feminismus und Sozialismus maßgeblich die Schuld am Untergang der weißen Rasse tragen. Denn, so die Redpill-Ideologie weiter, der Kulturmarxismus geht nicht nur mit dem Feminismus, sondern auch mit einer Agenda der Political Correctness und der Homolobby einher. Während Frauen sich geschlechtsfremden Anwandlungen wie dem Recht auf körperliche, berufliche und finanzielle Selbstbestimmung widmen, würden Jungen und Männer zunehmend ihrer natürlichen Männlichkeit beraubt. Sie studieren Geistes- statt Ingenieurswissenschaften, trinken Aperol Spritz anstatt Bourbon und wechseln die Windeln ihrer Kinder, statt ihre Partnerin zu verprügeln. Diese sozialistisch-feministische Agenda sei inzwischen so weit gegangen, dass man als heterosexueller, weißer cis-Mann permanent unter der Fuchtel der matriarchalen Unterdrückung leben müsse; dank #MeToo darf man als erfolgreicher Produzent nicht einmal mehr Frauen vergewaltigen, ohne Konsequenzen zu erfahren. Zum Glück gibt es ein paar wenige mutige Männer, die gegen die Sexismus-Kritik der Feminist*innen und die Tatsache, dass man keine rassistischen Witze mehr machen darf, ankämpfen. Sie werden das Matriarchat stürzen, koste es, was es wolle!

Das Patriarchat ist Vergangenheit, die Frankfurter Schule hat die Zügel der Gesellschaftsentwicklung in der Hand, wir bewegen uns unausweichlich auf den Kommunismus zu – wie sehr man sich doch wünscht, dass diese herumopfernden Verschwörungstheoretiker Recht hätten.

Oftmals geht die Redpill-Ideologie Hand in Hand mit der Verschwörungstheorie des »Großen Austauschs«, die inzwischen Standard in einem rechtsradikalen Repertoire ist und von der AfD über Donald Trump und die Identitäre Bewegung bis hin zu Rechtsterroristen wie den Attentätern von Christchurch, Poway, El Paso oder Halle vertreten wird. Brenton Tarrant, der im März 2019 in zwei Moscheen im neuseeländischen Christchurch eindrang und 51 Menschen muslimischen Glaubens ermordete, war von der paranoiden Angst vor dem »Großen Austausch« getrieben. Auch Stephan B., der Attentäter von Halle, nannte zu Beginn seines Livestreams den »Großen Austausch« als Grund für seine Tat. Während nämlich weiße Männer, Feminismus sei Dank, allesamt zu Pantoffelhelden verkommen seien, leiten jüdisch konnotierte »Eliten« und »geheime Kräfte«, allen voran George Soros, Ströme von Geflüchteten nach Europa und in die USA, auf dass diese dort weiße Frauen schwängern und sich vermehren. Dass Einzelpersonen wie der Holocaustüberlebende und liberale Philanthrop Soros, der seit Jahren Feindbild Nummer eins der weltweiten Rechten ist, Menschen zur Flucht bewegen, ist natürlich sehr viel wahrscheinlicher, als dass jemand vor Krieg, Hunger oder politischer und religiöser Verfolgung Schutz sucht. Die weißen Männer sind, je nach Auslegung, zu unmännlich geworden, um etwas gegen die einfallenden Flüchtlingshorden zu tun, oder sie empfinden sogar Lust bei dem Gedanken, dass die eigene Frau von einem hyperpotenten Schwarzen oder Araber penetriert wird. Gerade bei der Idee des »Großen Austauschs« fallen also Antisemitismus, Antikommunismus, Antifeminismus, Rassismus und Maskulinismus ineinander. Kein Wunder, dass sich diese

Ideologie bei der Rechten einer derartigen Popularität erfreut, vereint sie doch sämtliche Kampffelder unter ihrem Schirm.

Und, nun ja, dieser gesellschaftlich verordneten Entmannung kann man sich eben erwehren, indem man die »Rote Pille« schluckt, dem Feminismus den Kampf ansagt und seine ursprüngliche, harte Männlichkeit wiederentdeckt. Das erreicht man über die konsequente Abwertung von Frauen. Konkret äußert sich das beispielsweise darin, dass man sich maskulinistischen Gruppen wie den Pick-up-Artists oder »Men going their own way« anschließt.

»Men going their own way« kann man sich als Gruppe vorstellen, deren Ziel es ist, Frauen zu boykottieren und autark von ihnen zu leben – strikt heterosexuell natürlich. Auch hier sind Frauen, die ein selbstständiges Leben führen, Ursprung allen männlichen Leids. In der Vorstellung von »Men going their own way« verbringen Frauen ihre Zwanziger damit, »das Schwanzkarussel zu reiten«, um sich anschließend, wenn sie alt und verbraucht sind, mit einem »Beta Male« zur Ruhe zu setzen und sich von diesem aushalten zu lassen. Aber auch dieser »Beta Cuck« wird mit allem betrogen, was sich die alternde Gattin noch krallen kann, weil: Frauen sind einfach wirklich schlechte Menschen, ausschließlich gesteuert von dem Wunsch nach sexueller Bestätigung. Das Einzige, was man dagegen tun kann, ist es, sich Heirat, Beziehungen, Frauen generell zu verweigern. Es gibt vier Level von »Men going their own way«. Auf Level null schlucken Männer die »Rote Pille« und erkennen die Welt als vom westlichen Marxismus gesteuert. Auf dem ersten Level verweigern sie sich langfristigen Beziehungen, auf Level zwei hat man auch keine kurzfristigen Beziehungen oder One-Night-Stands mehr. Auf Level drei ist man auch ökonomisch von Frauen unabhängig, man kann sich das Ganze quasi als eine gegen das weibliche Geschlecht gerichtete BDS-Bewegung vorstellen. Auf Level vier zieht man sich dann auch auf sozialer

Ebene von Frauen zurück und lebt autark im Männerbund vor sich hin. Konkret »geht man den eigenen Weg«, indem man den ganzen Tag auf *Reddit* herumhängt und sich gegenseitig durch das Ausmalen fiktiver Szenarien wie »Ich rackere mich auf Arbeit für meine Frau ab, aber anstatt dass sie mir Essen hinstellt, geht sie sich mit ihren Mädels die Nägel machen« darin bestätigt, wie schlimm Frauen seien.

Das Ganze wird untermalt mit einer Vorstellung permanenter Selbstoptimierung. Es geht darum, das »Game« zu gewinnen. In einer Welt, in der Männern von Grund auf die schlechteren Karten ausgeteilt worden sind, müsse man eben lernen, dieses Spiel trotzdem zu den eigenen Gunsten entscheiden zu können – und das gelingt, indem man eben zu einem chauvinistischen, rücksichtslosen, manipulativem Arschloch wird. Großes Vorbild der MGTOW-Bewegung ist der rechtsradikale Männerrechtler Jack Donovan. Donovan war bis 2018 Mitglied der vom italienischen Faschisten Julius Evola inspirierten neopaganistischen Rockergruppe »Wolves of Vinland«. Er veranstaltet Seminare, bei denen die Teilnehmer ihre ursprüngliche Männlichkeit wiederentdecken, indem sie durch den Wald robben und Tiere erlegen, und legt eine massive Abwehr gegen alles Weibliche an den Tag. Donovan ist seit über 20 Jahren in einer Beziehung mit einem anderen Mann, bezeichnet sich aber nicht als »schwul«, sondern als »androphil«, da »schwul« für ihn Ausdruck einer verweichlichten, hedonistischen und degenerierten Szene sei. Donovans Werke, die illustre Titel wie *Ein ganzerer Mann* oder *Nur Barbaren können sich verteidigen* tragen, werden in Deutschland über den neurechten Verlag Antaois publiziert.

Incels haben die Vorstellung, das »Game« gewinnen zu können, bereits aufgegeben. In ihrer Blackpill-Ideologie, die den Antifeminismus und die Täter-Opfer-Umkehr der Redpiller in allen Aspekten auf eine wahnhafte Spitze treibt, ist die Möglichkeit, das »Game« zu gewinnen, von Anfang an zum Scheitern verurteilt.

Dass Frauen in den Augen von Incels oberflächlich, triebhaft und schlecht sind, wurde bereits erwähnt. Obwohl sie ganz versessen darauf sind, »das Schwanzkarussell« zu reiten, geben sie sich nicht mit einem x-beliebigen Mann zufrieden. Genügen kann nämlich nur ein »Chad«, der nichts anderes ist als eine Klischeezeichung von Hypermaskulinität, ein Quarterback aus einem High-School-Film.

Obwohl Chads nur 20 Prozent der Männer ausmachen, haben sie die sexuelle Verfügung über ausnahmslos *alle* Frauen, die kämen nämlich niemals auf die Idee, ihre Aufmerksamkeit an einen Nicht-Chad zu verschwenden.

Incels teilen Menschen auf einer »Attraktivitätsskala« von eins bis zehn ein; attraktive Frauen nennen sie »Stacys«, eine durchschnittlich attraktive Frau trägt den Namen »Becky«. Hätten früher Frauen mit einem Partner ihres »Attraktivitätslevels« verkehrt, ihrem sogenannten »Looksmatch«, seien durch den Feminismus ihre Ansprüche ins derart Unermessliche gestiegen, dass nur ein Chad ihnen genügen kann. Deswegen, so die logische Konklusion, reißen sich nun alle Frauen der Welt um Chads, während für den Durchschnittsmann nur noch Frauen übrig bleiben, die ihren »sexuellen Marktwert« aufgebraucht haben, also zu alt und verbraucht sind, um von Chads begehrt zu werden.

Für Incels ist die binnenmännliche Hierarchie primär auf Attraktivität aufgebaut; mit Attraktivität geht all das einher, was die australische Geschlechterforscherin Raewyn Connell als »hegemoniale Männlichkeit« analysiert: Hegemoniale Männlichkeit ist »jene Form von Männlichkeit, die in einer gegebenen Struktur des Geschlechterverhältnisses die bestimmende Position einnimmt, eine Position allerdings, die jederzeit in Frage gestellt werden kann«.[29] Hegemoniale Männlichkeit soll die Dominanz von Män-

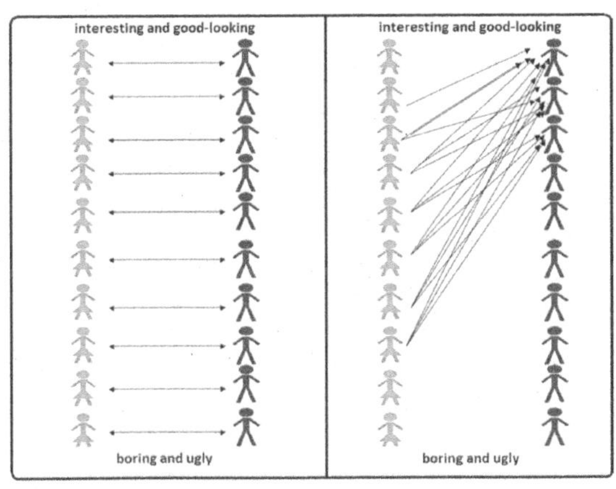

Eine Grafik, die das Prinzip »Looksmatching« veranschaulicht

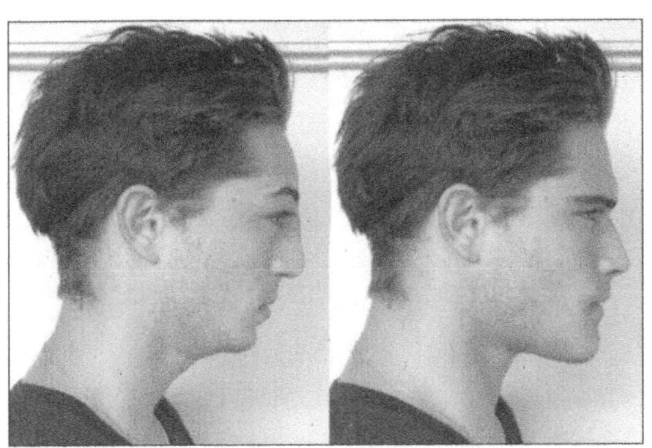

Ein Incel-Meme zur Bedeutung der Knochenstruktur für das Aussehen

nern untereinander, gleichzeitig die Herrschaft *aller* Männer über *alle* Frauen gewährleisten. Mit Attraktivität geht für Incels gleichzeitig immer Erfolg, Vermögen und auch Potenz und Virilität einher. Sind die Männer unattraktiv, können sie Frauen zwar durch Reichtum für sich begeistern, die Frau wird es jedoch immer nach einem Chad verlangen. Incels selbst betrachten sich als Verlierer der »genetischen Lotterie« und sehen sich demzufolge am untersten Ende der Männlichkeitskette. Sie haben keine Chance, jemals von Frauen geliebt zu werden oder außerhalb von Pornos eine Vulva zu Gesicht zu bekommen, da ihr Augenwinkel die falsche Form hat, ihr Handgelenk zu schmal ist, sie zu klein oder zu dick oder zu behaart respektive glatzköpfig sind. Incels betrachten sich als Ausgeburten der Abnormalität, als Zwillingsbruder von Gollum, und deswegen ist für sie in einer von Attraktivität bestimmten Gesellschaft der Zug zu Liebe und Glück schon längst abgefahren. Da Aussehen primär von der Knochenstruktur bestimmt wird, so Incels, ist ihr Martyrium auch nicht zu überwinden.

Humor, Intelligenz, Warmherzigkeit, Charme, all das ist in der Incel-Wahnwelt für Frauen irrelevant, deren einziges Interesse darin besteht, dass ein Mann einen kantigen Kiefer, eine Körpergröße von mindestens 1,85, einen stechenden Blick, ausgeprägte Muskeln und einen großen Penis hat. Darüber hinausgehend hat nichts für Frauen Relevanz; ihr ganzes Leben ist darauf ausgerichtet, »das Schwanzkarussell zu reiten«.

Zwar gibt es einige Incels, die versuchen, ihre Probleme durch sogenanntes »Looksmaxxing« zu lösen, also versuchen, durch Sport, Mode und plastische Chirurgie ihre Chancen zu verbessern, daneben gibt es jedoch auch die sogenannten »Truecels«. Die sich selbst als »Truecels« bezeichnenden, wahren Incels haben das alles als vergebliche Liebesmühe erkannt, denn: eine Frau ist schlicht nicht in der Lage, einen Mann zu lieben, der nicht wie Idris Elba aussieht. Für Incels stand ein glückliches und erfülltes Leben einfach nie zur Debatte. Deshalb verschreibt man sich der Blackpill, suhlt sich im eigenen Elend, und findet Triebabfuhr in den Echokammern des Internets, in denen man sich darüber austauscht, wie unfair die Welt im Allgemeinen und Frauen im Besonderen doch sind.

Dass ihre Weltsicht von Neurosen, Kränkungen, gesellschaftlich vermitteltem Frauenhass, Selbstzweifel und Paranoia bestimmt und, milde ausgedrückt, vollkommen wahnhaft ist, wollen Incels nicht begreifen. Wie alle Verschwörungsdenker sind sie in einer totalitär in sich geschlossenen, ideologischen Blase gefangen, die sich durch rationale Argumentation nicht penetrieren lässt. Und wie alle Verschwörungsdenker halten sich Incels für die einzig Aufgeklärten, für diejenigen, die die Welt so sehen, wie sie wahrhaft ist. Sie verachten Geisteswissenschaften, sehen sich selbst als rational und logisch Denkende und versuchen ihre Ideologie unter dem Begriff der »Scientific Blackpill« mit Pseudowissenschaft zu untermauern. Die »Scientific Blackpill« hat einen eigenen, mehrere hundert Beiträge umfassenden Bereich im Incel-*Wikipedia* und erklärt, wieso der paranoid gefärbte Hass auf Frauen eigentlich etwas total vernünftiges ist. Dabei bedient man sich so gut wie ausschließlich halbgarer Evolutionspsychologie und -biologie, denn nicht das Sein bestimmt das Bewusstsein, sondern zwischenmenschliche Verhaltensmuster aus der Steinzeit, über die man natürlich auch bestens und unzweifelhaft Bescheid weiß.

Frauen würden anstatt liebevoller Partner narzisstische und brutale Männer präferieren, da rücksichtslose Männer *schon immer* besseren Schutz und mehr Nahrung gewährleisten konnten und sich diese pseudowissenschaftlichen Steinzeit-Mythen natürlich immer noch auf die Dating-Präferenzen auswirken. Dass das Patriarchat sich in missbräulichen Beziehungen ausdrückt und Frauen missbräuchliche Partnerschaften eingehen, da ihnen sämtliches Gefühl von Selbstwert und Selbstermächtigung genommen wurde, liege in der Biologie begründet und nicht in einer Gesellschaft, in der Gewalt gegen Frauen systematisch ist! Es sei normal, dass Männer jugendliche und präpubertäre (!!) Mädchen begehren, weil Männer historisch gesehen »Frauen monopolisiert haben um sexuelle Exklusivität zu garantieren«, weshalb Männer »sich entwickelt haben, jugendliche, submissive und einfach zu kontrollierende Weibchen [zu] präferieren«[30].

Anstatt mit wissenschaftlichen Fakten werden Zusammenhänge aus dem Kontext gerissen und aus der Brille der Blackpill verklärt: so wird Frauen zugeschrieben, dass ihre einzige Angst vor der Vergewaltigung »die urtümliche Angst davor ist, von einem als ‚unterlegen' wahrgenommenen Mann geschwängert zu werden«.[31]

Die Tatsache, dass Frauen masochistische Fantasien und Begehren wie Rape Play haben, wird damit erklärt, dass Frauen Freude daran empfinden würden, von einem dominanten Mann überwältigt zu werden, weswegen sie Vergewaltigungen nur zur Anzeige bringen, um unattraktiven Männern aus Scham, dann doch aus Versehen mit ihnen geschlafen zu haben, eine reinzuwürgen (wer kennt's nicht). Dies verkennt, dass weibliche Sexualität oft patriarchal verformt ist und Frauen deswegen, anstatt eigenes Begehren zu entwickeln, patriarchale Vorstellungen von Sex als die vermeintlich eigenen internalisieren. Der Gegenpol dazu, der ebenfalls Grund sein kann, wieso Frauen »brutale« Pornographie konsumieren oder sich beim Sex einer submissiven Rolle hingeben, ist, dass weibliche Submissivität auch ein Mittel sein kann, sich erfahrenes Leid und erfahrene Unterdrückung im lustvollen Spiel selbstbestimmt wieder anzueignen, wie es die feministische Psychoanalytikerin Jessica Benjamin in ihrem Werk *Die Fesseln der Liebe* erläutert.[32] Dass Incels feministische Theorie lesen, kann jedoch getrost bezweifelt werden. Komplett ignoriert wird auch die Differenz zwischen Fantasie und Realität: in der erotischen Vorstellung ist man immer Herrin im Haus, in der Realität leider nicht.

Ob es sich nun um *incels.co, incels.net* oder diverse Subreddits handelt: die User dort haben die Blackpill geschluckt, und sind der festen Überzeugung, dass Frauen schuld sind an ihrem unausweichlichen Leid. Diese Foren sind unser Einblick in das Denken von

Incels; sie fungieren als Echokammern, in denen die User sich den Frust von der Seele schreiben, sich austauschen und andere von ihrer Position überzeugen können. Sie fungieren auch als Räume, in denen man sich »unter sich« wähnt und der gruppenbezogenen Menschenfeindlichkeit freien Lauf lassen kann, da kein zensierender Faktor dabei stört. Sich die thematischen Schwerpunkte in den Foren anzuschauen, ist also für eine Analyse der Incel-Subkultur unerlässlich.

Echokammern statt Selbsthilfe: Die Incel-Foren

Das größte Incel-Forum kann unter *www.incels.co* erreicht werden. Unter der Domain *incels.me* gegründet, musste es bereits zwei Mal aufgrund der dort vertretenen Inhalte den Server wechseln. Das Forum hat 11.850 Mitglieder, die insgesamt 216.673 Threads verfasst haben [Stand Augusut 2020]. *Incels.co* ist, mit Abstand, einer der toxischsten Orte im Internet. Die Threads schwanken zwischen nihilistischem Selbsthass, Diskussionen über die Blackpill, in denen man sich gegenseitig das eigene Weltbild bestätigt, und Frauenhass. Ich werde das Forum im Laufe des Buches genauer analysieren.

Die Regeln des Forums lauten folgendermaßen: Nicht-Incels und Frauen werden, sobald sie sich zu erkennen geben, gebannt. Es ist verboten, von romantischen oder sexuellen Erfahrungen zu berichten, selbst wenn diese vor langer Zeit gemacht wurden. Verboten sind außerdem: LGBTQ-Inhalte, das »Anbeten« attraktiver Frauen oder Männer, Hinweise darauf, dass auch kleine und unattraktive Männer Partnerinnen haben, oder die Diskussion »illegaler« Aktivitäten. Letzteres wird jedoch durch Chiffren umgangen. Ein populäres Beispiel ist es, die Buchstaben »E« und »R« in einem Wort in Versalien zu schreiben, um anzudeuten, man plane, es Elliot Rodger gleichzutun: »I think women should get to know my pERsonality« bedeutet hier nichts anderes als »Ich kokettiere damit, Frauen zu ermorden, weil sie nicht mit mir schlafen«.

Threads werden in unterschiedliche Kategorien unterteilt, beispielsweise »Lifefuel« – aufmunternde und positive Nachrichten oder Erfahrungen. Diese bewegen sich auf Ebenen wie: »Ein Incel erhält plastische Chirurgie und wird sofort als Normie wahrgenommen« über »Eine saudi-arabische Rapperin wurde aufgrund feministischer Aussagen inhaftiert« oder »Eine Schlampe jammert darüber, dass sich niemand für sie interessiert« bis hin zu »Der Corona-Virus wird uns alle umbringen«. Mehrere Postings halten andere User dazu an, sich nicht dem Suizid hinzugeben, dies wird jedoch von anderen regelmäßig als »Coping« abgetan (außerdem: es sagt einiges über eine Subkultur aus, wenn Aussagen wie »Bringt euch nicht um« in einer derart erschreckenden Regelmäßigkeit auftreten). Andere Threads nennen sich »Suicidefuel« oder »Ragefuel«: in »Suicidefuel« suhlen sie sich in ihrer Hoffnungslosigkeit und der vermeintlichen Unerreichbarkeit von Liebe und Sex, in »Ragefuel« lassen sie ihrem Hass auf Frauen, die hier regelmäßig verbal zu »Toilets« degradiert werden, freien Lauf. Andere Threads sind dafür designiert, sich als Opfer von »toxischer Weiblichkeit« zu inszenieren, die Aussagen von Frauen ins Lächerliche zu ziehen, profeministische Männer zu verhöhnen oder seiner Wut über eine nur auf das Aussehen fixierte Gesellschaft freien Lauf zu lassen. Drei Momente ziehen sich wie ein roter Faden durch das Forum: Frauenhass, Selbsthass und pathologisches Opferdenken.

Das zweitgrößte Forum mit rund 13.200 Mitgliedern trägt den Namen *lookism.net* und deklariert sich selbst stolz als die »Forefront of the coping movement«. Der Begriff des »Lookism«, der mir selbst ironischerweise aus der linken Szene bekannt ist, bezeichnet die Diskriminierung einer Person aufgrund ihres Aussehens. Nun ist dieser Begriff schlicht verkürzt: Die Diskriminierung aufgrund der Tatsache, nicht hegemonialen Schönheitsstandards zu entsprechen, ist kein gesellschaftlich verankerter Herrschafts- und Unterdrückungsmechanismus wie beispielsweise Rassismus. »Lookismus« ist eher Ausdruck patriarchaler und kapitalistischer Verhältnisse, die Schönheitsstandards vorgeben und vermitteln, dass das Befolgen dieser Standards erstrebenswert sei. Vor allem Mädchen und Frauen leiden unter diesen Vorstellungen, da weibliche Körper wesentlich stärker sexualisiert und objektiviert werden als männliche. *lookism.net* ist auf Looksmaxxing ausgelegt und eher in der Redpill-Ideologie verortet. Die User haben noch nicht aufgegeben, zumindest zum Normie aufsteigen zu können, aber auch hier ist Misogynie ein dem Forum zugrundeliegendes Moment. Man spricht über Sport, plastische Chirurgie und Diäten. Auch andere Formen dessen, was hier als »Selbstoptimierung« missverstanden wird, werden diskutiert, wie beispielsweise mögliche Wege zum finanziellen Erfolg (»Moneymaxxing«) – für die meisten User scheint dieser Weg mit Bitcoins gepflastert zu sein. In einem dritten Bereich des Forums veröffentlichen User Fotos, um sich gegenseitig zu bewerten. Stellenweise werden die Bilder bearbeitet, um zu spekulieren, welches Maß an Attraktivität sich denn mit bestimmten Eingriffen erreichen ließe. Häufig aufzufinden sind Anfragen nach plastisch-chirurgischen Eingriffen und Empfehlungen, welche Eingriffe dem User zu einem attraktiveren Aussehen verhelfen können. Was gänzlich fehlt, ist die Erkenntnis, dass man Selbstliebe und -achtung nicht an das eigene Aussehen knüpfen sollte, dass man sich lieben kann, so wie man ist, und dass plastische Chirurgie kein Ausweg aus vernichtendem Selbsthass ist. Ähnlich toxisch ist die Seite *looksmax.me* mit ungefähr 6.400 Usern, ebenfalls ein Forum, das Toxizität und Selbstzurichtung als »Selbstoptimierung« verkaufen möchte.

Ein kleineres Forum ist die Seite *incels.net* mit etwas über 4.000 Usern. Es zeichnet sich, mehr als die anderen Foren, durch einen zynischen und (selbst-)ironischen Tenor und sogenanntes »Shitposting«, also bewusst provokative Postings, aus, bei denen es schwer ist zu beurteilen, inwieweit die Inhalte ernsthaft vertreten werden oder mit Incel-Klischees gespielt wird. In einem FAQ[33] wird deklariert, Frauenhass würde bei einigen Mitgliedern der Szene vorkommen, sei jedoch kein Merkmal der Szene als solcher. Einige Zeilen später wird behauptet, man solle Frauen »nicht anders als ein Stück Fleisch« behandeln; alles andere sei unter der Würde der »Supreme Gentleman« – so die auf Elliot Rodger rekurrierende Selbstbezeichnung der User. Wenig überraschend ist der Tenor auch hier von Frauenhass und Selbsthass geprägt. Interessanterweise stellt *incels.net* ein sogenanntes »Bluepill«-Forum für Diskussionen mit Nicht-Incels zur Verfügung, doch anstatt der angekündigten »konstruktiven Kritik« werden auch dort primär misogyne Projektionen artikuliert, Sex mit Minderjährigen als legitim erklärt und das übliche Incel-Kreiswichsen betrieben. Meines Erachtens ist es irrelevant, ob Postings, die Frauenhass predigen, »Shitposting« oder genuin misogyn sind: es bedarf bereits einer Disposition zum Menschenhass, um sich überhaupt auf diesen Foren aufzuhalten und sich dort zu artikulieren. Des Weiteren würde ich die These aufstellen, dass auch ironisches Shitposting zu einer Verrohung führt: wer permanent mit gruppenbezogener Menschenfeindlichkeit kokettiert, kann die ironische Distanz früher oder später nicht mehr aufrechterhalten und wird zunehmend desensibilisiert. Aus Ironie wird Ernst. Dies zeigt sich in einer Regel des Forums meines Erachtens recht deutlich. »Exzessiver Rassismus« ist verboten – was auch immer »nicht exzessiver Rassismus« sein mag.

Zumindest im Ansatz eine Ausnahme bildet das Forum *Yourenotalone.co,* das früher den Namen *Incelistan.net* trug und das sich als »nicht gewalttätig und gender-inklusiv« beschreibt. Auch Frauen, sogenannte »Femcels« zählen zu den Nutzer*innen, LGBTQ-Feindlichkeit wird mit einem Bann sanktioniert, »Meinungsfreiheit« und »politische Unkorrektheit« sind jedoch in Ordnung – außer User*innen artikulieren sich allzu toxisch. »Dieses

Forum soll ein Ort sein, der weniger toxisch als andere Incel-Foren ist [...].« Trotzdem ist es in Ordnung, Frauen wie auch Männer als Gruppe zu kritisieren. User*innen werden zur Selbstoptimierung durch soziale Kontakte, Sport, positives Denken oder besseres Essen angehalten, anstatt therapeutische Hilfe zu suchen. Laut einem Moderator haben die Mitglieder des Forums keinerlei Überschneidungen mit der Nutzerbasis von *incels.co* gemein; allzu misogyne Postings werden kritisiert. Dennoch äußern auch auf diesem Forum männliche User projektiv aufgeladenen Betrachtungen von Frauen, die auch hier als oberflächlich und dem Leid der Incels gegenüber als ignorant dargestellt werden. Leider ist auch auf *Yourenotalone.co* Selbstmitleid omnipräsent, auch wenn der Umgang der User*innen miteinander ein gutes Stück solidarischer ist als auf den anderen Boards. Es ist bezeichnend, dass das am wenigsten gefährliche Forum nur knapp über 300 User*innen hat.

Da auf Incel-Foren regelmäßig über sexuelle Gewalt gegen Frauen und Kinder fantasiert wird oder man Massenmörder glorifiziert, sind mehrere Foren bereits gesperrt worden. Zu ihnen zählen beispielsweise die Seite *Truecels.org*, auf der es ein Unterforum namens *Hall of Heroes* gab, auf dem User den gefallenen Helden ihrer Bewegung, ihren Vorgängern und anderen ihnen ideologisch nahestehenden Gewaltverbrechern huldigen konnten, beispielsweise Elliot Rodger, Anders Breivik, Kämpfern des Islamischen Staates oder Jack the Ripper. Ein weiteres Forum, auf dem Vergewaltigung und Mord zu den üblichen Gesprächsthemen zählten, nannte sich *Incelocalypse*, dessen User nicht einmal verschleierten, dass sie pädosexuelle Bedürfnisse hatten, sondern offen über den Konsum von Kinderpornographie und den Missbrauch von Mädchen sprachen. Nachdem das Forum geschlossen wurde, gründete der Administrator Nathan Larson ein Forum mit dem Namen *Raping Girls is Fun*, auf dem er offen darüber fantasierte, erst drei Jahre alte Kinder zu Tode zu vergewaltigen, und die sogenannte »Rapepill« propagierte. Vergewaltigung, so Larson, sei ein natürlich männliches Bedürfnis, und die einzige Möglichkeit für Incels, an Sex zu kommen. Das Forum wurde im Februar 2020 geschlossen. Leider komme ich nicht umhin, mich im zweiten Teil des Buches etwas genauer mit diesem Mann zu befassen, bei dem mir schleierhaft ist, wieso er nicht den Rest seines Lebens hinter Gittern verbringt.

Eine weitere wichtige Echokammer für Incels stellt das Forum *Reddit* dar. *Reddit* ist ein gigantisches Forum mit zahlreichen Unterforen, deren Inhalte von »Bilder von dicken Katzen« über »feministische Memes«, Frage- und Diskussionsforen bis hin zu Foren für gruppenbezogene Menschenfeindlichkeit reichen. Auch wenn *Reddit* inzwischen zunehmend rechte Foren schließt, schießen die Stellvertreter wie Pilze aus dem Boden.

Die bekannteste *Reddit*-Community für Incels war das Subreddit *r/Incels*, das bis zu seiner durch eine Online-Petition erwirkten Schließung im November 2017 40.000 User verzeichnen konnte. Der Inhalt bestand aus dem für die Szene üblichen Geseiere: Vergewaltigungsfantasien, Frauenhass, Selbstmitleid, verschwörungstheoretisches Opferdenken und gruppenbezogene Menschenfeindlichkeit.[34] Das Ersatzforum *r/Braincels*, dessen Name impliziert, dass die eigene Sexlosigkeit die Folge eines überlegenen Intellekts sei, folgte kurze Zeit nach der Schließung und konnte ca. 17.000 Abonnenten verzeichnen. Es wurde Ende September 2019 ebenfalls geschlossen. Inzwischen existieren zahlreiche kurzlebige Ersatz-Subreddits, die jedoch inzwischen glücklicherweise immer rascher vom *Reddit*-Team geschlossen werden.

Unter dem Subreddit *r/BlackPillScience* versuchen Incels, ihrer menschenverachtenden Ideologie einen wissenschaftlichen Anstrich zu geben, die Ergebnisse werden auf dem Incel-*Wikipedia* gesammelt. 12.500 User tauschen Studien über Dating-Verhalten oder weibliche Sexualvorlieben aus. Recht häufiges Thema ist, dass Frauen mehr Likes und Nachrichten auf Dating-Plattformen wie *Tinder* bekommen als Männer. Dass dies daran liegt, dass mehr Männer als Frauen die Plattform nutzen und sie weniger auf langfristige Beziehungen als auf One-Night-Stands ausgelegt ist, wird ignoriert. Und jede Frau, die es mit konventionellem heterosexuellen Online-Dating versucht hat, kann bestätigen, dass das Verwenden von Dating-Apps für Frauen zu vergleichen ist mit einem Blick in einen gefüllten Kühlschrank, bei dem das meiste Essen jedoch verdorben ist. Jungs, es wird Zeit, ehrlich zu sein: Ein »Hey, wie geht's«, gefolgt von einem ungefragten und schlecht ausgeleuchteten Penisbild, ist definitiv keine gute Art, Frauen kennenzulernen.

Zwei Subreddits stechen aus der Masse heraus: *r/Trufemcels* und *r/Incelswithouthate.*

Männliche Incels vertreten die Position, dass Frauen keine Incels sein *können,* da jede Frau immer und überall Zugang zu und Lust auf Sex habe. Dennoch gibt es Frauen, die sich selbst als »Femcels« bezeichnen. Sie haben den männlichen Jargon adaptiert; so wie Incels Frauen als »Femoids« titulieren, werden auf dem inzwischen nur noch für Mitglieder zugänglichen Subreddit *r/Trufemcels* Männer abwertend als »moids« bezeichnet. Anders als Incels sind die Userinnen jedoch nicht von einem eliminatorischen Männerhass getrieben (welch eine Überraschung), sondern fest auf der Selbsthass-Seite der Ideologie verortet. Die Userinnen vergleichen sich konstant mit anderen, vermeintlich attraktiveren Frauen, denen man Neid entgegenbringt, und sprechen über ihr Leiden an herrschenden Schönheitsvorstellungen und plastische Chirurgie als Möglichkeit des Ausstiegs. Oft wird auch hier das individuelle Glück und das Selbstwertgefühl an der Anerkennung von Vertreter*innen des begehrten Geschlechts festgemacht.

Auch sie sehen sich nicht in der Lage, den eigenen Körper zu lieben, und glauben, sie hätten die »genetische Lotterie« verloren. Im Unterschied zu Incels haben Femcels jedoch stellenweise durchaus Recht in ihrer Welterklärung: nach wie vor wird Mädchen vermittelt, dass ihr Äußeres weit eher ihr Kapital ist als ihre Intelligenz oder ihre Persönlichkeit. Entgegen der herrschenden Incel-Vorstellungen wird Unattraktivität bei Frauen und Mädchen gesellschaftlich wesentlich harscher sanktioniert als bei Männern. Eine milliardenschwere Industrie basiert darauf, Frauen zu suggerieren, dass sie nie attraktiv genug sein können, und schlägt Kapital aus weiblichen Selbstzweifeln. Während in Filmen, Serien und Pornos inzwischen auch der unattraktive Loser als Love Interest fungieren kann, sind Protagonistinnen immer normschön. Zwar dürfen inzwischen auch hin und wieder dicke Frauen wie Rebel Wilson Protagonistin eines Films mit romantischem Plot sein, aber auch nur, wenn es attraktive dicke Frauen wie Wilson sind. Und auch das ist eher die Ausnahme als die Regel. Femcels kritisieren gängige Schönheitsideale und befassen sich kritisch mit der Misogynie der Incel-Community. Während der Opferstatus von Incels größtenteils imaginiert ist, haben Femcels legitime Standpunkte in ihrem Denken – leider verbleiben sie, anstatt von ihrem Leid auf eine feministische Gesellschaftskritik zu abstrahieren, oftmals beim Suhlen im Elend. Über 23.000 Frauen haben die sogenannte »Pinkpill« geschluckt.

Das Subreddit *r/Incelswithouthate* mit 23.100 Abonnenten behauptet von sich, eine »positive und hilfsbereite« Community bieten zu wollen. Die Gruppenregeln unterbinden es, andere für das eigene Leid verantwortlich zu machen. Tatsächlich hält sich das Artikulieren von gruppenbezogener Menschenfeindlichkeit in Grenzen, doch auch die Incels ohne Hass sind Anhänger der Blackpill-Ideologie. Selbsthass und Opferdenken ziehen sich durch den Großteil der veröffentlichten Beiträge. Meiner Ansicht nach ist es unmöglich, die Blackpill-Weltsicht zu vertreten, ohne misogyn zu sein: das patriarchale Anspruchsdenken, man hätte ein Recht auf Sex, die Vorstellung, Frauen würden sich in ihrer Oberflächlichkeit nur zu attraktiven Männern hingezogen fühlen, und die pathologische Betrachtung weiblicher Sexualität, von der man sich verhöhnt und verfolgt fühlt, sind letztendlich im Kern frauenfeindlich[35]; Frauen werden nach wie vor primär als Projektionsflächen für die eigenen Neurosen, nicht jedoch als Subjekte betrachtet. Dennoch ist der Umgang miteinander ein gutes Stück freundlicher und auch wenn man dem Glauben anhängt, Frauen würden nun einmal nur attraktive Männer begehren, verfällt man immerhin nicht in Vernichtungsfantasien. Es handelt sich um junge Männer, die sich eine Partnerin wünschen und darunter leiden, keine zu haben, aber die Frauen nicht dafür bestrafen wollen. Wenn es einem der *Incels without hate* gelingt, eine Freundin zu finden und er darüber schreibt, zeigen sich die anderen Mitglieder begeistert, anstatt den User zu beschimpfen, wie es auf radikaleren Foren der Fall ist. Mir zumindest erschließt sich jedoch nicht, wieso man nach all den Attentaten, die von Incels verübt worden sind, und der Tatsache, dass man sich die Szene mit zehntausenden Männern teilt, die Vergewaltigung und Mord als legitime Racheakte begreifen, eine Ehrenrettung des Begriffs »Incel« anstreben möchte. Es ist, als würde man ein KKK-Chapter »without hate« gründen wollen. Die User behaupten, dass die meisten Incels Menschen wie Elliot Rodger oder Alek Minassian ablehnen, obwohl das *Incels without hate*-Subreddit deutlich weniger Userzahlen verzeichnet als das ursprüngliche Incel-Subreddit mit zuletzt 40.000 Mitgliedern, *Braincels* hatte zum Zeitpunkt seiner Schließung knapp 17.000 User. Leider ist es mitnichten so, als wären die weniger radikalen Incels in der Mehrheit. Incels mögen zwar als Selbsthilfegruppe begonnen haben, sind aber inzwischen unwiederbringlich zu einem toxischen, misogynen, kultartigen

Sumpf geworden, aus dem es sich nur mit großer Anstrengung entkommen lässt.

Eine weitere Plattform, auf der sich Incels austauschen, ist der Chat-Server *Discord*. Foren haben in der Regel ihre eigenen *Discord*-Channel, des Weiteren existierten zum Zeitpunkt dieser Recherche 75 Server in unterschiedlicher Größe, die mit dem Tag »Incel« versehen sind. Der Tonfall dort ist der gleiche wie in den Foren; allerdings sind die Server um einiges regelloser und die Kommunikation verläuft, da es sich um einen Chat handelt, schneller. Da die Server klandestiner sind als Foren, scheint auch die Hemmschwelle, Gewaltfantasien und menschenverachtende Kommentare zu posten, geringer. Auf Incel-*Discords* huldigt man Frauenmördern wie Ted Bundy oder erfreut sich gemeinsam an Terroranschlägen, erzählt offen von dem Wunsch, Frauen zu vergewaltigen, teilt grenzwertige Hentai (ich habe einmal den Fehler gemacht, auf eines der Bilder zu klicken, und durfte mir einen pornographischen Manga ansehen, in dem eine Frau von mehreren Hengsten vergewaltigt wurde) oder berichtet stellenweise sogar davon, diese Wünsche aktiv umgesetzt und Frauen sexuelle Gewalt angetan zu haben. Sich auch nur für eine kurze Zeit auf den Servern aufzuhalten, ist wie in einem Gewitter aus frauenfeindlichen, rassistischen und antisemitischen Hassbotschaften zu stehen, die unaufhörlich auf die Leserin einprasseln.

Zudem existieren noch Imageboards wie *4chan* oder *8kun,* ihr deutscher Ableger *Kohlchan* und das rechte Trollforum *Kiwifarms,* zu deren Usern auch Incels zählen. Das Board *4chan* wurde 2003 gegründet und war primär ein Board für Anime-Kultur mit einem besonderen Fokus auf »Free Speech«. »Free Speech« bedeutete in diesem Fall, das N-Wort verwenden und Bilder vergewaltigter Anime-Mädchen posten zu können, ohne dafür von Eltern, Lehrkräften oder der nervigen feministischen Mitschülerin zur Rechenschaft gezogen zu werden. *4chan* bildet den Ursprungsort zahlreicher Memes und war, obwohl von Anfang an das Online-Äquivalent eines nach Sperma und ungewaschenen Socken stinkenden Pennälerzimmers mit der Aufschrift »Mädchen draußen bleiben!«, lange Zeit noch nicht die Brutstätte rechter politischer Kampagnen, die es heute ist. Maßgeblich zur Radikalisierung nach rechts beigetragen haben die misogyne Gamergate-Kampagne, eine frauenfeindliche Schmierenkampagne gegen Frauen aus der Videospiel-Branche, auf die ich im Laufe des Buches noch genauer eingehen werde, und der Wahlkampf Donald Trumps, im Zuge derer sich das Forum, vor allem das Unterforum *politically incorrect*, und seine User zunehmend nach rechts radikalisierten.

Die noch radikalere Variante *4chan*s stellt das Board *8chan* dar. Der Gründer, Fredrick Brennan, hatte das Board als Reaktion auf eine zunehmende Popularisierung *4chan*s gegründet, um einen noch anarchischeren Tummelplatz im Internet zu schaffen. Dass sich das Board jedoch zu einem Ort entwickelte, an dem gruppenbezogene Menschenfeindlichkeit noch offener vertreten wird als auf *4chan*, und bald zu einer *der* Online-Anlaufstellen für Rechtsterroristen wurde, bereut Brennan inzwischen zutiefst. Er ist nicht mehr am Board beteiligt und geht inzwischen auch aktiv gegen den aktuellen Betreiber vor.[36] Nicht nur verbreitete Brenton Tarrant, der Attentäter von Christchurch, sein Manifest und den Livestream seines Massakers an 51 Menschen muslimischen Glaubens auf *8chan*, auch die Täter der Attentate von Poway (April 2019) und El Paso (August 2019) publizierten ihre Texte auf dem Imageboard, das kurz danach abgeschaltet wurde. Inzwischen ist es jedoch unter dem Namen *8kun* wieder online – die Frage ist nur, wie lange noch.

Der Habitus und die Diskussionskultur der »chan-Boards« ist, wie es die Kulturwissenschaftlerin Angela Nagle beschreibt, auf »Moral Transgression« angelegt, »moralische Grenzüberschreitung«. Gruppenbezogene Menschenfeindlichkeit jeder Art wird hier zum vermeintlich ironischen Witz, um »Normies zu triggern«, also all jene, die sich nicht in jener eigenwilligen Online-Sphäre verorten. Permanent wird mit Antisemitismus, Rassismus, LGBTQ-Feindlichkeit und Misogynie kokettiert und jegliche Kritik damit abgewehrt, dass es sich nun einmal um einen nihilistischen Witz handele. Der Ton ist von Zynismus und Abwertung geprägt, man bezeichnet sich gegenseitig gerne mal als »Fag«, das Zurschaustellen emotionaler Verwundbarkeit wird mit Hohn sanktioniert. User haben eine eigene Sprache, die aus zahlreichen Memes und Codes besteht, eine fiktive Nation namens »Kekistan« und einen auf Pepe the Frog basierenden, religionsartigen Kult entwickelt.

Das deutsche Äquivalent der Seite ist *Kohlchan*, das sich, wie so vieles Deutsche, durch eine besondere Abscheulichkeit auszeichnet. Die Recherche in diesen Foren ist noch befremdlicher als in den englischsprachigen, was daran liegen mag, dass die User, Neonazis die sie sind, ganz bewusst auf Anglizismen verzichten, gleichzeitig aber den Sprachduktus der internationalen Boards beibehalten, statt »Anon« nennt man sich »Bernd«. Als Header wird unter anderem ein Reichsadler verwendet, und die Postings könnten aus einem x-beliebigen Naziforum stammen. Der eine predigt antisemitische Verschwörungstheorien, der Nächste ergießt sich in rassistischen Hassfantasien, der Dritte lamentiert darüber, eine transgeschlechtliche Tochter zu haben – die Ratschläge der anderen User sind übrigens, das Kind mit aller Gewalt davon abzuhalten, ein glückliches Leben als Mädchen zu leben. Wieder andere sprechen davon, wie sie Prostituierten Gewalt angetan haben. Außerdem kam der Großteil der Aktionen und Mobbing-Kampagnen gegen den als »Drachenlord« bekannten YouTuber Rainer Winkler aus *Kohlchan*-Kreisen.

Weil rechtsradikales Denken und Frauenhass immer Hand in Hand gehen, werden zahlreiche Beiträge mit den Bildern nackter Frauen geschmückt, es gibt ein eigenes Forum für – oft gewalttätige – Pornographie, und in regelmäßigen Abständen greift man Frauen wie Dunja Hayali, Carola Rackete oder auch mich an.

Nichts an dem Geschriebenen wirkt empathisch oder aufrichtig, jede einzelne Silbe ist getränkt mit einer zwanghaften ironischen Distanz zur eigenen Umwelt und zu den anderen Usern. User erniedrigen andere, um sich selbst zu erhöhen, auch innerhalb der Forum-Strukturen. Die User schreiben von sich selbst in der dritten Person (»Dieser Bernd hört gerne Videospielmusik«), was auf eine Distanzierung von sich selbst hindeuten könnte. Wie bei allen chan-Boards ist unklar, was Getrolle ist und was ernst gemeint – mit diesem Habitus der Ironie bringt man sich auch selbst in Sicherheit; man will niemanden *wirklich* ins Gas stecken, es ist ja alles nur ein Witz. Hab' dich nicht so, du Normie. Es ist unmöglich, Gefühle zu artikulieren, ohne dafür als »cringy« verlacht zu werden. Der Begriff »cringe« beschreibt im Bezug auf die *chan*-Szene, wie es die YouTuberin und Wissenschaftlerin Natalie Wynn auf ihrem Kanal »Contrapoints« analysiert, eine Mischung aus Fremdscham und unangenehmer Selbsterkenntnis. Man würde sich, so Wynn, in dem verhöhnten Objekt selbst erkennen, welches anschließend in einem Akt pathisch-projektiver Verfolgung abgestraft werden muss. Diese fast schon gewalttätige Abspaltung von Gefühlen ist etwas, was für eine Täterwerdung unerlässlich ist; diesen Sachverhalt werde ich in einem späteren Kapitel noch wesentlich genauer ausführen.

Im deutschsprachigen Raum gibt es zudem das Forum *Absolute Beginner*, bei dem es sich allerdings nicht um ein Incel-Forum handelt, sondern um eine auf Austausch angelegte Seite für Personen, die Probleme damit haben, eine Beziehung zu führen. Der Umgang ist freundlich, man gibt sich gegenseitig Tipps in Sachen Dating, Beziehungen und Gefühlsdingen, und das Forum ist für alle Menschen offen, unabhängig von Geschlecht und sexueller Orientierung.

His Twisted World: Eine Analyse des Manifestes von Elliot Rodger

Wenn wir über Incels sprechen, kommen wir nicht umhin, uns mit ihrem »Heiligen« und »Supreme Gentleman« Elliot Rodger zu befassen. Elliot Rodger, der am 23. Mai 2014 sechs Menschen ermordete und 14 weitere verletzte, um die Welt dafür zu bestrafen, dass er keinen Sex hatte. Er hinterließ neben einem *YouTube*-Video ein über 130 Seiten langes »Manifest« mit dem Titel *My Twisted World*. Ich habe es gelesen und analysiert, damit ihr es nicht müsst. Glaubt mir, es war eine der ermüdendsten, langweiligsten und stilistisch schlechtesten Lektüren, die ich mir jemals angetan habe. Aber um eine Analyse jenes Textes, dessen Autor so viele Incels zum Idol auserkoren haben und der einer der Grundsteine der modernen Incel-Bewegung und maßgeblicher Einfluss für die Ideologie dieser Subkultur ist, komme ich der Vollständigkeit halber nicht herum.

Was Elliot Rodger auf jeden Fall zu bieten hat, ist ein Sinn fürs Dramatische, der sich bereits in der Einleitung offenbart. Die Messlatte für das Kommende wird ziemlich hoch angesetzt: »Dies ist die Geschichte, wie ich, Elliot Rodger, zu dem wurde, der ich bin. Dies ist die Geschichte meines gesamten Lebens. Es ist eine dunkle Geschichte von Traurigkeit, Wut und Hass. Es ist die Geschichte eines Kriegs gegen grausame Ungerechtigkeit. In dieser überwältigenden Geschichte werde ich jedes einzelne Detail meines Lebens preisgeben, jede bedeutsame Erfahrung, die ich meinem überlegenen Erinnerungsvermögen entziehen konnte, und wie diese Erfahrungen meine Weltsicht geprägt haben. Diese

Tragödie hätte nicht passieren müssen. Ich wollte nicht, dass die Dinge so verlaufen, aber die Menschheit zwang mich dazu, und diese Geschichte wird erklären, wieso.«[37]

Der 1991 geborene Elliot Rodger war Sohn des Dokumentarfilmers Peter Rodger und der Filmassistentin Chin Rodger, sein Großvater war der Kriegsfotograf George Rodger, einer der Begründer des renommierten Fotograf*innen-Zusammenschlusses »Magnum Photography«. Rodger wuchs also in ausgesprochen privilegierten Verhältnissen auf, was er seinen Leser*innen immer und immer wieder vor Augen hält. Von klein auf wird er auf Reisen nach Europa oder Asien mitgenommen, seine Eltern führen den Jungen in teure Restaurants aus, er wächst in gehobenen Vierteln und geräumigen Häusern auf, besucht Privatschulen, wird mit Geschenken überschüttet und von seiner Mutter und diversen Au-pairs verhätschelt und umsorgt. Schon mit sieben Jahren hat er Hummer als Leibspeise entdeckt. Er beschreibt die Scheidung seiner Eltern als Schlüsselerlebnis; kurze Zeit später heiratet sein Vater die marokkanische Schauspielerin Soumaya Akaaboune, die sich zu einer antagonistischen Figur in Rodgers Leben entwickelt, da sie es wagt, ihm Grenzen zu setzen, was für Elliot eine vernichtende Kränkung ist. Rodger beschreibt *en detail* seine Zeit als Schüler in unterschiedlichen Grundschulen, Mittelschulen und der High School, zahlreiche Reisen, Freundschaften zu unterschiedlichen anderen Jungen und sein Verhältnis zu Videospielen, vor allem dem Online-Rollenspiel *World of Warcraft*. Sein Sozialleben verlagert sich zunehmend ins virtuelle, gleichzeitig leidet er unter seinen mangelnden Sozialkontakten im realen Leben. Er leidet vor allem am fehlenden Kontakt zu Frauen, der ihm eigentlich zustehen sollte, da Rodger, davon ist er fest überzeugt, anderen Männern haushoch überlegen ist. Dennoch sind es konsequent »brutes«, also grobschlächtige, viehhafte Rohlinge, die Frauen erobern können, während der arme Elliot Rodger verschmäht wird. Sein ganzes Leben beschreibt er als eine Aneinanderreihung himmelschreiender Ungerechtigkeiten, die ihm als gebeutelten und hilflosen Subjekt widerfahren; er selbst scheint vollkommen ohnmächtig gegenüber der kalten Grausamkeit der Welt da draußen, die sich vorgenommen zu haben scheint, Rodger das Leben so schwer wie möglich zu machen und ihn zu traumatisieren (Rodger und ich haben recht unterschiedliche Vorstellungen von Traumata, mehr dazu jedoch später). Rodger wählt sich seine Universitätsstadt, Isla Vista, aufgrund des Gerüchts aus, das Hochschulleben sei dort von Sex und Partys geprägt. Doch als sich, anders als erwartet, die attraktiven blonden Kommilitoninnen nicht umgehend an Rogers in Armani gekleidete Brust werfen und ihn mit Schlüpfern bombardieren, radikalisiert sich sein Frauenhass, sein Hass auf Paare und sein Hass auf erfüllte Sexualität immer mehr. Dabei gibt sich Rodger unglaubliche Mühe, sich als potentieller Datingpartner interessant zu machen: er läuft den Campus auf und ab und wartet darauf, angesprochen zu werden! Sein Hass und seine Enttäuschung über das mangelnde Sexleben münden darin, dass er aktiv Gewalt gegen Frauen und Paare ausübt; zuerst kleinere – beispielsweise das Übergießen mit Kaffee – später versucht er, Gäste einer Party von einem Balkon zu schubsen. Schließlich erreicht seine Zerrissenheit zwischen den Größenwahnfantasien und der realen Demütigung (respektive dem, was Rodger für Demütigung hält, nämlich: dass Frauen mit anderen Männern schlafen, anstatt mit ihm) den Höhepunkt: das Attentat von Isla Vista, dem mehrere Menschen zum Opfer fallen.

In den 137 Seiten Manifest und dem vor dem Anschlag veröffentlichten *YouTube*-Video gibt es mehrere sich wiederholende Momente, nach denen ich den Text analysieren werde. Meine Kommentare im Manuskript selbst bestehen übrigens zum Großteil aus: »Du weinerlicher, narzisstischer, verzogener Rotzlöffel. Komm mal klar.« Liebe Leser*innen: es folgt der Einblick in das

Denken jenes Mannes, den Incels sich zum Helden auserkoren haben und dessen Denken die moderne Incel-Bewegung maßgeblich geprägt hat.

Dass Incels Frauen verabscheuen, ist inzwischen weitestgehend bekannt. Die Incel-Ideologie geht davon aus, dass Sex ein Grundrecht sei, wie Nahrung und Wasser, und unterfüttert von gängigen patriarchalen Narrativen, dass einem Mann weibliche Aufmerksamkeit und eine Partnerin zustünden, weil er nunmal ein Mann ist. Frauen werden nicht als eigenständige Subjekte gedacht, sondern lediglich als Projektionsfläche für die eigenen Wünsche, Fantasien und Ideologien. Ausgehend von einer »Heilige-Hure-Dichotomie« sehnt man sich nach weiblicher Aufmerksamkeit und Zärtlichkeit, daher ist jede Frau, die einem diese auch nur potentiell verweigert, automatisch ein Hassobjekt, das bestraft gehört. Elliot Rodgers Frauenbild ist geprägt von zwei Arten von Frauen: der Mutter und Au-pairs als fürsorglichen Idealfrauen und der Stiefmutter als Gegenpol. Elliot verweigert sich Soumayas erzieherischen Maßnahmen, da er sie nicht als Mutterfigur anerkennt, was zu einer Idealisierung der leiblichen Mutter führt. »Mutter besorgte mir immer, was ich wollte, direkt wenn ich es wollte. Im Haus meiner Mutter wurden alle meine Bedürfnisse mit exzellenter Genauigkeit erfüllt, während es bei meinem Vater immer Verzögerungen gab, weil Vater und Soumaya weniger Zeit für mich hatten und mir weniger Aufmerksamkeit widmeten.«[38] Es fällt auf, dass Soumaya durchaus ihre mütterliche Rolle erfüllt hat; Rodger schreibt darüber, dass sie ihm Friseurtermine arrangierte, als er sich die Haare blondieren lassen wollte, oder mit ihm Kleidung einkaufen ging. Dass sie es jedoch wagt, ihm Grenzen zu setzen, ihn zu disziplinieren und ihn die Konsequenzen eines Fehlverhaltens spüren zu lassen, führt zu einem tiefen Misstrauen gegen die Stiefmutter, das sich durch das ganze Werk zieht.

Frauen tauchen bei Rodger lediglich als Objekte auf; nie als

Subjekte mit eigener Persönlichkeit – inklusive seiner jüngeren Schwester Georgia, die oft Gegenstand seiner Eifersucht und Missgunst ist. Als er erfährt, dass sie einen Freund und ein aktives Sexualleben hat, entwickelt er »eine extreme Wut«[39] und einen Hass auf den Partner, des Weiteren wirft ihn die Beziehung auf seine eigene Sexlosigkeit zurück, weswegen sie beide Opfer seiner Verachtung werden, und er sich sogar weigert, mit dem (noch dazu nicht weißen!) Freund seiner Schwester auch nur ein Wort zu wechseln. Rodger lamentiert einerseits darüber, dass Frauen nur Interesse an »widerwärtigen Rohlingen« haben, seine Idealfrau beschreibt er jedoch ausschließlich objektivierend als »groß, blond und schlank«; Eigenschaften darüber hinaus kann er sich nicht vorstellen.

So wie er Frauen abwertet, überhöht er ihren Einfluss auf sein Leben: als er mit elf Jahren beim Spielen in ein Mädchen rennt und diese ihn als Reaktion schubst und anschreit, betrachtet er diese Tat als »Grausamkeit«, die ihn »ohne Ende traumatisiert« und ihm »lebenslange Narben zufügt«. »Von Frauen grausam behandelt zu werden, ist zehnmal schlimmer, als von Männern grausam behandelt zu werden«,[40] so Rodger; da ihn diese Ablehnung umso mehr damit konfrontieren würde, ein »Versager« zu sein. Als er zwölf, dreizehn Jahre alt ist, haben seine Mitschülerinnen durchaus Interesse an ihm und umarmen ihn zur Begrüßung, was er als sehr positive Erfahrung verbucht. Zum Abschlussball der Mittelschule fordern ihn Mädchen zum Tanz auf, auch zu Balladen – es ist also mitnichten so, als hätten Mädchen und Frauen ihn von Anfang an verabscheut. Als einschneidendes positives Erlebnis – er war zu dem Zeitpunkt 19 – beschreibt er, von einem Mädchen angelächelt worden zu sein: »Und dann, als wir aneinander vorbeiliefen, sah sie mich tatsächlich an. Sie sah mich an und lächelte. Die meisten Mädchen würden sich nie dazu herablassen, mich anzusehen, und sie sah mich tatsächlich an und lächelte. Nie in meinem Leben hatte ich mich so euphorisch gefühlt. Ein Lächeln. Ein Lächeln war alles, was es brauchte, um meinen kompletten Tag zu verbessern. Die Macht, die schöne Frauen besitzen, ist unglaublich. Sie können für einen Moment die ganze Welt eines verzweifelten Jungen verändern, indem sie lächeln.«[41] Doch die Freude ist schnell verflogen: Rodger mutmaßt, dass sie ihn ohnehin nur aus Höflichkeit angelächelt habe. Dies steigert sich zu einem Lamento, dass er wohl niemals eine attraktive Freundin, und somit auch nie ein sinnerfülltes Leben haben werde. Zusammenfassend: Frauen werden entweder als das komplett Böse abgewertet, oder als fast schon magische Überwesen idealisiert; in beiden Fällen sind sie entmenschlichte Projektionsfläche. Da er Frauen eine derartige Macht über sich zuschreibt, begibt er sich bewusst in eine Position von Abhängigkeit, Ohnmacht und Hilflosigkeit Frauen gegenüber, aus der heraus er den ihn zerfressenden Wunsch nach Kontrolle über weibliche Sexualität entwickelt. Er fühlt sich von Frauen derart verfolgt, dass ihm ihre bloße Anwesenheit unerträglich ist: er verlässt mehrere Uni-Seminare, da er es nicht ertragen kann, den Raum mit attraktiven Kommilitoninnen teilen zu müssen, und diese im schlimmsten Fall das Seminar sogar mit ihrem Freund besuchen!

Dass Frauen ihm keine sexuelle und romantische Aufmerksamkeit zukommen lassen, erklärt sich der »Supreme Gentleman« folgendermaßen: »Bei Frauen liegt wahrhaft geistig etwas falsch. Ihr Geist ist fehlerhaft [...]. All diese heißen, attraktiven Frauen liefen mit diesen widerwärtigen Sportlertypen herum, die die ganze Zeit Partys feierten und sich verrückt benahmen. Sie sollten mit intelligenten Gentlemen wie mir ausgehen! Frauen sind sexuell am falschen Typ Mann interessiert. Das ist ein gigantischer Fehler im grundlegenden Fundament der Menschheit.«[42] Es sind die Frauen, die an seinem Unglück, der Sexlosigkeit, Schuld tragen; und nicht etwa Rodger selbst. Dass Frauen einen weinerlichen

Misogyn nicht begehren, kann nur daran liegen, dass sie »zum Verstand oder rationalen Denken nicht fähig sind. Sie sind wie Tiere, komplett von ihren ursprünglichen, depravierten Emotionen und Impulsen kontrolliert. Deshalb fühlen sie sich zu barbarischen, wilden, tierartigen Männern hingezogen. Sie sind selbst Tiere. Tiere sollten keine Rechte in einer zivilisierten Gesellschaft haben.«[43] Wahrlich, ein echter Traumprinz, dieser Elliot Rodger. Es ist und bleibt völlig schleierhaft, wieso zur Hölle ein Traumtyp wie Rodger keine Partnerin finden konnte.

Frauen sind »grausam«, behandeln ihn mit »Geringschätzung«, verweigern ihm ihre Liebe und ihre Körper, um stattdessen mit Mistkerlen zu schlafen, sind schon als Jugendliche »totale Schlampen«, haben falsche sexuelle Präferenzen, fügen ihm aktiv Leid zu und hungern ihn aus, misshandeln ihn – all das macht sie also zu legitimen Opfern seines Hasses, der sich letztendlich in der Vernichtung artikuliert.

Männer treten in *My Twisted World* primär als Objekte auf, denen zunächst Neid und dann Hass entgegengebracht wird. Feindbild sind vor allem jene Männer, die Rodgers Gefolgschaft später als »Chads« bezeichnen werden: virile und attraktive Männer, die sexuelle Erfolge verzeichnen können. Er bezeichnet sie über den ganzen Text hinweg konsequent als »widerwärtig« und gibt sich Mühe, ihre Triebhaftigkeit und »Rowdyness« hervorzuheben; vermutlich um einen Gegensatz zu sich selbst als distinguiertem Intellektuellen zu schaffen.

Männer, die keinen Hass gegen Frauen hegen, obwohl sie keinen Sex haben, bezeichnet Rodger als »schwach«. Dies zeigt sich an seinem langjährigen Freund James Ellis, mit dem Rodger regelmäßig seine Fantasien, Ängste und Sorgen bespricht. Als Rodger immer faschistischer und radikaler in seinem Frauen- und Menschenhass wird, bricht James die Freundschaft ab, was jedoch weniger zu einem Moment der Selbsterkenntnis führt, als zu Verachtung dem ehemaligen Freund gegenüber: »Er war mein Kamerad in der Jungfräulichkeit, er erhielt auch keine Aufmerksamkeit von Mädchen, und ich bin mir sicher, dass er darunter litt, aber nicht so sehr wie ich. Ich war sehr perplex darüber, dass er Mädchen gegenüber keinen Hass dafür verspürte, dass sie ihm den Sex verweigerten. Er sollte genauso wütend sein wie ich. Ich denke, er hatte einfach keine sehr ausgeprägte Libido, oder er war generell eine schwache Person. Über die erfahrenen Ungerechtigkeiten wütend zu sein ist ein Zeichen von Stärke [...]. Beide meine Freunde James und Philipp scheinen der schwache, akzeptierende Typ zu sein, ich hingegen der *Kämpfer*.«[44]

Auch als Rodgers Vater sich auf die Seite seiner Frau Soumaya stellt, verurteilt ihn der Incel als schwach und verweichlicht; seine Nachfolger würden Begriffe wie »Cuck« oder »Simp« verwenden:

»Vater tat nichts, um sie aufzuhalten, ganz der schwache Mann, der er ist. So war es immer. Vater hat Soumaya immer freie Herrschaft überlassen, dem Haushalt ihre Regeln aufzudrücken. Er gab ihr alle Macht [...]. *Die Schlampe muss wirklich gut im Bett sein*, erkannte ich. *Was für ein schwacher Mann.*[45]«

Rodger vertritt ein Idealbild traditioneller Männlichkeit: der Mann als Patriarch, dessen Wort im Haus gelten sollte (er beschwert sich an gleicher Stelle darüber, dass er als erstgeborener Sohn mehr Rechte im Haus haben sollte als seine Stiefmutter[46]), leidet aber immens darunter, diesem Bild nicht entsprechen zu können: er sieht sich als klein, wenig muskulös und hat keine Partnerin, über die er Herrschaft exerzieren kann. Anstatt jedoch Männlichkeitsvorstellungen und binnenmännliche Hierarchien und Gewalt zu hinterfragen, wird die Vorstellung von Männlichkeit als gewalttätiger Herrschaft affirmiert und auf die Spitze getrieben. Als er seine erste Waffe und damit einen Ersatz-Phallus erwirbt, stellt er die rhetorische Frage: »Wer ist jetzt der Alphamann?«[47]

Beim Sprechen über Rodgers Geschlechterbilder müssen wir uns auch mit seiner Vorstellung von Sex befassen. Das erste Mal mit Sexualität konfrontiert wird Rodger mit 13, als er in einem Internetcafé auf dem Bildschirm eines älteren Jungen einen Ausschnitt aus einem Porno sieht: »Ich wusste damals überhaupt nichts über Sex. Ich wusste kaum, was Sex war. Ich begann langsam, attraktiven Mädchen gegenüber sexuelle Gefühle zu entwickeln, doch ich wusste nicht, was ich damit tun sollte. Dieses Video zu sehen, traumatisierte mich sehr (sic!). Ich konnte mir nicht vorstellen, dass menschliche Wesen so etwas miteinander tun. Der Anblick war schockierend, traumatisierend und erregend. All diese Gefühle zusammengemischt forderten einen hohen Tribut von mir. Ich ging nach Hause und weinte etwas alleine. Ich fühle mich zu schuldig um mit meinen Eltern über das Gesehene zu sprechen. Ich war ein paar Tage recht aufgewühlt.«[48]

Sex, den auf diese Weise kennenzulernen Rodger als »Beginn meines schrecklichen Niedergangs«[49] beschreibt, wird schnell zu etwas Determinierendem für sein ganzes Leben. Als ihm ein Austauschstudent, der bei Peter und Soumaya lebt, pornographische Videos zeigt, empfindet der pubertierende Junge Ekel: »Ein Video von Menschen zu sehen, die derart seltsame und unaussprechliche (sic!) Dinge miteinander tun, widerte mich an«.[50] Gleichzeitig erfährt er seine erste Erektion. Rodger durchlebt die in einer Adoleszenz durchaus normale Phase der Entdeckung der eigenen Sexualität und das damit einhergehende gesteigerte Masturbationsbedürfnis.

Auch wenn es ihm nach Sex verlangt, fühlt er sich »unwürdig« und gibt an, unter seinem Begehren zu leiden; es stellt sich jedoch die Frage, ob der damals Vierzehnjährige tatsächlich von diesen Gedanken geplagt war oder ob es sich um eine retrospektiv verzerrte Betrachtung handelt. »Selbst in diesem jungen Alter fühlte ich mich depressiv, da ich Sex wollte, mich jedoch zu unwürdig dafür fühlte. Ich dachte nicht, dass ich jemals Sex in der Realität erfahren würde, und ich hatte Recht. Ich tat es nie. Ich hatte endlich Interesse an Mädchen, aber hatte keine Chance, sie je zu bekommen. *Und so begann mein Hungerleiden.*«[51] Seine ganze Existenz wird, genauso wie bei seinen Jüngern, an Sex festgemacht, der ihm seines Erachtens nach zusteht. Dass er diesen nicht zur Verfügung gestellt bekommt, setzt er mit einem Nahrungsentzug gleich. Es ist auch bemerkenswert, dass Rodger im Bezug auf Mädchen und Frauen regelmäßig besitzanzeigende Begriffe wie »haben«, »nehmen« oder »bekommen« verwendet.

Er schreibt von der Agonie, seinen Mitschülern bei Unterhaltungen über sexuelle Erfahrungen lauschen zu müssen (ob die 14 Jahre alten Schüler einer Jungenschule diese Erfahrungen tatsächlich gemacht oder bloß erfunden haben, um damit zu prahlen, wissen wir nicht), und ist von Neid zerfressen. Elliot Rodger entwickelt über die Jahre hinweg geradezu Paranoia vor der Sexualität anderer, die letztendlich in Hass kulminiert: »Ich begann Fantasien zu entwickeln, in denen ich sehr mächtig wurde und alle davon abhielt, Sex zu haben. Ich wollte ihnen ihren Sex nehmen, so wie sie ihn mir genommen hatten. Ich sah Sex als einen bösen und barbarischen Akt an, weil ich unfähig war, ihn selbst zu haben [...]. Ich entwickelte die Vorstellung, dass Sex verboten werden sollte.«[52]

Im Gespräch mit James Ellis artikuliert Elliot Rodger deutlich seine Selbsterkenntnis: »Ich will wirklich Sex haben, aber ich habe das Gefühl, dass ich ihn niemals haben werde, also wünsche ich mir, ihn allen anderen zu nehmen.«[53]

Der Hass entwickelt sich zu Straffantasien: »[Meine Radikalisierung] war beflügelt von meinem Wunsch, alle sexuell Aktiven zu bestrafen, da ich zu dem Schluss kam, dass es nicht fair war, dass andere Menschen Sex hatten, während er mir all mein Leben verweigert worden war. In mir entwickelte sich das Verlangen, eine Welt zu schaffen, in der niemandem erlaubt ist, Sex zu haben oder Beziehungen zu führen [...]. Sex ist böse, da es denjenigen zu viel Vergnügen schenkt, die es nicht verdienen.«[54] Als er Kommiliton*innen im gleichen Wohnheim beim Sex hört, beschreibt er es als »traumatisierend«.[55]

Elliot Rodger ist also permanent von seiner Anspruchshaltung geplagt, er habe als selbstbezeichneter »intellektueller Gentleman« eigentlich das Anrecht auf eine (blonde, attraktive) Partnerin, ihm bleibe diese und die von ihr versprochene sexuelle Befriedigung jedoch verwehrt. Daraus entwickelt sich die infantile, trotzige Position: »Wenn ich keinen Sex haben kann, soll ihn niemand haben«, und letztendlich ein gewalttätiges Strafbedürfnis. Elliot Rodger beginnt, Pärchen oder attraktive Frauen gezielt zu attackieren um sie dafür zu sanktionieren, es zu wagen, sich in der Öffentlichkeit zu küssen oder Händchen zu halten, und ihn so mit der eigenen Sexlosigkeit zu konfrontieren.

Als Elliot in einem Starbucks in Santa Barbara ein sich küssendes Pärchen sieht, folgt er ihnen zu ihrem Auto und überschüttet sie mit seinem Kaffee, um sie dafür zu bestrafen, »vor aller Augen geknutscht zu haben«.[56] Trotz eines momentanen Gefühls von Begeisterung überkommt ihn alsbald wieder das Selbstmitleid, er betrachtet den männlichen Teil des Paares als »Gewinner«, da dieser Sex mit seiner Freundin haben würde, während sich Elliot Rodger aus uns allen schleierhaften Gründen in seinem einsamen Bett in den Schlaf weinen muss. »Ich habe mich mein ganzes Leben noch nie so leidend und schlecht behandelt gefühlt«, klagt er. Trotzdem wird dies nicht sein letzter »Vergeltungsschlag« bleiben. Seine Rachefantasien werden zunehmend sadistisch und brutal, geradezu psychotisch: »Ich werde sie aufschneiden, auspeitschen, ihnen die Haut vom Fleisch ziehen, kochendes Wasser über sie gießen, während sie noch lebendig sind [...].«[57]

Der Soziologie Michael Kimmel beschreibt in seinem Buch *Angry White Men* diese Form von Gewalt als Vergeltungsschlag, um eine ausgleichende Ordnung wiederherzustellen: Gewalt gegen Frauen ist eine Form von Rache, eine Kompensation für die Macht, die Frauen vermeintlich über Männer haben. Gewalt gegen Frauen, so Kimmel, findet vor allem dann statt, wenn sich Männer in ihrer Herrschaft bedroht und verunsichert fühlen. Da ihnen diese Herrschaft innerhalb patriarchaler Verhältnisse selbstverständlich ist, und auch über weibliche Sexualität exerziert wird, ist die Verweigerung dieser Sexualität eine narzisstische Kränkung, die durch Gewalt wieder ausgeglichen wird; auch Rodger schreibt davon, die Verhältnisse endlich »auszugleichen«. Gewalt gegen Frauen ist also etwas, was Männern als restauratives Moment vermeintlich zusteht, um die patriarchale Herrschaft aufrechtzuerhalten.[58] Perverserweise betrachten sich diese Täter als Opfer von Frauen, die es wagen, aufzubegehren, ihre Gewalt ist in ihren Augen kein Angriff, sondern eine Verteidigung gegen eine feministische Attacke. Eine Gesellschaft, in der man die uneingeschränkte Herrschaft über den weiblichen Körper hat, ist der Status quo und hat seine wahlweise durch Gott oder Natur begründete Richtigkeit. Feminismus stellt eine Kriegserklärung gegen diese ihnen notwendig erscheinende Ordnung dar und muss deswegen mit allen Mitteln bekämpft werden, weil es für Männerrechtsaktivisten und Antifeministen *das Richtige ist.*

Für Rodgers kommt die Ablehnung gar einer Kriegserklärung gleich: »Die Ablehnung, die Frauen mir entgegenbringen, ist eine Kriegserklärung, und wenn sie Krieg wollen, sollen sie Krieg haben. Es wird ein Krieg sein, der in ihrer kompletten und totalen Vernichtung münden wird.«[59]

Man kommt nicht umhin zu bemerken, dass Elliot Rodger panische Angst vor Sex zu haben scheint, ihn gleichzeitig jedoch so sehr herbeisehnt, dass er seine komplette Existenz bestimmt. Seine Vorstellung von Sex ist projektiv aufgeladen; was naheliegend ist, da seine Referenzpunkte sich im Wesentlichen auf pornographisches Material und Erfahrungsberichte anderer Jungen beschränken. Eine Sexualaufklärung im Unterricht oder Gespräche über Sex mit den Eltern sucht man in *My Twisted World* vergeblich. Weibliche Sexualität ist etwas Mystisches, Unbekanntes, Gefährliches, das nur durch einen »Male Gaze« betrachtet wird und dem man sich nur in Form von Herrschaft, Kontrolle und Strafe nähern und es sich so zu eigen machen kann, um der Angst vor dem Unbekannten Herr zu werden. Diese Vorstellung von Sexualität, die mitnichten nur bei Incels vorkommt, werde ich im dritten Teil des Buches genauer eruieren.

Seine ideale Welt beschreibt Elliot Rodger übrigens folgendermaßen: Sex ist gesetzlich verboten, was zu einer »reinen und zivilisierten« Menschheit führen wird. Kein Mann wird Sex haben, sie alle werden somit gleiche Wesen sein – gesellschaftliche Ungleichheit manifestiert sich für Rodger nämlich ausschließlich darin, dass die einen kopulieren können und die anderen nicht. Da sich Elliot Rodger homosexuelles Begehren anscheinend nicht vorstellen kann, wird diese sexlose Gesellschaft durch die Vernichtung von Frauen erreicht, die in Konzentrationslagern untergebracht und systematisch ermordet werden sollen; er selbst wird dieser Vernichtung von »einem gigantischen Turm« aus voller Freude beiwohnen. Ein paar Frauen wird man natürlich in Geheimlaboren als Brutmaschinen vor sich hin vegetieren lassen müssen, um das Überleben der Menschheit zu sichern, aber ihre Existenz wird ein gut gehütetes Geheimnis bleiben, um das homophile Glück nicht zu stören. Beherrscht wird diese »gereinigte« Gesellschaft übrigens von einem »göttlichen Herrscher, wie ich es bin«, der komplette Kontrolle über jeden Aspekt des gesellschaftlichen Lebens hat und dessen Gesetze von einer »fanatisch loyalen Gruppe« ausgeführt werden.

Die Annahme, eine »heiße, blonde« Partnerin »verdient« zu haben, die Selbstwahrnehmung als göttlicher Herrscher, das permanente Betonen der eigenen Überlegenheit über andere – man ist schnell versucht, Elliot Rodger einen Hang zum Narzissmus zu attestieren. Ich selbst habe keine Ausbildung zur Psychologin genossen und halte Ferndiagnosen für ausgesprochen unprofessionell, weshalb ich die Frage, ob Rodger eine narzisstische Persönlichkeitsstörung hatte, nicht beantworten kann. Deshalb verbleibe ich auch hier bei einer hermeneutischen Textanalyse, in der ich Elliot Rodgers Selbstbild darlegen werde.

Auffällig ist, dass sich durch das Werk sowohl eine Überhöhung der eigenen Person bis hin zu Größenwahnfantasien als auch eine vernichtende Selbstabwertung ziehen; letztere vor allem, wenn es um Attraktivität oder sexuellen Erfolg geht.

Schon zu Beginn des Textes pocht Rodger auf die gesellschaftliche Stellung seiner Eltern: seine Mutter, die einmal eine Liaison mit dem Regisseur George Lucas hatte, sein Vater, der Regisseur, und sein Großvater, ein berühmter Fotograf. Er betont an mehreren Stellen seine Vorliebe für Luxus, die ihm schon von klein auf zu eigen ist: »Die Reise nach Frankreich und England begann kurz nach meinem [elften] Geburtstag [...]. Wir reisten mit der Virgin Atlantic Upper Class. Ich war sehr begeistert darüber, da ich schon immer Luxus und Überfluss liebte«.[60] Da seine Eltern beide im Filmgeschäft sind, wird er hin und wieder zu Premieren, unter anderem von *Star Wars*-Filmen, eingeladen, was in ihm während seiner Kindheit große Begeisterung hervorruft. Als er als junger Erwachsener der Premiere des ersten Teils der *Tribute von Panem*-Trilogie beiwohnt, ist er jedoch zu sehr von seinem Neid den männlichen Hauptdarstellern gegenüber überwältigt, um sich vor Augen zu führen, welches Privileg er genießt. Dieses ist für ihn nur relevant, solange er damit den Fans am Rande des roten Teppichs zeigen kann, dass er besser und exklusiver ist als sie.

Nach jedem der Umzüge seiner Eltern beschreibt er, ob das neue Haus in einem angesehen Viertel liegt, und er ereifert sich, wenn dies nicht der Fall ist. Auch dass seine Mutter in einer Apartmentwohnung lebt, verursacht in ihm ein derartiges Schamgefühl, dass er Sorgen hat, seine Mitschüler*innen würden es herausfinden: »Meine Mutter beschloss, in eine Wohnung in Woodland Hills zu ziehen. Ich reagierte empört: *Ein Apartment!* Ich hatte nie zuvor in einem Apartment gelebt, und ich betrachtete Apartments immer als ärmlich und proletarisch.«[61] Auch als sie eine Eigentumswohnung in einer »schlechteren« Nachbarschaft bezieht, ist ihm das »sehr peinlich«.[62] Da Elliot Rodgers Mitschüler*innen in ähnlich privilegierten Verhältnissen aufwachsen, haben sie, genau wie er, schon in jungen Jahren einen elitären Klassenchauvinismus entwickelt: der junge Elliot wird von einem Gleichaltrigen dafür beleidigt, in einem »ärmlichen« Haus zu leben – man muss Rodgers Obsession mit Wohlstand auch in kapitalistischen Verhältnissen und einer neoliberalen Verwertungslogik suchen. Die Kränkung, jemand könne ihn für arm halten, kompensiert er damit, ein Foto des Hauses seines Vaters mit zur Schule zu nehmen, um dessen Wohlstand klarzustellen: »Ich war heftig besessen davon, Connor und allen anderen zu beweisen, dass ich nicht arm war. Es ging so weit, dass ich ein Foto von Vaters Haus mit in die Schule nahm.«[63]

Die Besessenheit des Jungen nicht nur von Wohlstand an sich, sondern auch davon, diesen öffentlich zur Schau stellen zu können, manifestiert sich auch im Besitz von Markenkleidung und später Autos. Er bittet seine Eltern, ihn einzukleiden, ein Wunsch, dem diese sofort nachkommen. Handelt es sich in der Adoleszenz noch um damals populäre Skater-Marken, sind die Lieblingsmarken mit 20 »Hugo Boss und Armani«.[64] Als er von der »Auto-Hierarchie« erfährt, verlangt er von seinen Eltern, ihm einen BMW zu kaufen, auch dieser Wunsch wird ihm erfüllt. In dem Text erwähnt Rodger zu oft, als dass es beiläufig sein könnte, mit welchen Luxusmarken er gerade eingedeckt ist.

Elliot Rodger ist eines der Kinder, die von ihren Eltern mit Geschenken überschüttet werden. Kleidung, Videospiele, Konsolen – jeder Wunsch ist der Familie Befehl. Als die Familie in ein neues, großes Haus ziehen möchte, überlegen sein Vater und seine Stiefmutter, das von Rodger auserwählte Zimmer an seine Schwester Georgia zu vergeben – sie ist ein Kleinkind, und das Zimmer liegt neben dem der Eltern. Dies löst der damals Neunjährige mittels eines Wutanfalls. Als er erfährt, dass er seine neue Playstation 2 mit Georgia zu teilen hat, mündet dies in einem Tobsuchtsanfall. Auch dass seine Schwester einen Welpen geschenkt bekommt, erfüllt ihn mit Missgunst – er selbst besaß eine Schildkröte und einen Leguan, die in dem Text lediglich mit dem Vermerk, sie seien nach einem Jahr verstorben, erwähnt werden.

Einer der Höhepunkte seines Anspruchsdenkens ist die Forderung an seine Mutter, sie solle, gegen ihren Willen, einen Lebensabschnittspartner heiraten, da dieser Millionär sei: »Als ich herausfand [dass meine Mutter mit Jack ausging], begann ich die Hoffnung zu entwickeln, dass meine Mutter diesen reichen Mann heiraten wird und ich Teil einer reichen Familie werde. Das wird definitiv ein Ausweg aus meinem miserablen und unbedeutenden Leben sein. Geld würde alles lösen. Ich fragte meine Mutter regelmäßig danach, diesen Mann zu heiraten, oder auch nur irgendeinen reichen Mann. Sie weigerte sich hartnäckig und verlangte von mir, nicht mehr darüber zu sprechen. Sie erzählte mir, dass sie nach der Erfahrung mit meinem Vater nie wieder heiraten wolle. Ich sagte ihr, dass sie ihr Wohlbefinden meinem Glück opfern sollte, dies verärgerte sie nur umso mehr.«[65] Die Unverfrorenheit seiner Mutter, einen eigenen Willen zu besitzen und nicht ihr komplettes Leben nach den infantilen Bedürfnissen ihres Sohnes richten zu wollen, verfolgt ihn von nun an jedes Mal, wenn er in Kontakt mit Menschen kommt, die wohlhabender sind als seine Familie. Als er auf ein Privatkonzert der Sängerin Katy Perry eingeladen wird, das für einen Bekannten von ihm veranstaltet wird, ist er vor Eifersucht zerfressen: »Ich versuchte so zu tun, als sei ich Mitglied einer vermögenden Familie. Ich sollte es sein. Das war das Leben, das mir bestimmt war. *ICH WÄRE ES!* Wenn nur meine verdammte Mutter reich geheiratet hätte, anstatt egoistisch zu sein.«[66] An anderer Stelle schreibt er: »Ich sagte ihr, dass sie die negativen Aspekte einer Ehe meinetwegen durchleiden sollte, weil es mein Leben retten würde, aber sie weigerte sich immer noch.«[67] Obwohl Rodger Spielzeuge, Kleidung, Laptops und Autos geschenkt und seinen kompletten Lebensunterhalt finanziert bekommt, scheint ihm nicht klar zu sein, dass dies ein Privileg und mitnichten eine Selbstverständlichkeit ist. Dankbarkeit den Eltern gegenüber fehlt in dem Text vollkommen, viel mehr suggeriert *My Twisted World* die Gewissheit, ihm stünden diese Dinge ohnehin zu, genauso wie ihm die Körper von Frauen zustehen sollten. Ich selbst vermute, dass Rodgers Anspruchsdenken an Frauen, diese müssten sein Sexualbedürfnis augenblicklich befriedigen, mit darin verwurzelt liegt, dass er immer jegliche materiellen und anderen Wünsche erfüllt bekommen hat und ihm nie Grenzen aufgezeigt wurden; es ist zumindest eine naheliegende Vermutung. Elliot Rodger geht dem von vornherein niemals einlösbaren Glücksversprechen des Kapitalismus auf den Leim. Er glaubt, dass materieller Wohlstand und seine Manifestation in Luxusgütern automatisch mit Anerkennung durch andere und vor allem Frauen einhergeht, die für ihn unabdingbar für persönliche Erfüllung ist. So verbringt er Jahre seines Lebens mit dem Ansammeln von Autos und Armani-Hemden, in der Hoffnung, dass diese dazu beitragen, das Loch in seinem Inneren zu füllen. Der Kapitalismus gaukelt einem schließlich auch vor, dass solche Gegenstände Hilfsmittel im gesellschaftlichen Wettrennen um soziales Kapital seien, dass der Besitz eines BMW Teil eines guten Lebens ist. Elliot Rodger hat diese Propaganda gänzlich affirmiert, trotz der permanenten Erfahrung ihrer Unwahrheit. Trotz, oder gerade wegen seines Wohlstandes hat er ein komplett von sich und anderen entfremdetes Leben gelebt, immer wieder gnadenlos enttäuscht davon, dass das Heilsversprechen des Kapitalismus für ihn scheinbar nicht gilt. Umso bitterer ist nicht nur bei Rodger sondern auch bei anderen Incels die Unfähigkeit, aus dieser Enttäuschung eine progressive Erkenntnis abzuleiten, zu sehr hat man diese auf Ausbeutung und Unterdrückung anderer basierenden Verhältnisse affirmiert.

Er ist wohlhabenderen Kindern gegenüber ausgesprochen missgünstig; seines Erachtens nach führen sie ein Leben, das ihm zusteht. Dieser Klassendünkel geht mit einer Verachtung gegenüber allem einher, was seiner Meinung nach der »Unterschicht« angehört. Mitschüler*innen sind »degeneriert und *low-class*«[68], der elterliche Vorschlag, Lohnarbeit nachzugehen, erfüllt ihn mit Horror, da dies weit unter seinem Niveau sei: »Meine Mutter wollte, dass ich im Einzelhandel arbeite, und der Gedanke daran war demütigend. Das war komplett gegen meinen Charakter. Ich bin ein Intellektueller, der zu Großem bestimmt ist. Ich würde nie einen *low-class* Dienstleistungsjob ausführen.«[69] Seine Mitbewohner in Santa Barbara verabscheut er ebenfalls, da sie ihm zu proletarisch anmuten, außerdem haben sie auch noch lateinamerikanischen Migrationshintergrund, was den Rassisten Rodger zusätzlich anwidert. Kurz, er ist versessen auf Wohlstand, oder zumindest dessen *Erscheinung*, und bringt allem, was diesem nicht entspricht, Verachtung entgegen.

Sein Sozialchauvinismus artikuliert sich, wenig verwunderlich, auch auf rassistische Weise. Jedes Mal, wenn er von Nicht-Weißen spricht, verfällt er in rassistische Stereotype und Hass, vor allem, wenn diese weiße Freundinnen haben. Er beschreibt andere Männer als »hässlicher Asiate«, »minderwertiger mexikanischer Typ« oder »minderwertiger, hässlicher schwarzer Junge« und »dreckiger Abschaum«. Die einzigen Frauen, die er begehrt, was er in dem Text auch offen benennt, sind blonde, weiße Frauen. Dass Men of Colour mit diesen Frauen ausgehen, ist für ihn etwas Unfassbares: »Wie kann ein minderwertiger, hässlicher schwarzer Junge eine weiße Frau kriegen und ich nicht? Ich bin wunderschön, und selbst zur Hälfte weiß. Ich bin ein Nachfahre des britischen Adels. Er ist der Nachfahre von Sklaven. Ich verdiene es mehr.«[70] Er betont des Öfteren, zur Hälfte weiß zu sein, was ihn besser machen würde als andere Nicht-Weiße.

In der Obsession mit Luxusmarken und Reichtum drückt sich aus, wie viel Wert Elliot Rodger darauf legt, wie andere ihn wahrnehmen; eine positive Wahrnehmung erfolgt für ihn primär über Äußerlichkeiten. Während seiner Zeit in Middle und High School versucht er verzweifelt, Teil der »coolen Kinder« zu werden. Zwischenmenschliche Beziehungen funktionieren für ihn größtenteils instrumentell; wenn er sich von einer anderen Person keinen Nutzen verspricht, ist diese für ihn irrelevant. Als er neun Jahre alt ist, schreibt Rodger, beginnt er soziale Strukturen und Unterschiede zu erkennen: die »coolen Kinder« seiner Schule seien populärer und erfolgreicher als er, der zu diesem Zeitpunkt noch nicht »cool« sei, und versucht zwanghaft, sich den Mitgliedern der Clique anzupassen und so auf der sozialen Leiter nach oben zu klettern: »Ich schwor mir, mich in das coolste Kind, das ich auch nur sein konnte, zu verwandeln«.[71] Er lässt sich von seinen Eltern die »richtige« Kleidung kaufen und gibt sein Hobby, Pokémon-Karten zu sammeln, auf, als er begreift, dass die In-Crowd inzwischen Skateboard fährt. Er beschreibt seine Enttäuschung darüber, dass Mitschüler*innen seine Transformation zum »Cool Kid« nicht in der Form begeistert honorieren, die er antizipiert hatte, und berichtet von seiner Euphorie, von populären Mitschüler*innen beachtet zu werden.

Elliot hat auch eine Zeit lang wahrhaftige Freude am Skateboard fahren, besucht mit seinen Eltern und Freunden Skateparks, lernt unterschiedliche Tricks und wünscht sich sogar, professioneller Skater zu werden. Auch dieses Hobby verfolgt er, zumindest in Retrospektive, nicht vollkommen unschuldig: er schreibt darüber, wie sehr es ihn freut, besser als sein Freund James zu sein. Seine Begeisterung für den Sport endet jedoch, als er damit konfrontiert wird, dass andere, jüngere Kinder besser sind als er, was er als niederschmetternde Erfahrung beschreibt: »Ich sah achtjährige Jungs am Skatepark, denen Kickflips mühelos gelangen, und es machte mich so wütend. Wieso scheiterte ich an allem, was ich versuchte?, fragte ich mich selbst. Meine Träume, professioneller Skateboarder zu werden, waren vorbei. Ich fühlte mich so niedergeschlagen. Deshalb schwand mein Interesse am Skateboarden den Sommer über langsam dahin.«[72] Frustration, nachdem sich nicht direkt ein Erfolgserlebnis einstellt, zieht sich wie ein roter Faden durch Rodgers Biographie: es beginnt beim Skaten; später ist er zudem frustriert, bei dem Online-Spiel *World of Warcraft* trotz der Stunden, die er in das Rollenspiel steckt, nicht besser zu sein als seine Online-Freunde. Als er die Serie *Game of Thrones* für sich entdeckt, überlegt er, von seiner Mutter ermutigt, einen Roman zu schreiben, was er ebenfalls recht schnell wieder aufgibt. Alles, was nicht sofortige und unmittelbare Bedürfnisbefriedigung ist, ist für Elliot Rodger mit Kränkung und Niederlage gleichzusetzen.

Es wirkt, als sei Elliot Rodger nicht in der Lage, seine *comfort zone* zu verlassen, die sehr, sehr eng ist. Er schreibt oft von seiner Angst, seinem Unwohlsein im Kontakt mit anderen und seiner Schüchternheit, die ihn davon abhalten würde, neue Freundschaften zu schließen. Es ist auch primär seine Mutter, die Verabredungen mit anderen Kindern für ihn trifft. Er wechselt mehrere Male die Schule und später die Universität, da er sich aus unterschiedlichen Gründen nicht wohl fühlt. Daran tragen meines Erachtens auch die Eltern Mitschuld, in deren Urlaubsplanung die Schultermine der Kinder keine Rolle spielen. Als behütetes und deswegen schüchternes Kind und später Jugendlicher mit einer ihm unbekannten Situation wie einer Klasse, in der sich andere Schüler*innen schon kennen, klarkommen zu müssen, war vermutlich nicht leicht. Während er seinen ersten Sommercamp-Aufenthalt – er war sieben – als zwar anfangs beschwerlich beschreibt, aber dann nach Eigenaussagen doch genießt, werden ihm die späteren zur Tortur. Zudem beschreibt Rodger, von Klassenkamerad*innen gemobbt worden zu sein; explizit beschreibt er eine Situation, in der ihn ältere Schüler mit Essensresten bewerfen. Zwar hat er Kindheitsfreunde, das Schließen von Freundschaften in der Adoleszenz fällt ihm jedoch schwer, da er andere Jugendliche von vornherein ablehnt; entweder sind sie ihm zu arrogant oder er fühlt sich von ihrer Popularität eingeschüchtert. Er steigert sich zunehmend in das fatalistische Denken hinein, dass ihn die Freundschaften mit anderen ohnehin nicht erfüllen würden, und sabotiert sich so effektiv selbst, sowohl in der Schule als auch später an der Universität. Aktiv auf andere zuzugehen erfüllt Elliot Rodger nur unter dem Zwang seiner Stiefmutter, die ihn auffordert, Freundschaften mit anderen Jugendlichen zu schließen. Es ist übrigens mitnichten so, dass Elliot Rodger von Anfang an ein isoliertes Leben ohne Freundschaften geführt hätte; er hat drei Freunde, bei denen er regelmäßig übernachtet und mit denen er Videospiele spielt. Diese Freundschaften vernachlässigt er jedoch zunehmend und verlagert sie ins Virtuelle, als er das Online-Rollenspiel *World of Warcraft* für sich entdeckt, das seine komplette Pubertät bestimmen wird. Er verbringt bis zu vierzehn Stunden am Tag mit *WoW*, zuerst in einem Internet-Café, das er mit Freunden aufsucht, später auf eigenen Rechnern. Während die Welt für ihn ein unbekannter, unbequemer Ort voller potentieller Gefahren wie »Mädchen« oder »Mitschüler*innen« darstellt, vermittelt ihm das Spiel Sicherheit und Kontrolle. Er bittet seine Eltern sogar darum, eine Jungenschule aufsuchen zu dürfen, da er Angst vor Mädchen und deren Sexualität hat. Je älter Rodger wird, desto häufiger muss er sich damit auseinandersetzen, dass andere Jugendliche bereits ein Sexualleben haben, und zieht sich als Reaktion darauf ins Virtuelle zurück. Rodger schreibt über sein 13. Lebensjahr: »Dinge wurden immer anstrengender, je älter ich wurde, und ich wollte nicht aufwachsen. Ich wollte das Leben leben, mit dem ich mich wohl fühlte.«[73] Ich würde sagen, dass die Spielsucht einerseits aus einem Wunsch nach Kontrolle herrührt – in der Welt von *World of Warcraft* weiß man, was einen erwartet – und es andererseits eine Form der Flucht und Selbstinfantilisierung ist: er ist nicht gezwungen, sich mit dem bedrohlichen *da draußen,* das nur mit narzisstischen Kränkungen aufwartet, zu beschäftigen. Die Tatsache, dass er Freundschaften, Partys oder sexuelle Erfahrungen verpassen könnte, weil er sich in der Sicherheit seines Zimmers und des Leuchtens seines Bildschirms einigelt und er an seiner Situation eine gewisse Mitschuld trägt, ignoriert er. Schuld an seiner Einsamkeit sind die anderen. Eine andere Form von Flucht sind die Größenwahnfantasien, denen er sich regelmäßig hingibt, in denen er sich an erfahrenen Ungerechtigkeiten rächt. Rodger ist felsenfest davon überzeugt, ihm sei ein Leben in Größe bestimmt. Er ist etwas Besonderes, kein Normalsterblicher, sondern für ein heroisches Schicksal auserkoren. Er ist im Besitz der Wahrheit über die Welt: »Dann hatte ich die Epiphanie, dass nur weil ich verdammt war, ein Leben in Einsamkeit und Ablehnung zu fristen, das nicht bedeutete, dass ich irrelevant war. Ich habe einen außerordentlich hohen Intelligenzquotienten. Ich sehe die Welt anders als alle anderen. Aufgrund der ganzen Ungerechtigkeiten, die ich erfahren, und der Weltsicht, die ich daraus entwickelt habe, muss ich für Großes bestimmt sein. Ich muss dafür bestimmt sein, die Welt zu verändern, in eine Form zu bringen, die mir gefällt!« Er, ein zu diesem Zeitpunkt siebzehn Jahre alter Knilch, ist sich sicher: er weiß, woran die Welt genesen soll, und er ist der Doktor, der sie heilt. Ermächtigungsfantasien, gerade in der Jugend, sind etwas allzu Verständliches, aber der Wunsch, die komplette Gesellschaft nach dem eigenen, von Neurosen und Kränkungen zugerichteten Ideal zu richten, geht dann doch etwas weit.

Zwar schreibt Rodger regelmäßig von seiner überlegenen Intelligenz, dem Reichtum seiner Familie, seiner Distinguiertheit, davon, dass ihm Dinge und Frauen zustehen, weil er ein »Supreme Gentleman« ist, dieses Gefühl von Großmacht schwindet jedoch jedes Mal, wenn er damit konfrontiert wird, dass andere ihm, in egal welchem Aspekt, überlegen sind. Vor allem manifestiert sich dieses Gefühl der narzisstischen Kränkung im Bereich des körperlichen und des zwischenmenschlichen Erfolges. Wenn er mit gleichaltrigen Jugendlichen in Kontakt kommt, die über Sexualität oder ihre Freizeit sprechen, löst dies bei ihm regelrechte Panikattacken und Heulkrämpfe aus, der Besuch von Familienfreund*innen mit einer Tochter in Rodgers Alter endet gar in einer Suizidandrohung: »Als ich sie über ihr großartiges Leben und ihre Partys reden hörte, hatte ich direkt vor ihnen einen Zusammenbruch. Ich erkannte, wie viel ich in meinem Leben verpasste, und weinte vor allen. Ich hatte das Gefühl, ich würde nie ein Leben haben, das so gut sei wie das ihre. Ich erzählte allen, dass ich mir das Leben nehmen wollte. Vater, Soumaya, Alex und Karina redeten drei Stunden mit mir, um mich aufzuheitern«.[74] Er verurteilt sich dafür, klein und körperlich schwach zu sein – seine vermeintliche Schwäche und seine schmale Statur sind häufige Ursache seines Kummers. Bei ihm gehen Idealisierung und Abwertung der eigenen Person Hand in Hand, diese Zerrissenheit – der er sich selbst nicht gewahr zu sein scheint, er thematisiert sie nie! – scheint im ganzen Text durch. »Tief in mir wusste ich immer, dass ich keine Talente hatte, und ich habe immer versucht, nicht daran zu denken«,[75] schreibt er an einer Stelle, wenige Seiten bevor er sich selbst allen anderen überlegen nennt. Gerade der Mangel an weiblicher Anerkennung ruft bei ihm regelmäßig ein tiefsitzendes Gefühl von »Unwürdigkeit« hervor. Es ist nachvollziehbar, dass die Zerrissenheit zwischen Größenwahn und narzisstischer Erniedrigung nicht mehr auszuhalten ist.

Die naheliegende Frage ist: »Und was ist mit professioneller Hilfe?«

Elliot Rodger *hat professionelle Hilfe erhalten*. Er hatte einen Psychiater, Psychologen und Sozialberatung – junge Männer und eine Frau, die ihm helfen sollten, seine sozialen Fähigkeiten zu verbessern. Als er feststellt, dass die Sozialberater Sex und Beziehungen haben, beendet er das Verhältnis. In Gegenwart von Menschen zu sein, die schon einmal Sex hatten, ist für ihn schlicht zu unerträglich.

Als einzig möglichen Ausweg aus seiner selbstverschuldeten Misere erkennt er schließlich: die Lotterie. Einen Jackpot zu gewinnen, würde seinen Mangel an Popularität oder Talenten, seine Sexlosigkeit, ja einfach *alles,* auf einen Schlag aus der Welt schaffen! Er beginnt, mehrere Tausende (!) Dollar in Glücksspiel zu investieren, und reist sogar in einen anderen Bundesstaat, um an der dortigen Lotterie teilzunehmen. Er malt sich aus, wie er den Jackpot gewinnt, kauft sich sogar ein Buch, das davon handelt, die Wirklichkeit durch die Kraft seiner Imagination beeinflussen zu können – auch hier wieder: Größenwahn –, und ist, trotz der objektiv geringen Chance, als Gewinner aus der Sache hervorzugehen, felsenfest davon überzeugt, vom Universum auserwählt worden zu sein, den Lottojackpot zu gewinnen. Schließlich hat er das ja auch verdient: »Ich glaubte, dass ich vorbestimmt war, die Megamillionen-Lotterie zu gewinnen, besonders diesen bestimmten Jackpot. Jeden Monat gewinnen Leute die Lotterie, wieso nicht ich? Mir war es vorherbestimmt, ein Leben in Bedeutung und Extravaganz zu verbringen. Ich war vorherbestimmt, diesen Jackpot zu gewinnen. Es war Schicksal.« Er gewinnt den Jackpot übrigens nicht, was zu einem weiteren Nervenzusammenbruch und »einer der schlimmsten Depressionen meines Lebens« führt; da die Welt ihm »keine Gerechtigkeit oder Erlösung oder sonstwas gab«[76] (sic!).

Als James Rodger die Freundschaft kündigt, kann dieser das nicht verstehen und begründet es mit James' vermeintlicher Charakterschwäche. Dass sein zunehmender Wahn Grund für James' Abschied sein könnte, zieht Rodger gar nicht erst in Betracht.

Wenn die letzten Seiten den Leser*innen eines deutlich gemacht haben sollten, dann, dass Elliot Rodger mitnichten der »Nice Guy« und »Gentleman« ist, der er glaubt zu sein, sondern ein misogyner, verzogener, infantiler Faschist. Er ist unfähig, anderen gegenüber Empathie zu zeigen: als der erste eigene Film seines Vaters sich als Misserfolg entpuppt und Peter in finanzielle Schwierigkeiten gerät, ist er unfähig, seinem Vater gegenüber Mitleid oder Verständnis aufzubringen. Auch der Tod von Soumayas Vater lässt ihn kalt. Er beschreibt, Opfer von Bullying in der Schule zu sein, spricht aber auch darüber, sich alle Mühe zu geben, möglichst unangenehm aufzufallen, da »Verrufenheit besser ist als totale Irrelevanz«[77]. Er provoziert andere Kinder und erfreut sich an ihrer angewiderten Reaktion, an anderer Stelle im Dokument jedoch thematisiert er sein Leiden unter ihrem Mobbing und seine Angst davor, in die Schule zu gehen. Auch dass sein Mangel an Freundschaften, dem ersten jugendlichen Besäufnis und dem ersten Sex vielleicht seiner Videospielsucht geschuldet sein könnte, verdrängt er, er sieht diese als bloße Reaktion auf die Bedrohungen der Außenwelt.

Elliot Rodger fühlt sich von so gut wie allem bedroht: von weiblicher Sexualität, von Sex generell, davon, mit seiner Unzulänglichkeit konfrontiert zu werden, von Kontrollverlust, von Irrelevanz, von Verantwortung.

Er ist ein Paradebeispiel für das, was Klaus Theweleit als »Fragmentkörper« bezeichnet: ein in seinem Subjektstatus nicht vollständig entwickelter, im Status eines psychotischen Kindes gefangener Mann, der einer empfundenen Bedrohung nur auf eine Art und Weise Herr werden kann: durch Gewalt.

Elliot Rodgers Jünger: Die Incel-Community 2020

Elliot Rodger wurde zum Vorbild für eine ganze Community, die sich inzwischen auf Seiten wie *Reddit, 4chan, Kohlchan, incels.co* oder *lookism.net* zusammenrottet, um sich gegenseitig in ihrem Weltbild zu bestätigen. Wir beginnen, um das Schlimmste direkt hinter uns zu bringen, mit dem dort vertretenen Frauenbild.

Vergesst die Sache mit dem Patriarchat. Ignoriert systematische Diskriminierung, Ausbeutung, Unterdrückung, sexuelle Gewalt, Zwangsprostitution, Femizide. Frauen, hört auf, euch zu beschweren. In Wahrheit habt ihr es nämlich richtig, richtig gut, vor allem im Vergleich zu unattraktiven Männern. Und deswegen sollte man es auch mit dem Feminismus sein lassen; denn der ist nichts anderes als eine Agenda, um Männern auch noch die letzten Freuden im Leben zu nehmen und den eisernen Griff des Matriarchats noch fester um den Hals des armen, unterdrückten Mannes zu schließen.

»Was?«, wird die feministisch geschulte Leserin jetzt fragen, »das ist doch Blödsinn! Selbst in einer Industrienation wie Deutschland ist sexuelle Gewalt immer noch ein massives Problem. Tausende Frauen werden jährlich vergewaltigt, und nur ein Bruchteil der angezeigten Täter wird verurteilt, weil unser patriarchales Justizsystem immer noch die Täter anstatt die Opfer schützt![78] Täglich tun Freier Prostituierten Gewalt an![79] Jeden dritten Tag bringt ein Mann hier in Deutschland seine Partnerin oder Ex-Partnerin um, was dann als ›Familiendrama‹ verharmlost wird![80] Die Frauenhäuser sind überfüllt![81] Pornographie und

Kulturindustrie vermitteln Jungen und Männern ein objektifizierendes Frauenbild![82] Frauen leisten neben der Lohnarbeit immer noch den Löwinnenanteil an Reproduktionsarbeit, während der Göttergatte sich den Sack kratzt und Fußball guckt![83] Weiblich konnotierte Berufe werden wesentlich schlechter bezahlt! Noch immer sind Frauen von der sogenannten ›Gläsernen Decke‹ betroffen; Männer halten die Chefetagen besetzt und befördern ihre Geschlechtskollegen! Noch immer müssen Frauen fürchten, die ›Avancen‹ von Männern abzulehnen, da diese sonst gewalttätig werden!« Wenn es nach Incels geht, sind diese Behauptungen entweder feministische Lügenpropaganda (Frauen stehen in Wahrheit drauf, geschlagen und missbraucht zu werden), oder diese Schlampen haben die ihnen widerfahrene Gewalt und Unterdrückung als gerechte Strafe für ihr hypergames Verhalten verdient – die Positionen gehen auseinander und widersprechen sich auch häufiger. Aber das ist zweitrangig, schließlich geht es darum zu erklären, wieso Frauen richtig, richtig schlimm sind!

Von Stacys, Beckys, Roasties und Femoids: Das Frauenbild der Incels

Das Verhältnis von Incels zu Frauen ist zutiefst widersprüchlich. So wie man sie begehrt, lehnt man sie gleichzeitig ab und bringt ihnen Hass und Verachtung entgegen.

Wie bereits beschrieben, sind in den Augen von Incels alle Frauen hypergam, triebhaft, oberflächlich und ausschließlich an Chads interessiert. Sie fühlen sich zu brutalen, narzisstischen und gewalttätigen Männern hingezogen, was auch bedeutet, dass man eine Frau eigentlich gar nicht wirklich vergewaltigen *kann,* da sie eigentlich Lust daran empfindet – solange der Vergewaltiger ein Chad ist. Handelt es sich um einen weniger attraktiven Mann, sind Frauen ganz schnell dabei, den Vorfall anzuzeigen und sich als Opfer zu inszenieren, und dank des Feminismus haben sie keinerlei Skrupel, das auch zu tun. Generell ist die Vergewaltigung einer Frau kein Problem, da es ja nur ein weiterer Schwanz ist, wird es so schlimm ja wohl nicht sein. Schon ab dem zwölften, dreizehnten Lebensjahr erwacht in jedem Mädchen die innere Nymphomanin, und sie sehnt sich danach, mit einem Chad zu schlafen – weshalb man sich eigentlich auch an Mädchen in diesem Alter vergehen kann, schließlich haben diese schon sexuelle Bedürfnisse! Jede Frau verbringt ab Beginn der Pubertät jedes Wochenende auf Orgien mit diversen Chads und Tyrones, und je nachdem, welchen Incel man fragt, hatte eine Frau im Alter von 28 Jahren bereits Sex mit 150 Männern, oder eine Dreißigjährige Sex mit 1.000 Männern – natürlich größtenteils Chads. Wie das mathematisch funktionieren kann angesichts der Tatsache, dass Chads nur 20 Prozent der männlichen Bevölkerung ausmachen, konnte mir bisher nicht beantwortet werden, aber vermutlich ist mein degeneriertes Weiberhirn einfach nicht in der Lage, derart komplexe Sachverhalte zu verstehen. Das Verlangen nach Chad-Schwänzen und materiellen Gütern ist das Einzige, was die weibliche Existenz bestimmt, alles andere ist für Frauen irrelevant. Um diese materiellen Güter zu erhalten, lassen sich Frauen jedoch manchmal sogar dazu herab, Geschenke und Aufmerksamkeitsbekundungen geringerwertiger Männer, die als »Beta Orbiter« oder »Simps« tituliert werden, anzunehmen, und schlafen sogar manchmal zum Ausgleich mit ihnen – wenn auch unter größter Überwindung. Auch eine aus finanziellen Gründen geschlossene Ehe ist einer der wenigen Gründe für eine Frau, eine Beziehung mit einem »Normie« zu führen, jedoch wird ausnahmslos jede Frau jede sich bietende Gelegenheit nutzen, um sich einen Chad zu krallen. Frauen müssten eigentlich nicht studieren oder arbeiten, da sie von ihren »Beta Orbitern« Geld, Geschenke, Liebe und Aufmerksamkeit zu Füßen gelegt bekommen, was ihnen natürlich nie genug ist, da Frauen erst in der Lage sind, Glück zu empfinden, wenn sie Sex mit einem Chad haben. Frauen sind de facto Tiere. Dass eine Frau Geschenke oder Aufmerksamkeit von »Normies« mit Sex honoriert, macht sie für Incels zu Prostituierten.

Auch sind Frauen, rein intellektuell, gar nicht in der Lage, sich mit etwas anderem zu befassen. Es ist unmöglich, mit einer Frau eine anspruchsvolle Diskussion über, sagen wir mal Jordan Peterson oder Anarchokapitalismus zu führen, weil das Frauen überfordern würde. Kaum eine Frau hat je einen Beitrag zur Entwicklung der Menschheit geleistet, Autorinnen schreiben nur Müll, Künstlerinnen schaffen nur Schrott, Musikerinnen sind Ameisen im Vergleich zu dem Genie ihrer männlichen Kollegen, Theoretikerinnen verfassen nur Hirnkotze, und Wissenschaftlerinnen haben nur von Männern abgeschrieben und sich hoch geschlafen – falls man ihre Existenz überhaupt anerkennt. In der Regel sind Incels nicht einmal daran interessiert, sich mit Namen wie Virginia Woolf, Artemisia Gentileschi, Wendy Carlos, Silvia Federici oder Ada Lovelace zu befassen. Dies ist nicht nur dem patriarchalen Wissenschaftskanon geschuldet, der denkende Frauen seit jeher aus seinen Annalen streicht[84], sondern auch einer grundlegenden Abwehrhaltung gegenüber der simplen Tatsache, dass Frauen denkende, fühlende und handelnde Subjekte sind, und eben nicht bloß Löcher, in die man sein Sperma spritzen will. Oder eben nicht, denn so sehr Incels nach weiblicher Bestätigung und sexueller Aufmerksamkeit streben, so sehr strafen sie Frauen dafür, dass diese es wagen, nicht direkt mit einem dahergelaufenen Frauenhasser zu schlafen.

In ihren Postings bezeichnen Incels Frauen auch dementsprechend als »Femoid« oder »foid«, die Kurzform für »female humanoid«, ein Begriff, bei dem die Entmenschlichung schon mitschwingt. Andere Worte für Frauen sind »Hole« oder »Toilet«: Frauen werden verbal auf ihre Körperöffnungen reduziert, oder gleich mit einem Objekt gleichgesetzt, das zur Entleerung von Fäkalien gedacht ist. Oftmals verwenden Incels auch das Pronomen »it« anstatt weiblicher Pronomen, wenn sie von Frauen schreiben, um die Entmenschlichung deutlich zu machen.

So sehr man Frauen verachtet, stilisiert man sie gleichzeitig zur einzig möglichen Quelle der Erlösung aus dem Zölibat. Wie Elliot Rodger dem Lächeln einer Frau fast schon heilende Kräfte zuschrieb, machen Incels die Erlösung von ihrem Leid an weiblicher Aufmerksamkeit fest: »Ich weiß, dass ich der hässlichste Untermensch bin, egal wo ich bin. Ich fühle in letzter Zeit eine Menge Leid, und wenn auch nur eine Frau mich kuscheln oder umarmen und mir diese weibliche Wärme schenken würde, würde das viel von diesem Schmerz heilen. Aber da ich ein hässlicher Mann bin, würde das niemals passieren. Es ist vorbei für hässliche Männer«[85], so ein User auf *incels.co*. Die Zuwendung einer Frau ist also das, was einen Incel »befreien« könnte; stellenweise reicht diese Vorstellung bis zu Aussagen wie »Frauen müssten einfach nur mit uns schlafen, um das nächste Incel-Attentat zu verhindern«. In einer klassischen Täter-Opfer-Umkehr wird also die Dreistigkeit von Frauen, über die eigene Sexualität verfügen zu wollen, zur eigentlichen Schuld an einem Terroranschlag verklärt, man entmündigt sich selbst und das eigene Handeln vollkommen. Unattraktive Männer existieren für Frauen in der Regel nicht, es sei denn, Frauen kokettieren bewusst mit ihren Reizen, um die armen Incels zu verhöhnen. Frauen, niederträchtige Wesen die sie sind, *hassen* unattraktive Männer und empfinden ihnen gegenüber sogar Ekel. Incels befinden sich also in einem nicht aufzulösenden Dilemma: es verzehrt sie nach weiblicher Aufmerksamkeit und Liebe, erhalten sie diese jedoch, wird sie unmittelbar abgewehrt, da sie sich nicht vorstellen können, dass weibliche Freundlichkeit aufrichtig ist, schließlich sind Frauen alle von Grund auf böse. Jede Interaktion mit Frauen, so unschuldig diese auch sein mag, wird durch die Brille der Blackpill gesehen; selbst wenn eine Frau offensichtlich mit einem Incel flirtet, ist er nicht in der Lage, dies zu erkennen, da er Frauen nicht anders als durch seine misogyne Ideologie verzerrt wahrnehmen kann. Diese macht sogar vor der eigenen Mutter nicht halt: »Deine Mutter weiß, dass Du hässlich bist. Sie sagt es nur nicht. Sie hasst Dich [...]. Sie ist genau wie jedes andere Weibchen. Eine bösartige Fotze, die zu Empathie oder Wahrheitsliebe nicht fähig ist. Sie hatte Sperma von Chads im Mund, als sie dich während deiner Kindheit geküsst hat«[86] – ein Posting, das nahe legt, wie eng Frauenhass und Selbstzurichtung hier beieinander liegen.

- Selbstbestimmte weibliche Sexualität ist Incels ein Gräuel. Frauen, die schon einmal Sex hatten, werden als »Roastie« diffamiert, da ihre Labien Roastbeef ähneln würden. Dass sich die Anzahl der Sexpartner auf die Form und Farbe der Vulvalippen auswirkt, ist eine nicht nur in Incel-Kreisen verbreitete, toxische und falsche Vorstellung. Das Schönheitsideal einer Vulva ohne äußerlich sichtbare Labien führt übrigens dazu, dass viele Frauen unter dem Aussehen ihres Geschlechtsteils leiden und sich Vaginoplastiken unterziehen, um eine möglichst wenig sichtbare und kindliche Vulva zu haben!

Der obsessiven Beschäftigung mit dem Sexleben anderer wohnt etwas Masochistisches inne: man stellt sich vor, welchen Perversionen diese Weiber und ihre Gespielen nachgehen, echauffiert sich über deren Verdorbenheit und suhlt sich in der eigenen Abstinenz. Während man gleichzeitig selbst gerne Sex hätte, lacht man schadenfroh über ungewollte Schwangerschaften oder Geschlechtskrankheiten und konsumiert selbstverständlich misogyne Pornographie. Der voyeuristische Blick in fremde Schlafzimmer, um sich dann untereinander über die sexuelle Verkommenheit anderer auszutauschen, wurde von Theodor W. Adorno und Else Frenkel-Brunswik übrigens nicht umsonst als eines der Merkmale der autoritären Persönlichkeit charakterisiert; man neidet anderen das, was man selbst gerne hätte, verleugnet diesen Wunsch aber vor sich selbst – oder eben nicht, aber dazu kommen wir noch.

Es spinnen sich zahlreiche Mythen um die nicht-jungfräuliche Frau, die sich gegenseitig an Absurdität übertreffen. Meine zwei unangefochtenen Favoriten sind die »Dogpill« und die Vorstellung, dass Frauen wahlweise die DNA oder das Sperma der Geschlechtspartner »speichern«. Die »Dogpill«, die als schlechtes Meme begann, aber inzwischen ernsthaft rezipiert wird, besagt, dass Frauen eher mit Hunden Sex hätten als mit Incels – jedoch nur den Chads unter den Hunden, wie Huskys, Rottweiler oder Schäferhunde. Kleine Hunde bekämen keine Frauen ab, da die Blackpill auch Hunde betrifft.

Und da Frauen das Sperma ihrer Partner in ihrem Körper sammeln würden, ist es automatisch schwul oder »cucked«, mit einer Frau zu schlafen, die schon einmal Geschlechtsverkehr hatte; da sie irgendwann einmal zu 50 Prozent aus dem Ejakulat anderer Männer bestünde.

Je mehr man sich mit der perversen Sexualität der Frau befasst, um so mehr Grund hat man, sie zu hassen, denn: jedes einzelne Mal, dass sich einer dieser »Femoids« von ihren Partnern begatten lässt, *hat sie keinen Sex mit einem Incel.* Permanent werden sie von der Sexualität anderer auf die eigene Ungeficktheit und Erfahrungslosigkeit zurückgeworfen, was eine kaum zu ertragende Kränkung ist. Gleichzeitig geht damit die Angst einher, irgendwann einmal Sex zu haben und für die eigene Unerfahrenheit verlacht zu werden. Dies ist ein Druck, der in patriarchalen Verhältnissen auf allen Männern lastet und der aufzeigt, wie toxisch hegemoniale Männlichkeitsvorstellungen auch für Jungen und Männer selbst sind: vor allem Pornographie suggeriert, man müsse das Verlangen der Partnerin – das in diesen Inszenierungen immer dem männlichen Verlangen entspricht – antizipieren, permanent können und wollen und über Stunden hinweg standfest und leistungsstark sein. Dass auch Männer beim Sex über ihre Sorgen und Ängste sprechen, ist nicht vorgesehen. Aber andererseits würde man auch keinen Sex mit einer real existenten Frau haben wollen – die ist für einen erleuchteten Gentleman wie einen Incel nämlich viel zu schmutzig und triebhaft.

Incels geißeln Frauen zwar unaufhörlich für deren Oberflächlichkeit, kämen aber selbst niemals auf die Idee, die Anerkennung einer real existenten Frau, mit ihren Wünschen, Interessen, Erfahrungen, für sich überhaupt zuzulassen. Denn Incels wollen keine Frau als Partnerin, sondern eine reine und unberührte Projektionsfläche, die den von Grund auf verunsicherten und ängstlichen Incel nicht weiter in seiner ohnehin schon fragilen Männlichkeit bedroht.

Im Jungfrauenwahn: Incels, Jungfräulichkeit und Pädosexualität

Incels wollen eine unberührte, ihnen komplett unterwürfige Jungfrau, die jedoch im Bett die sexuellen Leistungen eines Porno-Stars erfüllt. In einem auf *Reddit* archivierten Posting beschreibt ein Incel seine Traumfrau. Diese ist klein, mit einem »Lolita-Körperbau«, hat eine intakte Jungferncorona, verbringt ihre Zeit damit, mit besagtem Incel Anime zu gucken, und sitzt auf seinem erigierten Penis, wenn er Videospiele spielt. Sie hatte niemals und wird niemals Kontakt mit anderen Männern außer ihm haben, erklärt sich jedoch bereit, aktiv andere Frauen für Sex zu dritt anzuwerben, und »unterwirft sich enthusiastisch jeden sexuellen Anforderungen, die ich habe«. Des Weiteren erwartet der Verfasser, dass seine zukünftige Traumfrau auch mal ein paar Schläge aushält, schließlich hat er cholerische Züge, und sowieso unglaublich devot und loyal ist. Dass sie sämtliche Reproduktionsarbeiten erledigt und sich um die Kindererziehung kümmert, ist ein Muss. Körperlich wünscht er sich weniger eine real existente Frau als die Figur aus einem Hentai: sie soll Vulva-Ejakulat spritzen »wie ein Feuerwehrschlauch«, trotz Schwangerschaften schlank bleiben, und ihre Vulva soll keine sichtbaren Labien haben, niemals in Kontakt mit Chad- oder Tyrone-Penissen geraten sein und zudem nach »Sahne und Beeren« (sic!) duften. Die gemeinsamen Töchter sollen als Sexsklavinnen für andere Incels aufgezogen werden.[87]

Der auf gemäßigten Foren wie *Incels without hate* geäußerte Wunsch nach einer Freundin, die ebenfalls noch keine sexuellen Erfahrungen hat, ist als Ausdruck einer ehrlichen Unsicherheit zu verstehen und als das Bedürfnis, Sex gemeinsam zu entdecken. Dies ist meiner Auffassung nach durchaus verständlich. In einer Gesellschaft, die sexuelle Unsicherheit oder Unwissen bei Männern mit Hohn abstraft und die permanent suggeriert, dass man unbedingt Sex haben muss und ein Versager ist, wenn man dem nicht nachkommt, kann ein Mangel an Sex zu schweren Selbstzweifeln führen – wir dürfen Incels nicht in einem luftleeren Raum betrachten. Ausschließlich die äußeren Umstände für den Frauenhass der Incels verantwortlich zu machen, käme einer Entmündigung gleich. Es muss jedoch anerkannt werden, dass Incels ein Produkt patriarchaler und kapitalistischer Verhältnisse sind, die toxische Geschlechtsvorstellungen perpetuieren und aus Selbstzweifeln und Unsicherheiten Profit schlagen – man denke an all die überteuerten »Selbsthilfe-Kurse«, wie sie zum Beispiel der Rapper Kollegah anbietet und für die hilflose Männer aus dem Wunsch heraus, so richtig harte Kerle zu werden, ein paar hundert Euro pro Veranstaltung zahlen.

Gemein ist sowohl den *Incels without hate* als auch ihren hasserfüllten Kollegen die eigene Unsicherheit angesichts der mangelnden Erfahrung, sie artikuliert sich jedoch unterschiedlich. Während die einen gerne eine Partnerin hätten, die ihnen die

Unsicherheit nimmt und bei der Jungfräulichkeit eben kein Muss ist – Hauptsache die Freundin zeigt sich verständnisvoll bezüglich der eigenen Ängste –, kommt für die anderen eine Frau mit sexueller Erfahrung auf keinen Fall in Frage. *Incels without hate* können ihre Unsicherheit konkret benennen, wollen eine sich anbahnende Beziehung aber nicht von der narzisstischen Kränkung, die eine sexuelle Vergangenheit der Partnerin auslöst, ruinieren lassen. Für die Jünger Elliot Rodgers wiegt diese Kränkung jedoch zu stark: zu fragil ist das eigene Ego, um damit konfrontiert zu werden, dass die Partnerin schon einmal Sex hatte, und das möglicherweise mit einem besseren Liebhaber, als man selbst einer ist. Aus einer legitimen Unsicherheit wächst der Wunsch nach Kontrolle.

Der User »NeetSupremacist« erklärt in dem Thread »Jungfräuliche Mädchen sind nicht-jungfräulichen Mädchen [man beachte die Unfähigkeit, von »Frauen« zu sprechen] überlegen«, wieso man doch besser Mädchen heiraten sollte, die noch keinen penetrativen Sex mit Männern hatten: »Sie haben mehr Würde. Sie haben mehr Selbstrespekt. Sie sind sauberer. Sie haben keine Geschlechtskrankheiten. Sie sind enger. Sie sind rein und unschuldig. Ihre Pussy wäre nur für dich gemacht worden. Die einzige Penetration, die sie Zeit ihres Lebens erfährt, wäre DEINE. Nur DEIN Penis wird sie feucht machen. Nicht-jungfräuliche Mädchen werden von den Penissen von Hunderten von Männern penetriert, und die Vagina absorbiert all ihre DNA-Spuren, was sich auf eure Kinder auswirkt. Deine Nachkommen werden nur DEINE DNA haben, da nur DEIN Sperma in ihre Vagina losgelassen wird. Du wirst Sex in einer engen Vagina genießen können, nicht-jungfräuliche Frauen haben BBCs [*Big Black Cocks,* große schwarze Penisse] und andere große Penisse erfahren, was darin resultiert dass eine Vagina ihre Enge verliert. Nicht-jungfräuliche Mädchen bauen weniger eine Verbindung zu ihrem Partner auf, selbst falls sie diese Verbindung aufbaut, wird das nur temporär sein«; und anschließend noch eine längere Ausführung darüber, wieso Jungfrauen besser für die Ehe geeignet seien. Der User endet mit: »Nicht-Jungfrauen sind der ultimative Abfall, und Abfall sollte nie wertgeschätzt werden. Stattdessen sollten sie als Müll betrachtet und behandelt werden. Nicht-Jungfrauen wünschten, sie wären noch jungfräulich, in ihrem Inneren sind sie eifersüchtig auf Jungfrauen, weil sie um den Wert von Jungfräulichkeit wissen. Viele Menschen sind indoktriniert zu glauben, dass Jungfräulichkeit irrelevant ist, während Tausende Jahre menschlicher Zivilisation Jungfrauen hochgehalten haben, alle Traditionen haben den Wert weiblicher Jungfräulichkeit und deren Überlegenheit gegenüber Nicht-Jungfrauen gesehen. Es gibt Gründe wieso all diese Traditionen reine, saubere und elegante Jungfrauen schätzen, es liegt an Dir, aufzuwachen. Die Gesellschaft muss wieder mit Slut-Shaming anfangen, nicht-jungfräuliche Frauen müssen als Müll betrachtet werden.«[88]

Für Menschen, die so extrem wütend darüber sind, selbst noch keinen Sex zu haben, ist ihnen die Sexlosigkeit von Frauen dann doch erstaunlich wichtig. Dies liegt darin verwurzelt, dass die Kontrolle über weibliche Sexualität schon immer einer der wichtigsten Stützpfeiler patriarchaler Herrschaft war. Wie feministische Theoretikerinnen und Theoretiker seit Friedrich Engels' *Der Ursprung der Familie* ausführen, muss sowohl weibliche Sexualität als auch die Gebärfähigkeit von cisgeschlechtlichen Frauen überwacht und kontrolliert werden, um sich zu vergewissern, dass die Kinder der Frau auch die eigenen Nachfahren und somit das Eigentum des Mannes sind. Das Überwachen der sexuellen Aktivität der Frau, die über Jahrtausende als das Eigentum des Mannes betrachtet wurde, diente dazu, diese Sicherheit zu erlangen. Wie die Historikerin Gerda Lerner in ihrem Werk *Die Entstehung des Patriarchats* beschreibt, ist die Männerherrschaft nichts Natürliches, sondern etwas, das über Jahrhunderte weg gewaltvoll durchgesetzt wurde, bis sie als Patriarchat etabliert wurde. Jungfräulichkeit ist ein Mythos, der aus einer Zeit rührt, in der Frauen und Kinder als Eigentum ihres Mannes bzw. Vaters betrachtet wurden. Bis heute ist dieser Mythos immer noch wirkmächtig.[89] Im Patriarchat mussten eigenständige weibliche Sexualität, und somit auch weibliches Lust- und Körperempfinden, unterdrückt werden. Zum einen ergab sich dies daraus, dass weibliche Lust in einer Gesellschaft, in der Frauen lediglich als Behälter funktionieren sollen, in die man seinen Samen hineinschleudern kann, damit die durch Heirat garantiert eigenen Kinder herauspurzeln, ohnehin irrelevant ist. Zum anderen resultierte es aus der Vorstellung, dass eine intensive, wohltuende Erfahrung wie ein Orgasmus Frauen auf die verrückte Idee bringen könnte, mehr schöne Erlebnisse zu wollen. Dass weibliche Sexualität und damit Jungfräulichkeit kontrolliert wird, ist ein Werkzeug patriarchaler Vorherrschaft. Incels und andere Männerrechtler sehen diese jedoch nicht nur bedroht, sondern bereits durch eine feministische Diktatur abgelöst, und wünschen sich eine Zeit zurück, in der die patriarchale Vorherrschaft noch unangefochten und die totale Kontrolle über weibliche Körper legitim war.

Gesellschaftlich ist Sexualität selbst im 21. Jahrhundert noch einem Doppelstandard unterworfen, der von Frauen Abstinenz, von Männern hingegen Erfahrung verlangt. Anders als Incels zu wissen glauben, haben es unerfahrene Männer jedoch gesellschaftlich nicht um Längen schlechter als Frauen, die schon einmal mit anderen geschlafen haben. Glücklicherweise sind Gesetze wie der Kuppeleiparagraph eine Angelegenheit der Vergangenheit, und uneheliche Kinder werden nicht mehr wie Aussätzige behandelt. Dennoch werden Frauen und Mädchen immer noch dafür verurteilt, ein ausschweifendes Sexualleben zu haben, während promiskuitive Männer daraus unter dem Label »Pick-up-Artist« sogar eine Karriere machen können. Incels kreiden ihren

Mangel an sexueller Erfahrung dem Feminismus und der sexuellen Revolution der sechziger Jahre an: die dort vermittelten Ideen einer selbstbestimmten Sexualität hätten Frauen dazu bewogen, eine lebenslange Ehe mit ihrem »Looksmatch« gegen einen Ritt auf dem Schwanzkarussell einzutauschen.

Des Weiteren hängen Incels zahlreichen sexistischen Mythen an, welche über Jahrhunderte hinweg dazu beigetragen haben, die Herrschaft über weibliche Körper aufrechtzuerhalten, und die immer noch in den Köpfen herumspuken und legitimieren, wieso Frauen, die mit wechselnden oder mehreren Partner*innen Sex haben, weniger Respekt verdienen als jene, die monogame Beziehungen führen. Diese Behauptungen wurden und werden nach wie vor pseudowissenschaftlich legitimiert, sei es mit Evolutionspsychologie oder dubiosen Behauptungen aus dem Nationalsozialismus, sind aber allesamt hanebüchener Blödsinn.

Die Vorstellung, dass Frauen die DNA ihrer Partner speichern würden (an dieser Stelle: in der Regel benutzt man bei Sex mit wechselnden Partnern Kondome, um sowohl Geschlechtskrankheiten als auch Schwangerschaften zu vermeiden), stammt aus dem Nationalsozialismus. Deutsche Frauen, die schon einmal Verkehr mit einem Nicht-Arier gehabt hätten, hätten durch diesen Akt ihr deutsches Erbgut für immer ruiniert, und alle kommenden Kinder wären so durch das fremde Blut verdorben und ruiniert. Auch hier wieder: Kontrolle über den weiblichen Leib als Ausdruck einer patriarchalen Gesellschaft, in der für Frauen primär die Rolle als Mutter deutscher Soldaten vorgesehen ist.

Auch die Annahme, dass eine Frau eine Art magischen Bund mit ihrem ersten (und einzigen) Partner eingehen würde, ist nichts anderes als Ausdruck einer gnadenlosen Selbstüberschätzung. Ich zumindest habe primär unangenehme Gedanken an meine ersten sexuellen Erfahrungen, von einem »magischen Bund« kann da keine Rede sein.

Kurz: im Jungfrauenwahn von Incels artikuliert sich eine panische Angst davor, mit der eigenen sexuellen Unerfahrenheit konfrontiert zu werden, die jedoch anstatt in der Erkenntnis darüber, dass dies nicht so schlimm sei, im Wunsch nach Herrschaft über Frauen kulminiert. Gesellschaftlich ist es für einen Mann nun einmal akzeptierter, Frauen zu hassen, als Ängste zu äußern.

Diese Obsession mit Jungfräulichkeit geht in der Regel mit einer Sexualisierung Minderjähriger einher, die vor allem in den letzten Jahren erschreckende Ausmaße angenommen hat. Ich möchte an dieser Stelle zwischen Pädophilie als Paraphilie und Pädosexualität als Straftat differenzieren. Während Pädophilie eine sexuelle Störung ist, die in der psychischen Entwicklung eines Menschen begründet liegt und für die die Betroffenen meist nichts können und dringend Hilfe benötigen, ist Pädosexualität der konkrete Missbrauch von Kindern und Jugendlichen. Pädosexuelle aus der Incel-Subkultur sind keine Menschen, die sich zu Kindern und Jugendlichen hingezogen fühlen, sondern es sind Menschen, die sich an der Machtdiskrepanz erregen.

Nach Auffassung dieser Incels ist das »ideale Alter« einer Frau zwischen 14 und 16 Jahren, noch besser sei es jedoch, Mädchen schon früher den zukünftigen Partnern zur Verfügung zu stellen, denn: Mädchen fangen schon ab der Adoleszenz an, ihre hypergamen Tendenzen zu entwickeln, und sollten deshalb durch männliche Herrschaft vor einer Gesellschaft beschützt werden, die es ihnen gestattet, ab 14 mit Chads zu experimentieren. Mädchen seien noch jung und »unverbraucht« und hätten weniger Ansprüche als ältere Frauen, die es wagen, ihre sexuellen Vorlieben zu kennen und auch noch einzufordern. Erklärt zu bekommen, wo sich die Klitoris befindet: Eine nicht zu verkraftende Schmähung! Unerfahrenen Frauen kann man, so das maskulinistische Denken, beibringen, was man gut findet, und muss sich nicht mit einer Sexualität herumschlagen, die es wagt, dem Samenerguss nicht oberste Priorität einzuräumen. Und dass dieser oberste Priorität hat, wird Jungen permanent über patriarchale Mainstream-Pornographie vermittelt. Diese wird, wie der Sexualwissenschaftler Marco Kammholz in einem gemeinsamen Gespräch analysiert, jedoch durchaus als etwas Künstliches erkannt und steht im direkten Kontrast zu den sexuellen Erfahrungen von jungen Männern in Hetero-Beziehungen, denen die Lust der Partnerin genauso wichtig ist wie die eigene, vielleicht auch um sich zu beweisen, dass man ein »guter Liebhaber« ist. So muss eine durch Pornographie vermittelte Vorstellung von Sex permanent an konkretem Sex gemessen werden, und Jungen und Männer müssen erlernen, sich auf die Bedürfnisse ihrer Partnerinnen einzulassen. Diese sind jedoch, trotz sexueller Revolution und der Erfindung von Druckwellenvibratoren, immer noch an männlichen Bedürfnissen ausgerichtet. Frauen in Hetero-Beziehungen haben immer noch signifikant weniger Orgasmen als Frauen in lesbischen oder anderweitig queeren Beziehungen, ein Phänomen das so virulent ist, dass es mit »Orgasm Gap« sogar einen Namen hat.

Einige User gehen sogar so weit, der Vorstellung anzuhängen, dass ein Mädchen ab der ersten Menstruation »reif« für Sex ist. Es wird darüber spekuliert, Töchter zu adoptieren und diese zu vergewaltigen oder Schülerinnen zu Sexsklavinnen zu groomen. Andere wiederum erklären, dass Gesetze zum Schutz von Kindern und Jugendlichen vor sexuellem Missbrauch »männerfeindlich« und »cucked« seien. Wieder andere sprechen über sexuelles Interesse jüngeren weiblichen Verwandten gegenüber. Das Begehren gegenüber Minderjährigen wird durch pseudowissenschaftliche Behauptungen normalisiert, dass junge Mädchen in der »besten Phase« seien, um Kinder zu gebären, was übrigens ähnlicher Blödsinn ist wie die Vorstellung, dass Frauen männliche DNA speichern würden.

Ich selbst spekuliere, dass Pädosexuelle auf die Incel-Community gestoßen sind und diese als dankbaren Ort betrachtet haben, den Missbrauch von Kindern und Jugendlichen zu normalisieren. Incel-Foren sind Orte, an denen der Wunsch nach Sex mit einer Zehnjährigen geäußert werden kann, ohne dafür verurteilt zu werden – vielmehr entspinnt sich eine Diskussion über das perfekte Alter der jugendlichen Sex-Sklavin.

*Der kommende Abschnitt thematisiert drastische Gewalt an Kindern und kann von Leser*innen, für die das Thema zu belastend ist, übersprungen werden.*

Nathan Larson kandidierte das erste Mal 2008, das zweite Mal 2018 für die Libertarian Party für den Kongress in Virginia. Larson bezeichnet sich selbst als »Anarchokapitalist«, also als jemand, der sämtliche staatliche Regulationen auf den Markt ablehnt und Steuern als »Diebstahl« begreift (»Anarchokapitalist« ist meines Erachtens nichts anderes als ein hochgestochen klingender Begriff, um zu sagen »Ich habe keine Ahnung von Wirtschaft und hasse arme Menschen«). Nathan Larson verbrachte 14 Monate im Gefängnis, nachdem er drohte, den damaligen US-Präsidenten George W. Bush zu ermorden. Außerdem ist Larson offen bekennender Pädophiler und Autor des Essays »How To Psyche Yourself Up To Feel Entitled to Rape«, auf Deutsch: »Wie du dich selbst davon überzeugen kannst, einen Anspruch auf Vergewaltigung zu haben«. Seine Gesetzesentwürfe beinhalteten die Legalisierung von Pädophilie, Inzest und Vergewaltigung. Sein Ex-Partner (es handelt sich um einen trans Mann, weshalb ich »Partner« schreibe, er war mit Larson vor seiner Transition verheiratet) gab an, von Larson mehrfach vergewaltigt worden zu sein und dass Larson mit dem Gedanken gespielt hatte, die gemeinsame Tochter zu vergewaltigen.[90] Inzwischen hat sich Larsons Ex-Partner das Leben genommen.

Nathan Larson betrieb unter dem Usernamen »Leucosticte« zwei inzwischen gelöschte Incel-Foren mit den Namen *Incelpocalypse* und *Raping Girls is Fun* (sic!). Des Weiteren war er auf dem Forum *truecels.org* zumindest Administrator oder ebenfalls Betreiber. Selbst radikale Foren wie *incels.co* wirken im Vergleich zu den von Larson betriebenen Seiten wie eine Sandkastengruppe. Larson veröffentlichte mehrere »Pressemitteilungen«, in denen er über das Recht auf Vergewaltigung schreibt, oder erklärt, dass die Fähigkeit, mit einem Penis zu zielen und in den Schnee zu schreiben, Ausdruck evolutionär bedingter männlicher Überlegenheit ist. Auf dem Forum *Raping Girls is Fun* veröffentlichte er das sogenannte »Rapepill-Manifest«, welches besagt, dass Vergewaltigung ein natürliches männliches Bedürfnis und außerdem die einzige Möglichkeit für Incels sei, an Sex zu gelangen. Dazwischen: Postings, in denen er darüber fantasiert, Dreijährige zu vergewaltigen und anschließend an Schweine zu verfüttern, denn zu mehr sei ein weiblicher Körper eigentlich auch nicht gut.

Vermutlicher Nachfolger des Forums war die mutmaßlich ebenfalls von Larson betriebene Seite *nearcels.com*, die jedoch glücklicherweise nach kurzer Zeit gelöscht wurde – um durch *rapey.org* und, nach dessen Löschung, *forcedbanana.org* ersetzt zu werden, das sich in nichts von seinem Vorgänger unterscheidet. Der Moderator, ein selbsternannter »Patriarchist quasi-neoreactionary pedolibertarian«, trägt den Usernamen »Josef Fritzl« (!) und kündigt an: »Ab jetzt sind nur noch Rapecels und Pedocels auf dieser Seite erlaubt! Keine Ausnahmen. All die Leute, die keine Rapecels oder Pedocels waren, wurden irgendwann zum Problem, also sind wir sie losgeworden. Wenn du kein Rapecel oder Pedocel bist, dann bist du entweder ein Ritter in strahlender Rüstung [orig.: »White Knight«, derogativer Begriff für Männer die Frauen verteidigen], der denkt, dass Frauenrechte geschützt werden müssen, oder du versuchst den Mainstream zu befrieden, indem du moderat bist. Dies oder jenes: hau ab. Jeder Mann muss, um ein zufriedenstellendes Sexleben zu haben, die Möglichkeit haben, eine Frau zu vergewaltigen.«[91]

Die User tragen Namen wie »Maximilian von Auschwitz«, »Göring« oder »St. Cho Seung Hui«, nach jenem Mann, der im April 2017 am Polytechnischen Institut von Virginia 32 Menschen erschoss. In seinem Zimmer wurde eine Notiz gefunden, in der Cho sich abfällig über das dekadente Leben seiner Mitstudierenden echauffierte, denen er attestierte: »Ihr habt mich dazu gebracht, das zu tun.« Es gibt ein Unterforum namens *Rapey Misogyny* (!), in dem die User die Vergewaltigung von Kindern rechtfertigen und sich konkret darüber unterhalten, stellenweise erst drei Jahre alte Kinder zu vergewaltigen.

Selbst User des Forum *incels.co*, das sich ansonsten nicht gerade mit Frauenhass oder der Sexualisierung von Jugendlichen zurückhält, äußern sich entsetzt und distanzieren sich von den Inhalten – auch wenn man der Meinung ist, dass die User*innen des Incel-kritischen Subreddit *IncelTear* die Seite erstellt hätten, um Incels schlecht dastehen zu lassen. Ironischerweise findet sich einige Postings später die Umfrage »Ab welchen Alter findet ihr Frauen sexuell attraktiv« – und User, die offen zugeben, dass sie Geschlechtsverkehr mit Vierzehnjährigen haben würden, was auch vollkommen okay wäre, da Mädchen dies gefallen würde und nur die böse Gesellschaft Männer indoktriniert hätte, Begehren gegenüber Mädchen zu verleugnen.

Nathan Larson untermauerte seine pädosexuellen Wünsche mit der in Incel-Kreisen inzwischen breitflächig rezipierten Behauptung über die Notwendigkeit der Kontrolle über weibliche Triebhaftigkeit, wurde jedoch letztendlich aus den Mainstream-Foren verbannt. Nicht wegen seiner Einstellung zu Kindesmissbrauch, sondern weil er schon einmal Sex gehabt hatte. Dass Larsons Foren geschlossen wurden, stieß bei einigen Incels auf wenig Gegenliebe: man hätte gerne weiter einen Ort gehabt, an dem man sich über Sex mit Kindern austauschen könne.[92]

Man fühlt sich von der Sexualität anderer übrigens so bedroht, dass sich das auch im Konsum manifestiert: beim Besuch von *incels.co* wird man regelmäßig mit Werbung für hyperrealistische Sexpuppen, deren Preis sich im vierstelligen Segment befindet, behelligt. Die Angst vor der Sexualität anderer zeigt sich bei einigen Incels auch darin, dass sie Pornographie mit realen Schauspieler*innen ablehnen, da auch diese sie auf die eigene Unzulänglichkeit hinweist. Dass Frauen vor einer Kamera Geschlechtsverkehr mit Chads haben, ist aus mehreren Gründen kränkend: einerseits fühlt man sich von den anderen Männern »cucked«, andererseits verachtet man es, dass Frauen durch Sex Geld verdienen: Incels bringen kaum einer Frauengruppe so viel Hass entgegen wie Sexarbeiterinnen. Sie betrachten sich als Opfer von Sexarbeit und die Industrie selbst als »Geldmacherei«, die armen Männern den Lohn aus der Tasche zieht. Wie üblich für Männerrechtler ignorieren sie, dass Pornographie als System zum größten Teil männliche Bedürfnisse befriedigt und der weibliche Körper kommodifiziert wird. Der Hass von Incels trifft primär zumindest halbwegs selbstbestimmt arbeitende Darstellerinnen wie Camgirls oder Menschen mit einem Account auf der Seite *OnlyFans,* auf der man beispielsweise Nacktbilder zum Verkauf anbieten kann. Mit der meistens ausbeuterischen Produktion von Pornographie hat man jedoch kein Problem. Auf *incels.co* suggeriert ein User, dass Frauen maximal fünf Prozent der Einnahmen eines Videos in Anspruch nehmen dürften, der Rest solle an die Produktionsfirma oder den Streaminganbieter gehen.[93] Dass viele Videos von Frauen ohne deren Konsens auf Porno-Plattformen landen und dass der Verdienst im Vergleich zu den körperlichen und psychischen Schäden aus Peanuts besteht, wird von Incels entweder ignoriert, als Falschbehauptung abgetan oder offen begrüßt, da Pornodarstellerinnen es nicht anders verdient hätten. Der gemeine Incel konsumiert in der Regel Hentai, also Anime-Pornographie. So hat man es nicht mit so etwas Lästigem wie real existenten menschlichen Körpern zu tun, und da ist es auch leichter, an pädosexuelle Inhalte zu gelangen, sogenanntes »Lolicon«.

Gruppenbezogene Menschenfeindlichkeit in der Incel-Community

Antisemitismus

Wo Antifeminismus auftaucht, ist der Antisemitismus selten weit. Antifeministischen Ideologien ist oftmals der Antisemitismus inhärent, da sie von Feminismus als gezielter Verschwörung ausgehen, um sowohl männliche als auch nichtjüdische Interessen zu unterminieren. Wie auch heute der rechte Hass gegen Marginalisierte ein Beißreflex gegen deren Kämpfe um gesellschaftliche Anerkennung und Sichtbarkeit ist, waren Antisemitismus und Antifeminismus schon zu ihrer Entstehung Versuche, gegen die jüdische Emanzipation wie auch die Frauenemanzipation vorzugehen. Im Rahmen dessen wurde der religiöse Antijudaismus zum rassisch motivierten Antisemitismus: das »Andere« wurde von etwas, von dem man sich zumindest durch die Taufe lossagen konnte, zu einem unabänderlich in den Körper eingeschriebenen Merkmal. Die Minderwertigkeit von Juden wie auch von Frauen, wurde über eine Naturalisierung ihnen zugeschriebener Eigenschaften »wissenschaftlich« legitimiert. Zurückdatieren lässt sich dieses Zusammenspiel auf das 19. Jahrhundert in dem damals in Entstehung begriffenen jungen Deutschland. 1811 gründete sich die elitär-männerbündische deutsche »Tischgesellschaft«, zu der unter anderem die bekannten romantischen Dichter Achim von Arnim und Clemens Brentano zählten, die sich durch Antinapoleonismus und eine »aggressive Abwertung und Ausgrenzung von Juden und von Frauen«[94] auszeichnete, die sich in den antiegalitären Ideen der Romantik häufiger wiederfand. Ebenfalls eine große Rolle bei der gesellschaftlichen Etablierung des protofaschistischen, auf der Ablehnung des Jüdischen und des Weiblichen basierenden Männlichkeitsbildes spielten deutsche Burschenschaften. Gerade im Preußischen Kaiserreich, in dem es Männlichkeit, Soldatentum und militärischer Drill waren, was einen Mann auszeichnete, wurde der effeminierte, intellektuelle Jude als Antipode zum idealen deutschen Mann dargestellt. War der deutsche Mann, der im besten Falle sowohl Akademiker als auch Offizier war, rational, ehrenhaft, kontrolliert und beherrscht, wurden Juden und Frauen als psychisch und sexuell defizitär gebrandmarkt. Der deutsche Mann war die Norm, Juden und Frauen waren »das Andere«. Gerade im Rahmen der Etablierung der deutschen Nation stellte vor allem der Jude das Feindbild dar, über dessen Ausgrenzung sich der deutsche Mann als Vertreter des deutschen Volkes konstituieren konnte. Sowohl die Frau als auch der Jude galten als Nicht-Mann, ein Gedanke, der vor allem nach der 1903 veröffentlichten Doktorarbeit *Geschlecht und Charakter* Otto Weiningers gesamtgesellschaftlich zunehmend Verbreitung fand. Darin attestiert er »dem Weib« jüdische, dem Juden weibische Eigenschaften, die beide dem idealen Mann diametral gegenüberstehen. Während »das Weib« für seine moralische Schwäche und seine Verschlagenheit jedoch nichts kann, sind diese Eigenschaften beim Juden bewusste, aus dem jüdischen Willen zur Zersetzung entspringende Entscheidungen. Sowohl der Frau als auch dem Juden wurde eine sexuelle Devianz als inhärentes Wesensmerkmal zugeschrieben, diese sexuelle Devianz geht immer einher mit moralischer Verkommenheit. Weininger vertrat die Ansicht, dass »anders als die Frau [...] sich ein ›wahrer Mann‹ statt mit der Sexualität vielmehr mit der Moral beschäftigen [würde]. Je höher die Moral, desto geringer der Sex. Weininger, selbst Jude, verbindet diese Zuschreibung mit der Behauptung, dass Juden eben kein Moralgefühl hätten und allein den Sexualtrieb kennen würden. Je mehr weiblich das Weib sei, umso mehr verkörpere es eine geistlose Geilheit – und je mehr jüdisch der Jude sei, umso mehr wäre er stets ›lüstern und geil‹. Frau und Jude, das seien physiologische Zustände, die eine Heilung ausschlössen.«[95]

Ein weiteres Element des Antisemitismus ist die Assoziation des Juden mit der Zirkulationssphäre, also der Sphäre, in der der schwer zu begreifende und abstrakte Zins entsteht. Der Jude als raffgieriger Bankier, der mit dem Vermögen des ehrlichen Arbeiters zockt, ist ein Klassiker der antisemitischen Ideologie. »Emanzipationsprozesse wurden vom antisemitischen und frauenfeindlichen Standpunkt her stets mit Besitz und Bildung zusammengebracht«, erklärt die Soziologin Karin Stögner. »Die Frau etwa sei geprägt vom ›Mammongeist‹, während der ›Jude‹ ohnehin den ›Parade-Materialisten‹ repräsentiere: das ›Hirngespinst von der Verschwörung lüsterner Bankiers‹.«[96] In Bezugnahme auf die Antisemitismusforscherin Shulamit Volkov führt Stögner weiter aus: »Den Materialismus als spezifisch weibliche und jüdische Schwäche zu interpretieren, entsprach in dieser Zeit gängigen Clichés und zog sich zuweilen quer durch die politischen Lager. Frauenemanzipation als Ausgeburt des Materialismus zu verachten, der die Frauen ihrer angestammten Mutterrolle entfremde, war eine weit verbreitete Einstellung. Frauenfeindlichkeit und Antifeminismus erweisen sich darin als kultureller Code (cf. Volkov 2001, 77). Dass man die Juden und Jüdinnen für diese Entwicklung verantwortlich zeichnen würde, ist hingegen eine für den Antisemitismus charakteristische Personalisierung allgemeiner gesellschaftlicher Prozesse.«[97]

Der Jude ist also Vertreter der degenerierten Moderne, der die Frau trotz einer ihr attestierten biologischen Unfähigkeit zur gesellschaftlichen Partizipation zu eben jener zu verführen gedenkt – eine Vorstellung, die das rechte Denken immer noch maßgeblich bestimmt.

Die antisemitischen Stereotype von Perversion einerseits und schnödem Materialismus andererseits kumulierten im Bild des Juden als (meistens gleichzeitig als impotent dargestellten) Verführers und Mädchenhändlers, der die deutsche Frau weg von ihrer naturgegebenen Rolle als Hausfrau und Mutter, hin zur Hurerei verleitete: ein Angebot, zu dem sich das triebhafte Weib natürlich mit Freuden verführen lässt. Das Einzige, was sie vor diesem Leben als Bedienstete des »jüdischen Zuhälters« bewahrt, ist die Herrschaft durch den deutschen Mann als Stellvertreter des deutschen Staates.

Dies sind Bilder, die maskulinistisches Denken bis heute maßgeblich bestimmen und die auch immer wieder in Incel-Foren reproduziert werden.

Es ist also nicht verwunderlich, dass es in Foren von *4chan* über *lookism.net* bis *incels.co* keine fünf Minuten dauert, bis man über die ersten antisemitischen Postings stolpert, gerade in Krisenzeiten wie der momentan grassierenden Corona-Pandemie gewinnen diese zusätzlich an Aufwind. Gängige Thesen sind: Juden würden Medien, und somit die romantischen und sexuellen Interessen von Frauen, kontrollieren, Juden und ihre liberale Propaganda hätten Frauen überhaupt erst zum Feminismus verführt, Juden seien Schuld am Untergang der bürgerlichen Kleinfamilie. Statt *»YouTube«* wird wie bei anderen Teilen der Alt-Right von *»JewTube«* geschrieben. Juden haben zudem fest die Pornographie-Branche in der Hand, um Incels durch Pornokonsum an die Rechner zu fesseln und so davon abzuhalten, ihre sogenannte »Incel-Rebellion« zu starten, die aktuelle Version des antisemitischen Mythos des »Juden als Zuhälter«. Und sowieso machen Juden eine geheime Elite aus, welche die Geschicke der Welt steuert, den großen Austausch vorantreibt, und letztendlich auch

Schuld daran trägt, dass Incels keine Frauen abbekommen, da sie Frauen suggerierten, sie hätten das Recht auf eine Sexualität, die über ein Leben als Sexsklavin und Gebärmaschine hinausgeht.

Wie andere Mitglieder der Alt-Right kennzeichnen Incels Juden oder Agenten einer jüdischen Verschwörung mit drei Klammern – ein Beispiel wäre: »(((Veronika Kracher)))« –, um zu suggerieren, diese Person würde vom internationalen Finanzjudentum bezahlt, um feministische Propaganda zu verbreiten. In Memes werden Juden in der Regel mit dem antisemitischen »Happy Merchant«-Meme dargestellt, einer klassischen antisemitischen Karikatur, die aus der Feder eines Neonazis stammt. Oftmals werden Juden mit antisemitischen Schimpfworten bezeichnet.

Während einige wenige Incels sich tatsächlich gegen Antisemitismus aussprechen – und dafür massiv Gegenwind erfahren –, tauchen auf Foren wie *incels.co* oder *lookism.net* antisemitische Postings mit erschreckender Regelmäßigkeit auf. »Wer ist dafür verantwortlich, dass du 9+ Stunden am Tag arbeiten musst, nur um zu überleben? Wer hat den Feminismus gefördert, durchgesetzt und finanziert? Wer besitzt alle Banken und die Medien, um zu sagen, dass Inkwells [ironische Selbstbezeichnung für Incels] böse sind? Wer befördert die Degeneration, die wir heute sehen? Wer beherrscht die meisten Weltregierungen, entweder direkt oder durch Schulden?«[98], fragt ein User, der es schafft, direkt alle antisemitischen Ressentiments in einen Post zu packen. Andere User machen Juden für die Corona-Pandemie verantwortlich. Da Incels auch Boards wie *4chan* oder *8kun* frequentieren, kann man damit rechnen, bei der Recherche immer mal wieder auf Versatzstücke der antisemitischen QAnon-Verschwörungsideologie zu stoßen. Diese besagt, sehr grob zusammengefasst, dass eine – jüdisch konnotierte – geheime Elite aus satanistischen Pädophilen (!) einen sogenannten »Deep State«, also einen »Staat im Staat« leitet und somit die Geschicke der USA kontrollieren würde.

Einzig Donald Trump sei in der Lage, diesem ein Ende zu setzen und mal ordentlich aufzuräumen. Anhänger dieser leider auch in Deutschland erschreckend verbreiteten Ideologie, zu denen auch Prominente wie Xavier Naidoo oder Robbie Williams zählen, vertreten die These, dass Corona eigentlich etwas menschengemachtes sei. Neben Bill Gates muss, so die QAnon-Incels, die durch drei Klammern als »jüdisch« chiffrierte (((Milliardärsklasse))) von der Pandemie profitieren.[99] Der Verfasser dieses Textes stellt die unter Antisemiten seit jeher populäre Frage des »Cui Bono« und liefert gleich die Antwort in Form einer aus »jüdischer Perspektive« verfassten Verschwörung. Der User, dessen Signatur der Nazi-General Erwin Rommel schmückt und der mit über 3.000 Beiträgen andere Incels von seinem neonazistischen Denken überzeugen will, hat erkannt, dass Covid-19 all die antriebslosen NEETs zuhause an ihre Rechner fesseln und sie in pornosüchtige Schlafschafe verwandeln wird, die sich umso leichter überwachen und kontrollieren lassen.

Während explizite Antisemiten auf Incel-Foren eine (wenn auch lautstarke) Minderheit sind, ist Holocaustrelativierung etwas sehr Gängiges. Incels behaupten, ihr Leid als Sexlose sei mit dem Leid von Jüdinnen und Juden während des Nationalsozialismus gleichzusetzen, und imaginieren einen drohenden »Incelocaust« mit Incels als neuen Juden. Dies ist nicht nur Holocaustrelativierung und eine Verhöhnung all jener, die in den Ghettos, bei den Massenerschießungen, in den Konzentrationslagern und auf den Todesmärschen von den NationalsozialistInnen vernichtet wurden, sondern auch nichts anderes als eine Täter-Opfer-Umkehr von Menschen, die offen mit ihrem Antisemitismus kokettieren und einem Mann anhängen, der wortwörtlich davon geschrieben hat, Frauen in KZs zu vernichten.

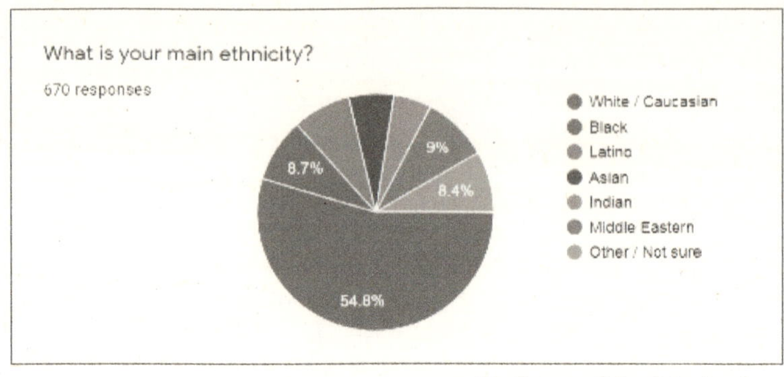

Umfrage auf der Seite incels.co

Rassismus

Incels sind mitnichten eine weiße Community. Laut einer Umfrage auf der Seite *incels.co* sind gerade mal knapp über die Hälfte der User weiß, die anderen 45 Prozent sind ethnisch recht divers.

Auch wenn Rassismus nicht die ideologische Grundlage von Inceltum darstellt, ist er doch häufig zu finden. Die meisten weißen Incels sind gleichzeitig White Supremacists und grenzen sich in ihrem Selbsthass von anderen, nichtweißen Männern ab. Wie auch Elliot Rodger sind sie voller Hass gegenüber nichtweißen Männern, die eine Beziehung mit weißen Frauen führen, und vertreten rechte Thesen wie den Wunsch nach einem Ethnostaat. Nichtweiße Frauen werden anhand von kolonialrassistischen Stereotypen nach ihren Partnerinnenqualitäten bewertet. Incels stellen sich die asiatische Frau als die perfekte submissive Partnerin für den weißen Mann vor, die noch wüsste, wo ihr Platz sei. Schwarze Frauen hingegen seien noch sexueller und triebhafter als weiße Frauen, gleichzeitig jedoch zu laut und raumnehmend, um als Partnerin überhaupt in Betracht zu kommen. Weiße Frauen werden in der Regel als arrogant und oberflächlich dargestellt. Zudem werden auch Chads anhand ihrer Herkunft rassifiziert: Schwarze Chads werden »Tyrone« genannt und in der Regel als

Gangster oder Drogendealer dargestellt, generell werden gerade Schwarze konsequent rassistisch abgewertet. Indische Chads werden »Chadpreet« genannt, asiatische Chads »Chang Longwang«, arabische Chads »Chaddam« und lateinamerikanische Chads »Chadriguez«.

Schwarze werden auf den Foren grundsätzlich mit dem N-Wort bezeichnet, Beziehungen zwischen Menschen unterschiedlicher Herkunft sind verpönt: man argumentiert pseudowissenschaftlich herum, dass Kinder eines weißen und eines nichtweißen Elternteils unter psychischen Erkrankungen leiden oder zu kriminellem Verhalten tendieren würden.[100] Weißen Männern mit schwarzen Partnerinnen wird vorgeworfen, sie könnten doch eine attraktive, also weiße oder asiatische Partnerin haben, weiße Frauen mit schwarzen Partnern werden als »Beweis« dafür herangezogen, dass Frauen brutale und triebhafte Männer begehren – weil schwarze Männer allesamt ebenjene Eigenschaften an den Tag legen würden. Systematischer Rassismus wird konsequent geleugnet, antirassistische Proteste werden verhöhnt. Die Black-Lives-Matter-Proteste, die nach dem Mord an George Floyd durch einen rassistischen Polizisten entflammt sind und in denen sich die Wut über Jahrhunderte der Unterdrückung und Gewalt artikuliert, können nur durch die Brille der Blackpill betrachtet werden, es wird das Narrativ bedient, dass Floyd nicht durch Ersticken ums Leben gekommen ist, man verlacht die Proteste und solidarisiert sich mit dem Täter. Einige User gehen auch davon aus, dass der Mord eine False-Flag-Aktion der »Eliten« (lies: der Juden) sei, um einen Rassenkrieg anzufachen. Frauen würden nur an den Protesten teilnehmen, um einen Tyrone kennenzulernen – welche Gründe könnte man denn sonst haben, um gegen Rassismus zu protestieren? Dass man sich empathisch zeigen kann, ist den Mitgliedern einer auf Hass aufgebauten Subkultur unvorstellbar.[101]

In einem Zusammenfallen von Rassismus und Antisemitismus wird behauptet, dass Juden aktiv daran arbeiten würden, die als »degeneriert« bezeichnete *black culture* in den Mainstream zu pushen, um so die kulturmarxistische Agenda voranzutreiben.[102] Hier wird das klassisch rassistische Narrativ einer »überlegenen« weißen und einer »unterlegenen« *black culture* bedient. Frauen, die ebenfalls von Grund auf »degeneriert« seien, würden deshalb einen schwarzen Lebensstil adaptieren; der Untergang der weißen Rasse werde so weiter besiegelt.

Der klassische Mythos des schwarzen oder arabischen Vergewaltigers wird ebenfalls regelmäßig reproduziert. Auch wenn es nichtweiße Incels gibt, haben diese Rassismus internalisiert. Incels mit indisch-pakistanischem Hintergrund bezeichnen sich selbst beispielsweise als »Currycels«. Schuld an ihrer Sexlosigkeit ist ihrer Ansicht nach die Hautfarbe, auch nichtweiße Frauen würden sich eher zu weißen Männern hingezogen fühlen. So wird allen Frauen automatisch Rassismus unterstellt. Es liegt zwar durchaus ein Funken Wahrheit darin, dass sich in einer rassistischen Gesellschaft, in der wir nun einmal leben, internalisierter Rassismus auf die Dating-Präferenzen auswirkt. Man denke an den in der schwulen Community verbreiteten Spruch »No fats, no femmes, no asians«! Anstatt dies jedoch einer systematisch rassistischen Gesellschaft anzukreiden, sucht man die Schuld, wo auch sonst, direkt bei Frauen.

Eine weitere Bevölkerungsgruppe, die konsequent die Verachtung von Incels zu spüren bekommt, sind Roma und Sinti. Der gesellschaftlich ohnehin weit verbreitete und akzeptierte Antiziganismus findet auf den Foren entweder Ausdruck in einem antiziganistischen, pathisch-projektiv aufgeladenen Neid gegenüber Romani-Männern, die sich an weißen Frauen vergehen, oder in klassischen antiziganistischen Stereotypen von Roma und Sinti als »schmutzig«, »diebisch«, etc.

LGBTQ-Feindlichkeit

Wer Frauen hasst, hasst in der Regel auch queere Menschen, und bei Incels ist es nicht anders. Das Incel-*Wikipedia* erklärt Homosexualität anhand evolutionspsychologischer Faktoren; ähnlich wie maskulinistische Gruppierungen vieles über Evolutionspsychologie zu erklären versuchen. Schwules Begehren wird anhand einer Dichotomie aus Aktivität/Dominanz und Passivität/Submissivität erklärt, was wohl daran liegt, dass Incels soziale Beziehungen ausschließlich anhand dieses Schemas verstehen. Der Artikel bezieht sich auf die Behauptungen des Zoologen und Evolutionsbiologen Irenäus Eibl-Eibesfeldt, der »suggerierte, dass Verhaltensweisen männlicher Dominanz/weiblicher Unterwürfigkeit in alten Hirnregionen angesiedelt sind, die sich Menschen mit Echsen teilen (sic!). Er suggerierte, dass das exzessive, promiskuitive und anonyme homosexuelle Verhalten, das unter vielen Schwulen üblich ist, in der altertümlichen Dominanz-und-Unterwürfigkeits-Sexualität von Wirbeltieren verortet ist«.[103] Dass der zitierte Zoologe unter anderem für seinen »biologischen Reduktionismus« – also tierische Verhaltensweisen auf den Menschen zu übertragen – und seine These der »angeborenen Fremdenfurcht«, die Rassismus legitimiert, kritisiert wurde und dass er für neurechte Zeitschriften publizierte, rundet eine menschenfeindliche Subkultur ab, die ihren geistigen Durchfall mit Pseudowissenschaft zu legitimieren versucht. Aber wieso sich mit schwulem Begehren befassen, wenn man es auf Gehirnstrukturen von Eidechsen zurückführen kann? Die Lust an passivem Analverkehr wird übrigens damit erklärt, dass Männer so versuchen, die Rolle von Frauen einzunehmen, um die Aufmerksamkeit und Zuneigung anderer Männer in homosozialen Kontexten zu erlangen. Die Vorstellung von submissiver männlicher Homosexualität als etwas eigentlich Weibliches mündet in der sogenannten »homocel hypothesis«[104]. Diese auch nur recht dünn belegte These besagt, dass Männer, die keinen Zugang zu Sex mit Frauen haben, in homosexuellen Akten partizipieren, als Beispiel wird unter anderem schwuler Sex im Gefängniskontext herangezogen. Homosexuelles Begehren kann jedoch in keinem Falle etwas Normales sein: »Das Prinzip der sexuellen Frustration kann im Bezug auf sexuelle Devianz generell relevant sein. Schließlich ist die Verweigerung von ›normalem‹ Sex etwas, das ein Individuum dazu bringt, Alternativen zu finden, ihre sexuellen Bedürfnisse zu befriedigen [...].«[105] Dann wird behauptet, dass Autist*innen durch den erfahrenen gesellschaftlichen Ausschluss eher homosexuell oder transident seien, ähnliches würde auf Männer mit Behinderung zutreffen. Kurz: wer krank ist, ist queer.

Lesbische Homosexualität existiert in der Incel-Welt übrigens nicht: jede Lesbe würde sofort auf einen Chad-Penis springen, böte dieser sich an. Lesbische Frauen werden jedoch als zu unattraktiv, maskulin und feministisch betrachtet, um von Chads überhaupt beachtet zu werden, weswegen sie untereinander Zuneigung suchen. Und laut dem Incel-*Wikipedia* entstammt lesbisches Lieben aus einer sexuellen Entwicklung, die ihren Ursprung in Zeiten der Vielehen hatte, nach der die Ehefrauen eines Mannes eher untereinander Sex gehabt hätten anstatt mit anderen Männern, um ihre Besitzer nicht zu verärgern.

An dieser Stelle muss angemerkt werden, dass lesbische Homosexualität zwar vermeintlich gesellschaftlich akzeptierter ist, dies aber in einer Fetischisierung begründet liegt: lesbische Frauen werden nicht als Lesben anerkannt, sondern lediglich als Frauen, die auf den richtigen Penis warten, die man schon »umdrehen« kann.

In den Foren sind homophobe Begriffe gängig. Es werden klassische homosexuellenfeindliche Stereotype von Schwulen als Überträger von Geschlechtskrankheiten, Homosexualität als Phase oder queeren Menschen als psychisch instabil reproduziert. Dass psychische Krankheiten bei queeren Menschen Resultat einer homophoben Gesellschaft sind, wird konsequent ausgeblendet.

Dennoch gibt es einige selbst ernannte »Gaycels«, also schwule Incels. Ähnlich wie ihre heterosexuell begehrenden Kollegen haben sie einen zynischen Blick auf das Dating-Verhalten der eigenen Community, die als hypergam und promiskuitiv wahrgenommen wird – man selbst sei die noble Ausnahme. Aus dem Frust, ein »Nice Guy« zu sein, der von anderen Männern nicht beachtet wird, da diese nur Interesse an aufgepumpten und oberflächlichen Muskelprotzen hätten, erwächst anschließend Hass.[106] Ein *Reddit*-User beschreibt in einem Beitrag namens »Die neue internalisierte Homophobie, oder: die Rache des schwulen Incels« diese Denke als »homophobe, rechte Positionen, die als die verschrobenen Coping-Mechanismen einer handvoll unzufriedener Schwuler recycelt werden«.[107]

Ich möchte auch nicht unerwähnt lassen, dass die Obsession vieler Incels mit der Figur des Chad homoerotische Züge hat und dass es naheliegend ist, dass sich einige nicht geoutete Schwule in der Community befinden, die Frauen dafür hassen, was sie sich selbst verwehren: Sex mit attraktiven Männern.

Noch virulenter als die Schwulen- und Lesbenfeindlichkeit von Incels ist ihre Transfeindlichkeit. Wie bereits angedeutet, wird das Geschlecht von trans Menschen nicht anerkannt, sie werden konsequent mit falschen Namen oder Pronomen adressiert, und degradierende Schimpfworte wie »Tranny« sind Usus, wenn man von trans Frauen schreibt. Auf der *Scientific Blackpill*-Seite wird die selten dumme These der sogenannten »Trans-Vestigialität« vertreten. Inceltum würde dazu führen, dass Incels eine Transition durchführen würden, um als lesbische trans Frau Sex mit anderen Frauen zu haben. Die »Beweisführung« liest sich folgendermaßen: »Anekdoten von Incels und Studien mit nicht-menschlichen Tieren suggerieren, dass der Wunsch nach Transition darin begründet ist, Konfrontationen mit stärkeren Männern (oder angewiderten Frauen) zu vermeiden, kein Incel mehr zu sein, oder schlicht zu versuchen das Leben im einfachen Schwierigkeitsgrad, also als Frau, zu leben.«[108] Dies ignoriert komplett die strukturelle, verbale und körperliche Gewalt, die trans Frauen erleiden. Die Behauptung, dass trans Frauen eigentlich Männer seien, die in Frauenräume eindringen wollen, ist ein uralter transmisogyner Mythos, der immer wieder von transfeindlichen Gruppen aufgebracht wird, um trans Frauen zu dämonisieren. Hier wird er von Incels perpetuiert. Und angesichts der Tatsache, dass ein Outing als transgeschlechtlich und eine Transition immer noch mit Pathologisierung, Diskriminierung, Gewalt und immensen Kosten verbunden ist, entlarvt die Behauptung, man würde »einfach mal so« eine Transition durchlaufen, um an Sex zu kommen, als nichts anderes als projektive, transmisogyne Hassrede. Dennoch kann es durchaus sein, dass einige transgeschlechtliche Menschen vor ihrem Outing als Incels leben und internalisierten Selbsthass, selbst nicht als Frau zu leben, auf andere Frauen übertragen. Wie bei noch nicht vor sich selbst geouteten schwulen Incels ist hier das Outing der erste Schritt in ein besseres sowie hass- und angstfreies Leben.

Trans Männer hingegen werden einerseits als Frauen gelesen, die sich ihrer naturgegebenen Rolle verweigern, andererseits als Konkurrenten im Geschlechterwettkampf. Dieser Hass zieht sich durch »gemäßigte« Foren wie *lookism.net* über radikale Foren wie *incels.co*, und wird auch auf Imageboards wie *4chan* großflächig vertreten. Meine Vermutung ist, dass erstens trans Menschen, als ohnehin gesellschaftlich sehr vulnerable und diskriminierte Gruppe, ein einfaches und prädisponiertes Feindbild sind. Zweitens, dass trans Frauen als »Verräter« des eigenen Geschlechts betrachtet werden, also das Leben als Mann gegen das einer Frau »eingetauscht« hätten, was bei fragilen Männern Unverständnis und Hass hervorruft, und drittens, dass transgeschlechtlichen Menschen als Personen, die es durch geschlechtsangleichende Maßnahmen geschafft haben, eine Körperdysphorie zu überwinden, Neid entgegengebracht wird. In einer üblichen Täter-Opfer-Umkehr wird auch das Leid unter der vermeintlichen Hässlichkeit mit der Geschlechterdysphorie von trans Menschen verglichen. Dies lässt sich jedoch nicht vergleichen – eine Geschlechtsdysphorie ist etwas Intrinsisches und macht sich schon von klein auf bei transgeschlechtlichen Kindern bemerkbar[109], während die Körperdysphorie bei Incels etwas Extrinsisches ist, das sich erst durch das Schlucken der Blackpill und die permanente neurotische Auseinandersetzung mit dem eigenen Leib manifestiert.

Besondere Hassfigur ist die transgeschlechtliche YouTuberin und Theoretikerin Natalie Wynn, die sich in ihren (brillanten!) Video-Essays an der Alt-Right und auch an Incels abarbeitet. In ihrem Videoessay zu Incels beschreibt Wynn eine Phase ihres Lebens, in der sie sich obsessiv durch transfeindliche Kommentare zu ihrer Person gewühlt oder die selbstzerfleischenden Postings anderer trans Frauen auf dem queeren *4chan*-Board las. Wynn bezeichnet dieses Verhalten als »Digitale Selbstverletzung« – ein Phänomen, durch das sich auch die Incel-Community auszeichnet.

Zwischen »Supreme Gentleman« und »Untermenschen-Abschaum«: Das Selbstbild von Incels

Fast so sehr, wie Incels Frauen hassen, hassen sie sich selbst. Es gibt mit *lookism.net* und *looksmax.me* zwei Foren, die sich ausschließlich der »Selbstverbesserung« von Incels widmen – zumindest jenen Incels, die sich noch nicht das Label des »Truecels« angeeignet haben. Diese Arbeit an sich selbst betrifft jedoch natürlich nur die äußere Erscheinung, denn der Blackpill-Ideologie nach ist alles andere zweitranging.

Eine im März 2020 auf dem Forum *incels.co* geführte Umfrage zeichnet ein recht düsteres Bild der Incel-Psyche.[110] Auf die Frage »Bist du glücklich« antworten 88,3 Prozent der Befragten mit »nein«. 74,1 Prozent geben an, permanent unter Stress oder Nervosität zu leiden, 67,5 Prozent unter Depressionen. Zuversichtlich in die eigene Zukunft blicken nur 22,8 Prozent, der Rest ist skeptisch. Im Vergleich zu einer im Oktober 2019 geführten Umfrage haben sich die Zahlen verschlechtert; so gaben 2019 »nur« 59,4 Prozent der Befragten an, depressiv zu sein. Es ist naheliegend, dass es die Blackpill-Ideologie ist, die der Psyche dieser jungen Männer irreparablen Schaden zufügt. Hierbei muss jedoch im Hinterkopf behalten werden, dass sich die meisten Incels selbst diagnostizieren und keine professionelle Einschätzung von medizinischem Personal vorliegt. Ihre Depressionen begründen Incels mit ihrer Sexlosigkeit – ein Zusammenhang, der mitnichten der Fall ist. Außerdem geben mehrere Incels an, unter Autismus oder dem Asperger-Syndrom zu leiden, und begründen ihren Frauenhass so mit einer geistigen Einschränkung – sehr zum Ärger von tatsächlich mit Autismus oder Asperger diagnostizierten Menschen, die alles andere als begeistert davon sind, von Frauenhassern instrumentalisiert zu werden. Es lässt sich meines Erachtens festhalten, dass zwar nicht Sexlosigkeit als solche zu Depressionen führt, das Festhalten an der Blackpill-Ideologie jedoch durchaus.

Dieser Selbsthass ist neben Frauenhass *das* ausschlaggebende Merkmal der Incel-Subkultur. Seien es die »moderaten« Foren wie *Incels without hate*, die auf Selbstoptimierung ausgelegten Foren oder der radikale Sumpf: es dauert keine drei Klicks, und schon wird man mit Depressionen und Suizidalität konfrontiert. Dass es in vielen Foren eine Beitrags-Kategorie namens »Sui[cide]Fuel« gibt, ist ebenfalls recht aussagekräftig. Frauen können in diesem Denken übrigens nicht an Depressionen erkranken; thematisiert eine Frau ihre Depressionen, ist dies nur ein Schrei nach Aufmerksamkeit. Denn wie könnte eine Person, die ständig Sex mit Chads hat, an Depressionen erkranken? Wahres Leid ist nämlich nur Incels vertraut (und wenn eine Frau Suizid begeht, dann ist das vor allem deswegen schlimm, weil sie nicht mehr als potentielle Partnerin zur Verfügung steht).[111]

Wenn man sich die Blackpill-Ideologie ansieht, ist es nicht verwunderlich, dass diese zu Depressionen oder Suizidalität führt. Niemals wird man die Liebe anderer Menschen erfahren, Freundschaften und Solidarität sind eine Lüge, der Incel ist ganz alleine auf sich gestellt, Frauen *können* einem nur Hass und Verachtung entgegenbringen, und während der Rest der Welt sich fleischlichen Genüssen hingibt, ist man dazu verdammt, einsam vor dem Rechner zu sitzen. Das Stöbern in einzelnen Postings, in denen Incels ihre Depressionen thematisieren, ist schwierig und schmerzhaft, vor allem wenn man – wie ich – selbst klinisch depressiv ist. Man findet sich in dem Selbsthass und in dem Gefühl absoluter

Ohnmacht wieder. Es ist auch ein Zeichen von Depressionen, die eigene Situation als unausweichlich zu betrachten.

In unzähligen Threads halten sich die User gegenseitig Aussagen entgegen wie: »Du bist hässlich. Du bist Untermenschen-Abschaum. Du bist nichts wert.« Auf Fotos, die sie hochladen und bewerten, folgt nicht »Hey, du siehst eigentlich ganz gut aus«, sondern Tipps, welche Schönheitsoperationen man durchführen sollte, um etwas mehr wie ein Chad auszusehen. Sich als eigentlich ganz ansehnlich zu akzeptieren, ist das Letzte, was einem Incel überhaupt in den Sinn kommt. Und wie bereits häufiger erwähnt, sehen Incels aus, wie ganz normale junge Männer – vielleicht nicht Chris Hemsworth, aber eben auch nicht Gollum. Stattdessen wird jeder kleine Makel unter der Lupe betrachtet und als Grund herangezogen, wieso das Tor zur Damenwelt für immer verschlossen bleibt. Selbst ein zu schmales Handgelenk ist schon Ursache für den Incel-Status, gibt es doch tatsächlich Incels, die sich selbst als »Wristcels« bezeichnen! Es ist nicht verwunderlich, dass der Aufenthalt in diesen Foren sich in psychischen Krankheiten niederschlägt: permanent wird den Usern suggeriert, sie seien schlicht zu hässlich, um jemals geliebt zu werden, und nur die Verwandlung in einen Chad könne zur Glückserfüllung führen. Die User, obwohl sie aussehen wie ein Großteil der männlichen Bevölkerung, veröffentlichen auf der »Rate me«-Kategorie von Looksmaxxing-Foren wie *lookism.net* Fotos, um einander zu bewerten und nach Tipps zu fragen, wie sie ihr Aussehen optimieren können. Die Antworten schwanken zwischen »verliere Gewicht« über »mache eine Rhinoplastik« bis hin zu »Bei dir ist es ohnehin vorbei«. Auch die Wahrnehmung von Attraktivität wird verzerrt. Männer, die zumindest ich als attraktiv einordnen und bei denen ich auf einer Dating-App wie *Tinder* nach rechts wischen würde, wenn auch das Profil sympathisch ist, betrachten sich selbst als unattraktiv, und selbst männliche

Sexsymbole wie Ryan Gosling werden gerade mal als mittelmäßig ansehnlich betrachtet. Den Usern wird suggeriert, sie seien unattraktiv und müssten zwingend an sich arbeiten, was zwangsläufig zu massiven Selbstzweifeln führt. Dies wird bestärkt, wenn User Bilder von sich veröffentlichen, nachdem sie Transplantationen vorgenommen haben: sie werden zu ihrem Aufstieg in Richtung »Chad« beglückwünscht. Diese Foren erinnern an Pro-Ana-Foren, also Gruppen, in denen anorektische Mädchen und Frauen sich gegenseitig in ihrer Krankheit bestätigen und dazu anhalten, weiter zu hungern. Es ist nicht verwunderlich, dass zahlreiche Incels im Laufe ihrer Zugehörigkeit zur Szene eine Körperdysphorie entwickeln. Anstatt den eigenen Körper lieben zu lernen, werden Imperfektionen herausgepickt und auseinandergenommen, weil schon der falsch geformte Augenwinkel einen Platz im Expresszug zur lebenslangen Sexlosigkeit garantiere. Plastische Chirurgie wird zu einer Obsession und zum Heilsversprechen.

In ihrem sehr lesenwerten Artikel »How many bones would you break to get laid«[112] spricht Alice Hines, Autorin des Magazins *The Cut*, mit Usern des Forums *lookism.net*, die ihr komplettes Seelenheil in die Hände von Chirurg*innen gelegt haben. Sie schreibt über Männer, deren neoliberaler Wunsch nach der Selbstoptimierung zum Super-Chad sie Zehntausende von Dollar gekostet hat. Man legt all seine Erwartungen an ein Heilsversprechen in einen Faktor im Leben – in diesem Fall: plastische Chirurgie – und hofft, dass eine Operation *sämtliche* Probleme, vor denen man steht, lösen wird. Ausgehend von einer Ideologie, nach der ein attraktives Aussehen den Schlüssel zu einem guten Leben darstellt, ist dies auch naheliegend, aber bedauerlicherweise ist plastische Chirurgie kein Heilmittel für psychische Probleme. Wir leben in einer Gesellschaft, in der Schönheit durchaus eine nicht zu unterschätzende Rolle spielt und permanent propagiert wird. Es gibt ganze Industriezweige, die davon profitieren, dass man mit dem eigenen

Äußeren nicht zufrieden ist. Laut dem Journalisten Max Eberle, der zu Looksmaxxing recherchiert hat, profitiert die Schönheitsindustrie nicht nur von Incels, sondern unterfüttert stellenweise sogar deren Ideologie: Auf der Webseite des in der Szene bekannten Schweizer Schönheitschirurgen Dr. Hermann Sailer stolpert man mehrfach über den Begriff »Anteface«. Er bezeichnet eine Theorie Sailers, die davon ausgeht, dass sich der menschliche Unterkiefer im Laufe der Menschheitsgeschichte nach vorne geschoben hat und dadurch zum Schönheitsideal wurde. Das »Anteface« listet auch ein Incel-*Wiki* als Unterpunkt einer »Looks Theory« auf. Chirurgen wie Sailer bieten der Lookism-Community demnach nicht nur eine Anlaufstelle, sondern teilen und unterfüttern ihre Weltanschauung.[113] Das Incel-Schönheitsideal geht, wie dieses Zitat bereits andeutet, von einem biologistischen Menschen- und Entwicklungsbild aus. Frauen begehren angeblich Männer mit einem stechenden Blick, sogenannten »Jägeraugen«, da diese schon in der Steinzeit die meiste Beute vorweisen konnten und deswegen am begehrenswertesten für Frauen waren. Und da sich der Mensch, und vor allem Frauen, in Zehntausenden Jahren immer noch nicht weiterentwickelt hat, sei dies immer noch der Fall. Weitere wichtige Faktoren, auf die Frauen – zumindest laut der Blackpill – achten, sind die Ratio zwischen Brust- und Hüftumfang oder der »Canthal Tilt«, also der Augenwinkel. Dass der Begriff in der Regel nur Biologinnen oder Medizinern bekannt ist und der Augenwinkel mit zu den letzten Dingen zählt, die man beim Tindern genauer unter die Lupe nimmt – geschenkt. Aber Incels wissen nun einmal auch besser als Frauen, was die Frau an sich so begehrt.

Leider ersetzen Kiefer-Implantate keine Psychotherapie, der es bedarf, um die Blackpill-Ideologie zu überwinden. Es ist eine Binsenweisheit, aber: sich selbst zu lieben und schön zu finden, ist so viel wichtiger und besser für die Psyche, als sich unter das

Messer zu legen. Aber Selbstliebe ist dem Incel fast genauso fremd wie Respekt vor Frauen.

Diese Form der Selbstinfantilisierung, die Erlösung in plastischer Chirurgie zu finden (das Festhalten daran erinnert übrigens an Elliot Rodgers Obsession mit der Lotterie), zeigt sich auch am Umgang von Incels mit Frauen und Sex. Wer nämlich außer Frauen und deren himmelhohen Ansprüchen trägt die Schuld daran, dass man keinen Sex hat und deswegen unglücklich ist?

Während also einige Incels ihr Glück mit Looksmaxxing und dem sogenannten Moneymaxxing versuchen, also dem Erwerben von Reichtum, haben andere diese Versuche schon längst als vergebliche Liebesmühe enttarnt. Diesen »Truecels« wie Elliot Rodger ist klar, dass es unmöglich ist, jemals Glück zu empfinden. Zudem wird in dem abgeklärten Duktus eines Pennälers, der mal den *Wikipedia*-Eintrag zu Friedrich Nietzsche gelesen hat, Freude oder Glück als etwas ohnehin Leeres abgetan. Der echte Blackpill-Nihilist weidet sich lieber am Elend, als daran zu glauben, im Zwischenmenschlichen den Ausblick auf etwas Besseres finden zu können. Nichtsdestotrotz wird das Leid, in dem man sich suhlt, natürlich der Frau zur Last gelegt, die nicht mit einem schläft. So werden Frauen für das Wohlergehen von Incels verantwortlich gemacht: sie sind durch das Verweigern ihrer Körper daran Schuld, dass es einem schlecht geht. So ist man auch in der komfortablen Position, das eigene Leben nicht reflektieren zu müssen, denn mit nur einem einzigen Geschlechtsverkehr wäre die eigene Situation sofort erledigt. Die Verantwortung für das eigene Denken und Handeln wird so auf Frauen abgewälzt, die nichts mit dem Leben von Incels zu tun haben. Dies mündet stellenweise sogar in Aussagen wie »Frauen sollten mit uns schlafen, um das nächste School Shooting zu verhindern« – eine wahnsinnig manipulative Aussage, die ihren Urheber selbst komplett aus der Verantwortung für das eigene Handeln nimmt. Das Handeln der Täter wird zudem durch das patriarchale Kollektiv legitimiert oder entschuldigt, man bringt gekränkten und deshalb gewalttätigen Männern »Verständnis« entgegen und verlagert die Verantwortung für männliche Gewalt auf die Opfer. Am 18. Mai 2018 erschoss der 17-jährige Dimitrios Pagourtzis an der Santa Fe High School in Texas unter anderem eine Mitschülerin, weil diese seine Avancen nicht erwiderte. Mehr als genug Menschen suchten die Schuld bei dem Opfer: »Wäre sie doch mit ihm ausgegangen, wäre all das nicht passiert.«

Die unausgesprochene und vollkommen realitätsferne Erwartungshaltung, die (nicht nur) Incels an Frauen haben, sie hätten einem gefälligst ihren Körper zur Verfügung zu stellen, geht in der Regel mit einem absoluten Fatalismus einher. Es ist nicht nur eine Abfuhr, die man bekommen hat, es ist die Ablehnung *der kompletten Person*, die als eine narzisstische Kränkung aufgefasst wird. Es ist angesichts dessen übrigens nicht verwunderlich, dass viele Incels den Ratschlag von Pick-up-Artists suchen und wenig später enttäuscht sind, dass die übergriffigen Techniken, die als »Flirttricks« verkauft werden, nicht funktionieren, und sich noch weiter in ihren Frauenhass hineinsteigern. Die erfahrene Ablehnung, die Kränkung und der daraus resultierende Hass auf eine Frau wird auf *alle Frauen* projiziert. Das in der Incel- und Männerrechtsszene populäre Akronym »AWALT« für »All women are like that« zeigt, dass Frauen nicht als Individuen, sondern als Teil eines »Lochkollektivs« gedacht werden, man fühlt sich von jeder einzelnen Frau gekränkt, bedroht und verfolgt, einfach nur weil sie eine Frau ist und von ihr potentielle Ablehnung ausgehen *kann*.

Incels hassen sich zwar, sind jedoch gleichermaßen von ihrer Überlegenheit »Normies« und Frauen gegenüber überzeugt. Mitglieder von Communities wie der Blackpill- oder Redpill-Szene sind der festen Überzeugung, im Besitz der einzigen und absoluten Wahrheit zu sein, während alle anderen noch verblendete

Schlafschafe sind. Das Überlegenheitsgefühl ist meines Erachtens einerseits in dem Männern ohnehin gesellschaftlich vermittelten falschen Bewusstsein begründet, Frauen gegenüber eine Vormachtstellung zu haben, andererseits in dem Glauben, man hätte die Welt entgegen der kulturmarxistischen Indoktrination durchschaut. Giulia Silberberger, Expertin für Verschwörungstheorien und Sektenstrukturen, erklärt im Gespräch, dass das Gefühl der Erkenntnis und imaginierten intellektuellen Überlegenheit einen großen Reiz gerade für gekränkte junge Männer ausmacht und einer der Gründe ist, wieso sie in Strukturen wie Männerrechtsgruppen aufgehen. Zudem beschreiben Incels andere Männer regelmäßig als brutal, stumpf, triebhaft und dumm, während sie sich selbst zu den erleuchteten »Gentlemen« der Welt zählen. Auch Alek Minassian, der Attentäter von Toronto, spricht in seinem im November 2019 veröffentlichten Geständnis ob seiner Tat über seinen Frust, dass Frauen eher »widerwärtige« (er verwendet den Begriff »obnoxious«, der auch bei Rodger überproportional häufig auftritt) Männer interessant finden als ihn, den »Gentleman«. Auch in der konsequenten Abwertung von »Normies«, die man auch als »NPCs«, also unbedeutende »Nichtspielercharaktere« bezeichnet, über deren Leid man sich regelmäßig amüsiert, manifestiert sich das eigene Hoheitsgefühl. An dieser Stelle möchte ich anmerken, dass Filme wie *Revenge of the Nerds* (1984) oder *Sixteen Candles* (1984), vor allem aber die Serie *The Big Bang Theory* (2007–2019) den Nerd als Protagonisten etabliert haben, dem der prollige »Jock« gegenübergestellt wird. Diese nerdigen Protagonisten legen, gerade in *The Big Bang Theory*, immer wieder sexuell übergriffiges Verhalten an den Tag, das jedoch vom Narrativ entschuldigt und verharmlost wird. Die subtile Botschaft ist: Der Sexismus von Nerds ist irgendwie weniger schlimm, da sie marginalisierte Männer sind. Nerdige Jungen und Männer, die gerade oftmals wegen ihrem Mangel an stereotyper Männlichkeit

Mobbingerfahrungen machen, fühlen sich durch solche Darstellungen in ihrer Identität bestätigt. Serien mit einem hochintelligenten, aber ausgesprochen unsympathischen Hauptcharakter tragen auch ihr Scherflein dazu bei, dass junge Männer, die sich mehr mit einem popkulturellen Produkt identifizieren als es gut tut, die Überzeugung adaptiert haben, dass herablassendes und paternalistisches Verhalten gleichbedeutend mit Intelligenz ist.

Wie bei Elliot Rodger münden der Selbsthass, der Frauenhass und die Selbstwahrnehmung als jemand, der es aufgrund seiner intellektuellen Überlegenheit eigentlich *verdient* hätte, eine fünfzehnjährige Jungfrau, die ihm jeden sexuellen Wunsch von den Augen abliest, an die Seite gestellt zu bekommen, in einer Täter-Opfer-Umkehr, die ihresgleichen sucht.

Incels sind, zumindest wenn man ihnen Glauben schenkt, die größten Opfer unserer Zeit. Selbst Juden während des Holocaust hatten es besser, die hatten immerhin Sex! Unsere lookistische Gesellschaft plant die Massenvernichtung von Incels. Es gibt wahrhaft nichts Schlimmeres, als ein Incel zu sein. Sie haben keinen Sex, keinen Erfolg im Leben und werden dann auch noch von gemeinen Autor*innen als Frauenfeinde, Täter oder potentielle Terroristen dargestellt. Wie unfair!

Auch sollten sich die Opfer von so lächerlich irrelevanten gruppenbezogenen Menschenfeindlichkeiten wie Antisemitismus, Rassismus, Frauenhass, LGBTQ-Feindlichkeit oder Antiziganismus nicht so anstellen. Schwarze werden schließlich gar nicht unterdrückt, Juden beherrschen die Welt, Frauen haben sowieso die größte gesellschaftliche Vormachtstellung, Schwule haben permanent Sex und Roma-Männer ebenfalls. »Die Unterdrückung amerikanischer Männer ist schlimmer als die von Juden 1943 oder Schwarzen 1850« weiß der User »Sadness«, und führt so überzeugende Gründe an wie »Man wird dämonisiert und bekommt erzählt, ein privilegierter Unterdrücker zu sein«.[114] Wahrlich, ein schlimmes Schicksal. Ich fühle mich direkt motiviert, einen Monat für »Incel Awareness« einzuführen, um über das Leid frustrierter Männer zu berichten, keine sexuell unterwürfige Minderjährige als Partnerin an die Seite gestellt zu bekommen.

Der von Incels als Diskriminierungsform betrachtete »Lookismus« beschreibt eine Diskriminierung aufgrund des Aussehens. Die Behauptung, es gäbe eine systematische (!) Unterdrückung aufgrund mangelnder Attraktivität, die historisch mit, sagen wir einmal: der Massenvernichtung der europäischen Jüdinnen und Juden gleichzusetzen ist, verdient keinen Kommentar. Es ist historischer Blödsinn und relativiert tatsächlich reale systematische Gewalt und Menschenfeindlichkeit. »Lookismus« lässt sich meines Erachtens zwar als Teil einer Diskriminierung verstehen, nicht hegemonialen Geschlechteranforderungen zu entsprechen, ist jedoch mitnichten eine spezifische Form der Unterdrückung. Falls irgendwann einmal »mangelnde Attraktivität« dazu führt, dass Menschen das Wahlrecht, das Recht auf intellektuelle und berufliche Entwicklung oder das Recht auf Eigentum genommen wird, dann können wir weiterreden, liebe Incels. Außerdem: es ist etwas gesellschaftlich vollkommen Akzeptiertes, als Mann vor sich hertragen zu dürfen, niemals eine dicke Frau als Partnerin haben zu wollen. Wenn eine Frau sagt, sie würde große Männer präferieren, ist dies jedoch direkt Ausdruck von Unterdrückung!

Wenn man den schwarzgepillten Jungs Glauben schenken will, gibt es keine Bevölkerungsgruppe die so sehr unterdrückt wird wie sie. Dadurch etwa, dass die Medien Incels in deren Selbstwahrnehmung zu negativ darstellen – laut einer Umfrage auf *incels.co* fühlen sie sich in der überwältigenden Mehrheit von 96,2 % unfair repräsentiert. Auch die User des *Incels without hate*-Subreddits fühlen sich zu Unrecht mit Mördern oder Möchtegern-Terroristen in einen Topf geworfen. Eigentlich sind Incels nur arme, gegeißelte Jungfrauen, die zusätzlich zum Liebesentzug auch noch mit einer Dämonisierung durch gemeine Feministinnen oder Profeministen zu kämpfen haben – mir selbst wurde dies auch schon häufiger aus Incel-Kreisen vorgeworfen.

Wenn man Incels glauben mag, so wollen sie gar nichts Böses. Sie zeichnen sich als harmlose Opfer einer grausamen, oberflächlichen Gesellschaft, oberflächlicher Frauen und einer feministischen Meinungsmache, die sich auf Incels als Täter eingeschossen hat. Diese Opferinszenierung äußert sich zum Beispiel darin, dass nach jeden Attentat, das aus Incel- oder *chan*-Board-Kreisen verübt wird, Postings im Stil von »Dieses Attentat soll jetzt Incels in die Schuhe geschoben werden, um uns weiter zu dämonisieren« aus dem Boden schießen wie Pilze nach einem Gewitter. Nach dem antisemitischen Anschlag in Halle, dessen Täter durchaus einige Überschneidungen mit der Incel-Szene aufweist, wurden Gemeinsamkeiten mit dem Täter geleugnet, man inszeniert sich als Opfer einer Verschwörung und bezeichnet den Anschlag als »False Flag«, um nerdige Loser zum Sündenbock zu stilisieren. Auf einem *incels.co*-Thread namens »Important: the goER in Halle, Germany was indeed a false flag«[115] versuchen User zu begründen, dass es sich eigentlich um eine (von Juden gesteuerte, was denn sonst ...) Aktion handelte, um Incels und Imageboards den Garaus zu machen. Ein ähnliches Narrativ herrschte auch auf *4chan* oder *Kohlchan*, was jedoch überall missen ließ, war Empathie mit den beiden Opfern des Anschlags.

Ein recht interessanter Fall in Sachen Opferinszenierung stellt die vermeintliche Attacke gegen das Incel-Subreddit *r/celmates* dar. Das Forum wurde im Juli 2020 mit extrem gewalttätigen Bildern vollgespammt, User behaupteten, es sei ein koordinierter Angriff des Incel-kritischen Subreddits *IncelTear* gewesen. Diese Behauptung entpuppte sich, wenig überraschend, als Lüge. Das koordinierte Posten von »Gore«, also verstörenden Bildern ausgesprochen brutalen Inhalts, ist ein Klassiker der *4chan*-Kriegsführung und wurde bereits an diversen Stellen angewandt, um antifaschistische Subreddits, Foren oder Internetseiten zu kapern und zu trollen. Wenige Monate vor dem Vorfall wurde von Seiten rechtsradikaler *Reddit*-User behauptet, ein*e Moderator*in des linken Subreddits *r/againsthatesubreddit* wäre im Besitz von Kinderpornographie (dass politische Gegner*innen pädosexuell seien, ist auch eines der Haupt-Versatzstücke der rechtsradikalen QAnon-Verschwörungsideologie), was jedoch glücklicherweise recht schnell als gezielter Angriff von rechts aufgedeckt wurde. Und schließlich begann ein User mit dem illustren Namen »Dogfucker82« großspurig hinauszuposaunen, dass man das Forum doch selbst mit dem entsprechenden Material geflutet habe. Das Ziel der Aktion ist offensichtlich: sich als Opfer eines enthemmten antisexistischen Mobs inszenieren zu können, der vor nichts zurückschreckt.[116] Zu dumm nur, dass man dabei so offensichtlich vorgegangen ist. Ein weiteres Beispiel für die Incel-Opferinszenierung ist die Reaktion der Community auf die Androhung eines Schusswaffenattentates in Kinos bei der Aufführung des 2019 veröffentlichten Dramas *Joker*. Der Film, der den gleichnamigen Batman-Antagonisten als verzweifelten Außenseiter darstellt, der von einer grausamen Gesellschaft quasi in die Arme von Verbrechen und Wahnsinn getrieben wird, wurde von zahlreichen Kritiker*innen als Film erkannt, der das Handeln weißer, männlicher Attentäter narrativ entschuldigt. Mehrere Texte fragten: »Ist der Joker ein Incel?«, und kaum ein Film war innerhalb der Szene je so heiß erwartet worden. Kurz vor dem Release ging in mehreren Kinos eine Ankündigung ein, dass man während des Films um sich schießen würde. Die grundlegende Sorge von Incels war weniger die um potentielle Tote, als die, Opfer eines Komplotts zu sein, das in einem »Incelocaust« (sic!) enden würde: »Mit dem von Medien und militanten N**** [ich bin mir bei der Übersetzung nicht sicher, das Original lautet: »milint spooks«, das erste könnte ein Rechtschreibfehler sein, das zweite ist ein derogativer Begriff für Schwarze] durchgesetzten Narrativ von ›Incels schießen in Kinos um sich‹ wissen wir, dass es möglich ist. Roosh [Valizadeh, ein bekannter Männerrechtler und ehemaliger Pick-up-Artist] hat schon vorausgesagt, dass False-Flag-Aktionen Incels in die Schuhe geschoben werden. Und mit der Wahl nächstes Jahr ist es so, dass das Establishment versucht, so viel Chaos und Zerstörung zu säen, wie nur möglich. Und wen nutzen, wenn nicht das Lieblingsopfer von allen: den Incel.«[117]

Letztendlich stellte sich auch diese Androhung als so unwahr heraus wie die von Incels, man würde sie politisch verfolgen. Das amerikanische Feindbild Nummer eins sind nämlich nach wie vor der Kommunismus und die schwarze Befreiungsbewegung, auch wenn Incels noch so sehr hoffen, endlich zum Angst und Schrecken der Gesellschaft zu werden.

Dass nach dem Mord an einer Sexarbeiterin durch einen Incel im Februar 2020 Kanada im Mai desselben Jahres die notwendige und begrüßenswerte Maßnahme ergriff, Incel-Angriffe als Form von Terrorismus zu werten[118], wird ebenfalls als politische Verschwörung gewertet – von wem diese ausgeht, ist auch klar: jüdischen Eliten, die es auf Incels abgesehen haben.[119]

Der Journalist David Futrelle, der sich auf seinem sehr lesenswerten Blog *We Hunted the Mammoth* intensiv mit der Manosphere auseinandersetzt, analysiert einen inzwischen gelöschten Post über den vermeintlichen Incel-Genozid etwas genauer.[120] Eine eklatante Rolle spiele laut dem Verfasser der Verschwörungsideologie, einem User namens »Metabuxx«, zum einen die Weigerung der Regierung, Incels ästhetisch-chirurgische Eingriffe zu finanzieren, und zum anderen – was denn sonst – das verdammte Recht auf sexuelle Selbstbestimmung. Mit nichts anderem nahm das Leid von Incels schließlich seinen Anfang. Regierungen hätten Frauen ganz bewusst das Recht gegeben, selbst zu entscheiden, mit wem sie sexuell verkehren, in dem vollen Bewusstsein, dass eine Frau niemals mit einem anderen Mann als einem Chad oder Tyrone schlafen wird. »Regierungen wollen, dass die neue Generation Männer ausschließlich aus Nachfahren von Chads und Tyrones besteht, und da nur 5 % der Männer sich mit 100 % der Foids paaren, wird die Bevölkerung sich zwangsweise verringern«, zitiert Futrelle aus dem Post. Dass die Regierung sich weigert, Looksmaxxing zu finanzieren, liege darin begründet, dass genetisch eigentlich unattraktive Männer so vorgaukeln könnten, Chads zu sein. »Und wenn Foids sich fälschlicherweise mit uns paaren, werden unsere Untermenschen-Gene nicht aus dem Genpool gestrichen, was nicht das ist, was die Regierung will«, so die zweifellos unfehlbare Analyse von Metabuxx. Und falls doch ein paar Incels es schaffen, sich unters Messer zu legen, hat die Regierung (was er damit genau meint, bleibt offen) einen Backup-Plan: Impfungen. »Unsere Gene sind nicht stark genug, dem Nebeneffekt, dass man von Impfungen Autismus bekommt, zu widerstehen, aber Chads mächtige Gene können dem einfach widerstehen. Impfungen wurden konkret entwickelt, um Beta-Männern zu schaden, nicht Foids und Chads. Deswegen finanziert die Regierung Impfprogramme, so dass wir autistisch werden und Foids so einfach erkennen können, dass wir Untermenschen sind, auf dass sie sich nicht mit uns paaren.« Incels beschweren sich zwar regelmäßig darüber, man würde sie nicht ernst nehmen, aber seien wir ehrlich: bei diesem Mischmasch aus Impfgegner-Verschwörungen, Behindertenfeindlichkeit, Antifeminismus, strukturellem Antisemitismus und der Behauptung, es gäbe konkrete Pläne zur Auslöschung von Incels, fällt das auch wirklich schwer.

Diese Täter-Opfer-Umkehr ist Teil dessen, was die Kritische Theorie ausgehend von der Freud'schen Psychoanalyse als »Pathische Projektion« bezeichnet. Die pathische Projektion wird von den Sozialphilosophen Max Horkheimer und Theodor W. Adorno beschrieben als eine Reaktion auf »Regungen, die vom Subjekt als dessen eigene nicht durchgelassen werden und ihm doch eigen sind« und somit »dem Objekt zugeschrieben [werden]: dem prospektiven Opfer«.[121] Im Laufe der Entstehung dieser pathischen Projektion werden die inneren Antagonismen ausgelagert und auf einen äußeren Feind projiziert: Jüdinnen und Juden sowie Frauen, die als Agentinnen der jüdischen Herrschaft agieren. Die Freud'sche Psychoanalyse begreift die pathische Projektion als Verlagerung der unterdrückten Regungen des Es auf Objekte der Umwelt, um das Ich scheinbar davon lösen zu können. Kurz; man attestiert Frauen und Juden den Wunsch nach der Vernichtung von Incels, um die eigenen Vernichtungswünsche leugnen und auf das Andere projizieren zu können, das anschließend umso vehementer verfolgt wird. Man betrachtet sich selbst als Opfer einer imaginierten Herrschaft, um die eigene Täterschaft von sich weisen und sich selbst als aufrechten Rebell gegen diese erfundene Unterdrückung inszenieren zu können.

Dieses Gefühl von Bedrohung und Verfolgung findet nicht nur auf abstrakt-politischer Ebene statt, sondern bestimmt Alltag und Identität von Incels. Sie fühlen sich von Frauen und deren Sexualität verfolgt und beherrscht; man kann guten Gewissens davon sprechen, dass sie sich als Opfer einer Verschwörung *aller Frauen* gegen Incels wähnen. Das komplette weibliche Geschlecht hat es, ausnahmslos, auf den Incel abgesehen. Dass wir uns weigern, mit einem dahergelaufenen Frauenhasser zu schlafen, wird als bewusster Akt aufgefasst, mit der Intention, den Incel narzisstisch zu kränken. Wir Frauen kokettieren mit unseren Reizen, um Incels aufzuzeigen, was sie verpassen, wir geben ihnen Komplimente, um sie zu verhöhnen, wir tauschen mit unseren Partner*innen in der Öffentlichkeit Zärtlichkeiten aus, um Incels unter die Nase zu reiben, dass sie keinen Sex haben. Beiträge wie die folgenden sind nur einige Beispiele:

»Meine wertlose Nachbarinnen-Fotze hat schon wieder Sex und stöhnt wie die verdammte Hure, die sie ist. [...] Stöhnen muss kriminalisiert werden. Es stört den Seelenfrieden der zivilisierten Männer dieser Welt.«[122]

»Das Weibchen nebenan möchte mich komplett zerstören. Es hört nicht auf. Sie ist nun draußen im Garten und ich kann sie vom Dachboden aus sehen. Sie liegt gerade in der Sonne und zeigt ihren Körper. Wieso tut sie das? Es muss aufhören.«[123]

»Es sollte illegal sein, in der Öffentlichkeit Liebe zu machen [der verwendete Begriff ist »to make love«, was eigentlich »Sex haben« bedeutet]. Es trifft Incels und führt oft dazu, dass sie ER gehen, weil sie nicht damit umgehen können, dass andere glücklich sind, während sie selbst im vollkommenen Elend leben. Scheiß auf Menschen, die Sex haben und in der Öffentlichkeit küssen, Händchen halten, Liebe machen.« Der User Penismaster678 (sic!) ergänzt: »Die machen das mit Absicht, auf keinen Fall machen die einfach so draußen rum. Die kokettieren vor unschuldigen, leidenden Incels.«[124]

Jemand anderes schreibt: »Ich schwöre, ich kann das nicht erfinden, ich rannte vor ein paar Tagen in meiner Nachbarschaft herum und dieser dumme Foid, der weiß, was für ein Incel ich bin, geht mit ihrem Cuck-Freund raus und sie tauschen öffentlich Zärtlichkeiten aus, während ich an ihnen vorbeigehe. Dieser Foid glaubt auch, ich würde sie mögen, nur weil ich einmal schrecklich gestottert habe, als ich mit ihr geredet habe (das war vor Jahren, JFL [*just fucking laugh,* also: das ist ja zum Lachen]), und sie dachte, sie ärgert mich, indem sie mit ihrem Freund kuschelt, während ich vorbeilaufe. [...] Während ich laufen war, versuchte ich, [den Vorfall] herunterzuspielen, aber alsbald realisierte ich, dass sie das taten, um mich kränken, weil ich ein unattraktiver Mann bin. Es ist wahr, Jungs, diese verdammten Roasties und ihre Cuck-Sklaven wollen uns aus dem Genpool entfernen, sie versuchen uns aktiv psychologisch zu schädigen, auf dass wir uns töten oder die Gesellschaft verlassen.«[125] Anderen wird nicht nur das geneidet, was man selbst gerne hätte, also sexuelle und romantische Zuneigung, nein: man stilisiert sich als Opfer von bösartigen Menschen, die einen aktiv dafür *bestrafen wollen,* dass man keinen Sex hat. Dass die Verfasser solcher Postings einem glücklichen Paar, das vermutlich nur Augen füreinander hat, schlicht und ergreifend egal sind, ist für den ichbezogenen wie paranoiden Incel nicht denkbar. Gerade in diesem Verschwörungsgedanken fallen Frauenhass, pathische Projektion und narzisstisches Denken zusammen: die ganze Welt dreht sich um ihn, den Incel, der Opfer einer sexbesessenen Gesellschaft ist, deren Mitglieder ihm jeden Moment seiner Existenz vor Augen halten, dass er ein Außenseiter ist. Es sind nicht einfach nur Menschen, die es genießen, ihre*n Partner*in zu küssen, Sex zu haben oder in der Sonne zu liegen, sondern die Agent*innen eines großen Komplotts, dessen Opfer der arme Incel ist. Man ist alleine in einer feindlich gesinnten Welt, selbst die eigene Incel-Community bietet allerhöchstens das gemeinsame Suhlen im Elend. Der Ausweg kann sich nur total gestalten: durch einen Racheakt, den man vor sich selbst als »Wiedergutmachung« legitimiert, oder durch Suizid. Sich eine Waffe zu schnappen und gegen diese bösartigen Menschen mit einem Sexleben vorzugehen, scheint also ein legitimer Akt des Widerstandes gegen eine Welt, die Incels aktiv unterdrückt: man ist weniger ein Terrorist als ein Rebell und Widerstandskämpfer.

Frauenhass: Die gesellschaftliche Normalität

In *Malina* von Ingeborg Bachmann gibt es eine Zeile, die sich mir eingebrannt hat und die heute vermutlich einen Sturm der maskulinistischen Empörung auslösen würde: »Alle Männer sind krank. Alle.«

Was Bachmann 1971 in literarischer Form artikulierte, sollte einige Jahre später vom Literaturwissenschaftler und Geschlechterforscher Klaus Theweleit in seiner monumentalen Doktorarbeit *Männerphantasien* wieder aufgenommen und letztendlich in der Arbeit des Sozialpsychologen Rolf Pohl zur Vollendung geführt werden: Männlichkeit ist ein pathologisches Problem. Und weiter noch: diese Pathologie, die vom Löwenanteil der heterosexuellen cisgeschlechtlichen Männer geteilt wird, ist gesellschaftlich fest verankert und normalisiert! Ob es nun der durchschnittliche Familienvater ist oder der Incel: die Konstitution von Männlichkeit innerhalb patriarchaler Verhältnisse basiert auf einer so irrationalen wie gewalttätigen Ablehnung des Weiblichen.

Und bevor der geneigte Leser jetzt empört das Buch zur Seite legt und sich denkt: Jetzt habe ich mich durch über hundert Seiten Beschreibungen dieser Schweine gequält, um dann gesagt zu bekommen, dass ich mit diesen Frauenmördern Gemeinsamkeiten habe? Wie kann diese Kracher nur?!, hier mein eindringlicher Appell: Nehmen Sie es hin, dass Ihre Psychosozialisation innerhalb dieser Verhältnisse total verkorkst (worden) ist. Es ist verdammt schwer, sich trotz der permanenten Vermittlung, eigentlich der Gipfel der Vernunft zu sein, aus dessen Perspektive heraus die Welt über Jahrtausende hinweg interpretiert worden ist, der Erkenntnis zu stellen, dass man im Bezug auf Frauen ein sexualneurotisches, paranoides, ängstliches und im Resultat sexistisches Wrack ist, das sich permanent von Frauen bedroht fühlt und sie deshalb patriarchaler Herrschaft unterwerfen muss. Bei Incels wird das alles nur auf die wahnhafte Spitze getrieben.

Wir beginnen mit dem letzten Teil dieses Buches, der die Incel-Community sozialpsychologisch einordnet. Auch wenn Incels gerne als irgendwelche verrückten Typen aus dem Internet eingestuft werden, muss eines klar sein: sie sind keine »Einzeltäter« oder »Verrückte«, sondern von dem normalen Durchschnittsmann gar nicht so weit entfernt. Sie sind als Spitze einer Gesellschaft zu begreifen, in der die Abwertung, Erniedrigung, Ausbeutung und Zerstörung von Frauen Teil des Systems ist. Der Wahn ist die Normalität und muss permanent, jeden einzelnen Tag und in jeder einzelnen Handlung, legitimiert werden, auf dass niemand, vor allem keine Frauen, entdecken, wie kaputt eigentlich alles ist.

Wenn man das herrschende Geschlechterverhältnis auch nur oberflächlich betrachtet, und vor allem die teilweise militanten Abwehrreaktionen gegen feministische Errungenschaften der letzten Jahre – vom Wahlrecht über das Recht auf Schwangerschaftsabbrüche bis hin zu den Diskussionen über #MeToo oder die schwedische Gesetzgebung, dass Geschlechtsverkehr ohne den ausdrücklichen Konsens der beteiligten Parteien als Vergewaltigung zu werten ist –, so fällt eine Sache auf: jeder Schritt zur Befreiung der Frau von patriarchaler Unterdrückung ist Resultat langer und harter Kämpfe, die immer noch nicht endgültig ausgefochten sind. Würde ich eine ausführliche Analyse der Entstehung des heutigen Geschlechterverhältnisses leisten, wäre dieses Buch mindestens 300 Seiten dicker, aber ich versuche es zumindest mit einem kleinen Abriss.

Von klein auf wird Männern suggeriert, ihnen stünde eine Partnerin zu, oder zumindest ein weiblicher Körper, über den sie verfügen können. Beispielsweise durch die Kulturindustrie, die über Produktionen wie *Passengers* (2016), *Love, Actually* (2003), *Friends* (1994–2004) oder *The Big Bang Theory* (2007–2019) Geschichten von Männern erzählt, die irgendwann ihre anfangs abgeneigte Traumfrau für sich gewinnen, indem sie einfach nicht lockerlassen und ein »Nein« nicht akzeptieren. »Du *bist* der Richtige für sie«, so das Narrativ, »sie weiß es nur noch nicht. Du musst sie einfach nur möglichst hartnäckig davon überzeugen, dann kriegst du sie auch rum!« Der Gedanke, dass man den Wunsch einer Frau, in Ruhe gelassen zu werden, akzeptieren könnte, gilt als Kapitulation. So wird der eigene Anspruch nach einer Partnerin über den Wunsch des auserkorenen Liebesobjektes gestellt, vielleicht gar kein Liebesobjekt sein zu wollen. Stellenweise rechtfertigen diese Filme, Serien, Bücher oder Popsongs sogar Verhalten wie Stalking. Nicht selten wird ebenjenes Verhalten sogar romantisiert.[126] Wir wachsen mit diesen Geschichten auf, die aus androzentrischer, also männlicher Perspektive erzählt werden und in denen Frauen nur als Objekt vorkommen. Sie leiten letztendlich dazu an, uns mit dieser Perspektive zu identifizieren[127], sie formen unser Bewusstsein.

In auf den heterosexuell-männlichen Blick ausgelegter Mainstream-Pornographie werden Frauen als Objekte dargestellt, deren einzige Funktion es ist, für die Befriedigung männlicher Bedürfnisse sämtliche Körperöffnungen zur Verfügung zu stellen, eigene Wünsche werden nicht dargestellt.

Eine zusätzliche Schweinerei: Intellektuelle und kulturschaffende Frauen wurden systematisch aus dem wissenschaftlichen oder kulturellen Kanon gestrichen, auf dass andere Frauen nicht auf die frevelhafte Idee kommen, sich ebenfalls bilden zu wollen! Generell wurde Frauen der Besuch von Universitäten bis Anfang des 20. Jahrhunderts untersagt. Kein Wunder, dass man kaum Wissenschaftlerinnen oder Künstlerinnen kennt.[128]

Auf politischer Ebene wurden feministische Kämpfe lange Zeit konsequent unterdrückt: das Wahlrecht musste in militanten Kämpfen erstritten werden, bis in die siebziger Jahre war es Frauen in Deutschland verboten, über eigene Konten zu verfügen oder ohne die Erlaubnis ihres Partners zu arbeiten. Abtreibung ist nach wie vor nicht legal, sondern lediglich straffrei, und aufgrund des aus der Nazizeit stammenden Paragraphen 219a ist es Gynäkolog*innen noch immer nicht gestattet, darüber zu informieren, dass sie Aborte durchführen – Frauen (wie auch trans Männer und nichtbinäre Menschen mit Uterus) sollen also nach wie vor ihrer gesellschaftlich designierten Rolle als Gebärmaschine für das deutsche Volk nachkommen. Vergewaltigung in der Ehe war bis 1994 noch legal.

In der Prostitution dürfen Zuhälter Geld durch die sexuelle Ausbeutung von oftmals prekarisierten Frauen verdienen, und Freier dürfen legal auf deren Körper zugreifen, was häufig mit sexueller Gewalt und Demütigung der Prostituierten einhergeht, wie die Berichte von Prostituierten und Aussteigerinnen darlegen.[129] So wird das vermeintliche Recht auf die Verfügbarkeit über Frauenkörper zu einer selbstverständlichen Normalität.

Sexuelle Gewalt zählt weltweit zum Alltag vieler Frauen, Übergriffe werden normalisiert, noch immer ist es schwer, eine Gewalterfahrung zu melden: man wird mit Zweifeln und Victim Blaming konfrontiert, und auch Polizisten selbst zeichnen sich nicht selten durch Täterverhalten aus.[130] Nur ein Bruchteil angezeigter Vergewaltigungen endet mit einer Verurteilung des Täters, von der Dunkelziffer nicht angezeigter Taten ganz zu schweigen. Der Kriminologe Christian Pfeiffer, der zur Verurteilung sexueller Gewalttaten forscht, konstatiert: »Von hundert Frauen, die vergewaltigt werden, erlebt nur etwa eine einzige eine Verurteilung. Das liegt daran, dass 85 Prozent der Frauen keine Anzeige machen, und dann gibt es folglich auch keine Verurteilungen. Und von den 15 Prozent die übrig bleiben, werden letztendlich nur 7,5 Prozent der Täter verurteilt. Das ist indiskutabel.«[131] Die meisten Täter kommen aus dem Nahumfeld der Betroffenen: Partner, Freunde, Verwandte, Bekannte. Ganz normale Männer, die sich ihr Recht auf den weiblichen Körper nehmen, ungeachtet dessen, ob es eine Frau will. Frauen, die sexuelle Gewalt offen thematisieren, werden angezweifelt und kritisiert, den Tätern hingegen bringt man Verständnis entgegen. Es scheint, als sei es ein größeres Verbrechen, über Vergewaltigungen und Vergewaltiger zu sprechen, als besagte Straftat zu begehen. Der Mann konnte nicht an sich halten, das kann doch mal passieren, man soll ihm doch verzeihen. Täter werden mit Sprüchen wie »Boys will be boys« entschuldigt, anstatt dass man die Kumpels, Söhne, Schüler, Studenten zur Verantwortung zieht. Ein Paradebeispiel dafür stellt wohl der Stanford-Student Brock Turner dar, der eine bewusstlose Frau vergewaltigte. Im Prozess sprach sein Vater davon, dass man doch das Leben eines so vielversprechenden jungen Mannes für »zwanzig Minuten Action« nicht ruinieren sollte. Das bisschen Frauen-Vergewaltigen sollte mal drin sein und ist auch keine so große Sache, da das Leben von Frauen so viel weniger wichtig ist als die sexuellen Bedürfnisse von Männern. Brock Turner wurde nach lediglich drei Monaten Haft entlassen.

Mädchen werden auch schon von klein auf erotisiert, der Wunsch nach einer 15 Jahre alten Jungfrau, den Incels postulieren, ist nicht allzu weit entfernt von den Hunderttausenden Porno-Videos der Kategorie »Teen«, in denen möglichst jung wirkende Mädchen gefickt werden, stellenweise handelt es sich sogar um Minderjährige. Die Begeisterung für eine wesentlich jüngere Partnerin, die viele ältere Männer teilen – man werfe nur mal einen Blick auf die Alterspräferenzen von Mittdreißigern auf Dating-Plattformen – ist Ausdruck des Wunsches nach der Machtdiskrepanz: jüngere Frauen lassen sich noch zur perfekten Partnerin für den Mann formen. Ich selbst wurde, sobald ich 14 Jahre alt war, regelmäßig von volljährigen Männern angesprochen, in dem Wissen, dass eine Teenagerin noch nicht jene Grenzen ziehen kann wie ein Erwachsener. Und widerliche Sprüche wie »Wenn Gras auf dem Feld wächst, kann es auch bespielt werden« als Anspielung auf »Wenn Schamhaare wachsen, ist das Mädchen geschlechtsreif« ist Teil des normal-ekligen »Locker Room Talk« und nicht erst eine Erfindung von Incels.

Zudem sind es Männer, die im Besitz der Produktionsmittel sind und diese lieber an ihre Geschlechtsgenossen, statt an das ihnen so fremde Weib weitergeben. Der Kapitalismus ist historisch als patriarchales System aus dem ebenfalls patriarchalen Feudalismus gewachsen, und Männer haben Frauen für einen Hungerlohn ausgebeutet oder ihnen den Zugang zur Lohnarbeit verwehrt. Die Gesellschaft ist, wie es der marxistische Feminismus ausführt, in die männlich konnotierte Produktionssphäre – also das Erwerbsleben – und die weiblich konnotierte Reproduktionssphäre – also Hausarbeit, Kindererziehung etc. – aufgeteilt. Auch wenn Frauen inzwischen in der Produktionssphäre gestattet sind, werden sie nach wie vor zusätzlich auf die Reproduktionssphäre verwiesen, und verrichten die unbezahlte Hausarbeit, für die der Göttergatte sich zu fein ist. Gleichermaßen werden Frauen im Beruflichen klein gehalten – durch männerbündische Klüngelei, sexuelle Belästigung am Arbeitsplatz, schlechtere Bezahlung als männliche Kollegen und die Unmöglichkeit, Kinder und Beruf zu verbinden.

Zuhause bleibt nämlich in der Regel auch die Frau, die nicht nur als potentielle Produzentin von Mehrwert, sondern auch als Hausfrau ausgebeutet wird. Frauen verrichten nach wie vor den Löwinnenanteil an unbezahlter und dementsprechend wenig respektierter Hausarbeit. Auch weiblich konnotierte Arbeiten wie Erziehung oder Pflege werden schlechter bezahlt und sind gesellschaftlich weniger respektiert als männlich konnotierte Tätigkeiten.

Und ja, es gibt durchaus wohlhabende berufstätige Frauen; die lassen sich dann aber die Bude von in der Regel migrantischen Putzfrauen reinigen. Kapitalismus, Patriarchat und Rassismus hängen zusammen.

Auch in Erste-Welt-Ländern wie in Europa oder den USA werden Frauen nach wie vor schlechter bezahlt als Männer (in Deutschland sind es im Durchschnitt 20 Prozent weniger, in den USA ebenfalls). Zusätzlich spielt das intersektionale Ineinander von Geschlecht und Herkunft eine große Rolle. In den USA sind schwarze und lateinamerikanische Frauen noch stärker vom Pay Gap betroffen[132], in 12 Bundesstaaten verdienen lateinamerikanische Frauen gerade einmal die Hälfte (!) des Einkommens ihrer weißen Kollegen.[133] Auch in Deutschland, wie auch anderen mehrheitlich weißen Ländern, verhält es sich nicht anders. Der Dachverband der Migrantinnenorganisationen kritisiert: »Die Lohnlücke zwischen herkunftsdeutschen Männern* und Migranten* liegt bei 11, und herkunftsdeutschen Frauen* und Migrantinnen* bei 20 Prozent.«[134] Zusätzlich zu einer sexistischen Diskriminierung erfahren Migrant*innen eine rassistische; beispielsweise werden Menschen mit nicht deutsch klingenden Namen seltener zu Vorstellungsgesprächen eingeladen.

Seit Jahrhunderten wird die schlechtere gesellschaftliche Stellung von Frauen durch sexistische Stereotypen naturalisiert: Frauen seien nicht in der Lage, sich im harten grausamen Alltag durchzusetzen, deshalb sollten sie Männern den Vortritt in der öffentliche Sphäre lassen.

Diese Unterdrückung findet auf politischer, kultureller, gesellschaftlicher, beruflicher und zwischenmenschlicher Ebene statt. Es ist weniger als bewusste Verschwörung aller Männer gegen alle Nicht-Männer zu begreifen, sondern vielmehr als ein System, in dem die Herrschenden – also: Männer – alles Erdenkliche tun, um ihre Machtposition zu legitimieren und zu schützen. Man ist die Macht gewohnt und der festen Überzeugung, dass sie einem zusteht. Wenn andere etwas vom Kuchen abhaben wollen, bleibt für einen selbst weniger übrig, also muss die patriarchale Herrschaft verteidigt werden.

Kurz: die Ausbeutung von Frauen ist systematisch, und wenn es nach den patriarchalen Verhältnissen und ihren Exekutoren ginge, soll das auch so bleiben. Sobald Frauen anfangen, sich gegen diese ganze sexistische Scheiße zur Wehr zu setzen, erfahren sie die geballte Härte misogyner Gewalt.

Laut der Philosophin und Geschlechterforscherin Kate Manne hat die patriarchale Gesellschaft – und somit Männer, die diese Gesellschaft reproduzieren – zwei Vorstellungen von dem, wie Frauen zu sein haben:[135]

1. Frauen haben in der ihnen zugeschriebenen Sphäre zu verbleiben. Sie sollen nicht in männlich dominierte Räume eindringen oder männlich konnotierte Tätigkeiten ausüben, sei es für den Präsidentschaftswahlkampf zu kandidieren (man denke an die systematischen und frauenfeindlichen Angriffe gegen Hillary Clinton) oder den Sexismus in Videospielen zu kritisieren (wie in der brutalen Gamergate-Kampagne, siehe unten). Am besten sollten Frauen überhaupt nicht dort auftreten, wo sie männliche Hegemoniepositionen alleine durch ihre Existenz in Frage stellen.

2. Frauen haben Männern Fürsorge, Gefühle, Zeit, Anerkennung, Pflege, Reproduktionsarbeit, Zuwendung, Freundlichkeit, Zärtlichkeit, Liebe und Sex zur Verfügung zu stellen.

Werden Frauen diesen Anforderungen nicht gerecht, legitimiert das in den Augen der Männer Misogynie. Laut Manne fungiert Misogynie als Straf- wie auch als Kontrollmechanismus. Misogyne Männer können sich die Welt nämlich nur auf eine Weise vorstellen: als eine von Männern beherrschte.

Frauen, die den patriarchalen Forderungen von Frausein – also sexistischen Zuschreibungen – widersprechen, sollen durch misogyne Attacken wieder auf ihren Platz verwiesen werden. Man will ihnen klar machen, dass sie in der Sphäre, in der sie sich behaupten wollen, nichts verloren haben, da es sich um eine männlich dominierte Welt handelt. Historisch betrachtet ist jede öffentliche Sphäre eine männlich dominierte und Frauen, die angestrebt haben, diese zu betreten, sahen sich tragischerweise immer Gewalt und Anfeindungen ausgesetzt. Dies liegt daran, dass Frauen es einerseits wagen, ihren gesellschaftlich verordneten Platz in der Reproduktionssphäre aufzugeben um etwas anderes zu tun, also: Männern potentiell das Wasser abgraben, indem sie zeigen, dass auch Frauen einem Beruf nachgehen, studieren oder politisch tätig sein können. Zum anderen stellen sie so eine Störung des homophilen Männerbundes dar, in dem man unter sich sein und »Locker Room Talk« betreiben kann. Dieser Männerbund, der etwa in Form der Armee, der Studentenverbindung, der Chefetage oder auch der Kumpels-Clique auftaucht, ist homosozial und damit immer latent homoerotisch. Gleichzeitig, da alles weibisch dünkende abgelehnt wird, aber auch immer paranoid homofeindlich. Permanent muss man sich und den anderen Männern die eigene patriarchale Dominanz beweisen, um ja nicht in den Ruch zu kommen, dem Weib irgendwie ähnlich zu sein, da das als Eigenschaft von Homosexualität gelesen wird. Dies artikuliert sich in binnenmännlichem Sadismus, wie auch Sexismus und Chauvinismus. Männer fühlen sich durch die Anwesenheit einer Frau in ihrem Mannsein eingeschränkt. Ihre Anwesenheit fordert das ungeschriebene (respektive stellenweise durchaus ausgeschriebene, zahlreiche Studentenverbindungen lassen beispielsweise explizit nur männliche Mitglieder zu) Gesetz rein männlicher Communities heraus. Das wohl drastischste Beispiel der letzten Jahre war die sogenannte Gamergate-Kampagne, die sich gegen Frauen aus der Videospielszene richtete. Gamergate begann als misogyne Attacke gegen Zoë Quinn, Entwickler*in des Spiels *Depression Quest*. Quinns Ex-Partner veröffentlichte einen Blogpost, in dem er nicht nur intime Details aus der Beziehung veröffentlichte, sondern auch fälschlicherweise behauptete, Quinns aktueller Freund hätte in dem ohnehin als allzu links verschrienen Videospielmagazin *Kotaku* eine positive Kritik zu *Depression Quest* veröffentlicht. Dieser Angriff auf die »Ethik im Videospieljournalismus« wurde als vorgeschobener Grund verwendet, Quinn massiv zu bedrohen. Auch die Videospielentwicklerin Brianna Wu und die Kulturwissenschaftlerin Anita Sarkeesian waren von der Gamergate-Kampagne betroffen, die einen der brutalsten frauenfeindlichen Shitstorms unserer Zeit darstellt. Quinn hatte sich auf *Twitter* kritisch zu den Gamergate-Angriffen geäußert und die Gamergate-Kommentare auf der Seite *8chan* analysiert, Sarkeesian veröffentlichte eine Reihe *YouTube*-Videos, in denen sie sich kritisch zu Sexismus in Videospielen äußerte. Dafür, dass Frauen in die männlich dominierte Gaming-Community eindrangen und es wagten, Videospiele zu kritisieren, mussten sie bestraft werden: durch Vergewaltigungs- und Morddrohungen, das Veröffentlichen von Adressen, das Verfassen von Schriften, in denen man sich die Vergewaltigung der Hassobjekte ausmalte, durch das Entwickeln eines Spiels, in dem man Sarkeesian verprügeln konnte, durch konsequent schlechtes Bewerten der Veröffentlichung der Frauen ... Quinn, Wu und Sarkeesian wurden zum Feindbild Nummer eins gekränkter Gamer, die es nicht ertragen konnten, dass Frauen sich zu einem Thema äußerten, zu dem sie die Schnauze zu halten hatten. Sie wurden als Vertreterinnen eines kulturmarxistischen Angriffs stilisiert, die den bis dato ach so unpolitischen Spielen eine feministische Agenda aufdrücken sollten. Zu den Vorkämpfern von Gamergate zählten übrigens Männer wie Milo Yiannopoulos oder Stefan Molyneux, die einige Jahre später zu Führungsfiguren der Alt-Right werden sollten. Richard Spencer und Steve Bannon gaben ebenfalls offen zu, von den Gamergate-Strategien zu ihrem neurechten Krieg gegen politische Gegner*innen inspiriert worden zu sein; Gamergate kann in seinem Antifeminismus, Antikommunismus und der Opferinszenierung weinerlicher Männer als Ursprung der Alt-Right begriffen werden.

Dieses Bestrafen von Frauen und weiblich gelesenen Menschen, die sich den patriarchalen Vorstellungen von Frausein verweigern – durch das Schaffen von eigenen Inhalten, durch feministische Äußerungen, durch Kritik an Sexismus –, sollte als Warnung verstanden werden: Ein Weib, das es wagt, unsere Community zu belästigen, soll sich lieber warm anziehen. So sollen Frauen von Anfang an entmutigt werden, diesen Schritt überhaupt zu gehen. Diese misogynen Attacken beginnen schon auf wesentlich niedrigerem Level, jede Frau, die sich öffentlich feministisch äußert, kann ein Lied davon singen. Die Botschaft ist klar: eine gute Frau hat keine Feministin zu sein, und wenn sie Feministin ist, muss ihr vor Augen gehalten werden, dass das falsch ist.

Der zweite Punkt, den Manne als patriarchale Erwartung an Frauen nennt, ist die – in der gesellschaftlichen Verortung von Frauen als Hausfrau, Mutter und Quell von Fürsorge begründete – Anspruchshaltung, Frauen hätten Männern etwas zur Verfügung zu stellen. Diese Vorstellung, man hätte das Recht auf etwas, impliziert: »Jemand schuldet ihm [dem Mann] etwas. Wenn ein Mann also tatsächlich diese unberechtigte Anspruchshaltung gegenüber Frauen hat, neigt er dazu, von Frauen falsche oder unberechtigte

Pflichten einzufordern.«[136] Pflichten, von denen Frauen im Falle der Incel-Vorstellung, Frauen würden ihnen den Sex *schulden,* überhaupt nichts wissen!

Von Frauen wird erwartet, unentbehrliche Güter bereitzustellen: »Neben Zuneigung, Bewunderung, Nachsicht und so weiter gehören zu solchen weiblich kodierten Gütern und Dienstleistungen schlichter Respekt, Liebe, Akzeptanz, Hege und Pflege, Geborgenheit, Sicherheit und Zuflucht. Dann gibt es noch Güte, Mitgefühl, moralische Zuwendung, Fürsorge, Anteilnahme und Trost«[137], außerdem reproduktive Tätigkeiten. Diese Arbeit wird von Frauen sowohl im Beruf in Form von »Emotional Labour« verrichtet als auch im Privaten erwartet. Dies liegt auch daran, dass Männer durch ihre Sozialisierung Emotionalität abspalten müssen und sich selbst nicht in der Lage sehen, weiblich konnotierte Eigenschaften wie Mitgefühl oder emotionale Geborgenheit zu liefern: mit den Kumpels trinkt man sich den Frust weg, nachdem man Stress mit der Partnerin hatte, das offene Ohr verlangt man dann aber doch von weiblichen Bezugspersonen.

Dass Frauen diese Arbeit leisten, wird durch gesellschaftliche Sanktionen bei Nichterfüllung garantiert, so Manne weiter.

Während Frauen Männern Zeit, Arbeit und emotionale Kapazitäten zu geben haben, sollen sie jedoch bloß nichts einfordern, was Männer in ihrem eigenen Besitz wähnen. »Dazu gehören gesellschaftliche Führungspositionen, Autorität, Einfluss, Geld und andere Machtformen sowie gesellschaftlicher Status, Prestige, Rang und deren Marker. Dann gibt es noch weniger greifbare Facetten des gesellschaftlichen ›Ansehens‹, Stolz, Ruf, Stellung und das Fehlen relevanter Elemente – etwa die Freiheit von Schande und öffentlicher Demütigung, die mehr oder weniger universell angestrebt wird, aber auf die nur wenige Anspruch zu haben glauben.«[138]

In einer patriarchalen Ordnung haben Männer also ein Anrecht auf Güter, weil sie Männer sind, Frauen haben ihnen diese Güter zu geben und dürfen sie nicht selbst einfordern. Anerkennung, egal ob akademisch, beruflich, sexuell oder kulturell, steht nur in der Theorie jedem Menschen unabhängig von Geschlecht oder Herkunft zu, designiert ist sie nach wie vor für (weiße) Männer. Dass Frauen diese Anerkennung in Anspruch nehmen, wird übersetzt mit: »Sie nimmt mir etwas weg, das mir eigentlich zusteht!«. So lässt sich meines Erachtens auch der immer wieder ins gewalttätige abdriftende männliche Hass gegen Frauen in lesbischen Beziehungen erklären: nicht nur verweigert sich mir diese eine Frau, sie nimmt mir auch noch eine potentielle Sexpartnerin weg.

Zusammenfassend konstatiert Manne: »Die (sporadisch, zuweilen aber aus diesem Grund streng durchgesetzte) Norm, dass sie ihm weiblich kodierte Güter gibt und darauf verzichtet, ihm männlich kodierte Güter wegzunehmen, hat nach wie vor erhebliche Wirkung.«[139] Denn: verweigern Frauen das, was Männern vermeintlich zusteht, führt dies zu einer narzisstischen Kränkung: »Hält sie sich etwa für zu gut, um mit mir zu schlafen? Wie kann diese dumme Schlampe es wagen, sich für zu gut zu halten, mit mir, einem Mann, zu schlafen, obwohl ich ihr als Mann aufgrund meines Phallus himmelhoch überlegen bin?« Weibliche Autonomie übersetzt sich für Männer mit »Diese Frau ist sich selbst wichtiger als meine Bedürfnisse« – in einer Gesellschaft, in der Frauen dazu designiert sein sollen, die eigenen Bedürfnisse und Wünsche denen von Männern unterzuordnen, stellt dies nichts Geringeres dar als einen Affront.

Nehmen wir ein Beispiel, das wohl jede Frau oder weiblich gelesene Person schon einmal erlebt hat: man bekommt einen sexualisierten Kommentar hinterhergerufen oder wird von einem fremden Mann angesprochen, was meist auf eine Art und Weise erfolgt, die gar nicht erst darauf angelegt ist, in der Angesprochenen Interesse zu wecken. Wann hat das auf der Straße hinterhergerufene

»Hey Schnecke, geiler Arsch« denn jemals zu dem Austausch von Telefonnummern geführt? Es ist vielmehr eine Zurschaustellung von Macht: der Mann, der eine oftmals junge Frau anspricht, geht davon aus, dass sie sich nicht traut, »Nein« zu sagen, da Mädchen nach wie vor dazu erzogen werden, gefällig zu sein und, wie bereits durch Kate Manne dargelegt, männliche Anspruchshaltungen zu befriedigen. Es ist weniger ein Flirt als eine Machtdemonstration: »Ich kann dir meine Gegenwart aufdrücken, weil ich weiß, dass du zu viel Angst hast, etwas zu sagen.« Wir haben zahlreiche Techniken entwickelt, uns aus diesen Situationen herauszuwinden: falsche Telefonnummern, die Behauptung, man hätte einen Partner, da dessen »Besitzanspruch« mehr wiegt als der Wunsch der Frau, in Ruhe gelassen zu werden. Das simple »Nein« wird selten stehen gelassen. Wir wissen nämlich, was passiert, wenn man das »Nein« vehement einfordert: mindestens eine Beleidigung, im schlimmsten Falle ein körperlicher Übergriff. Der (selbst übrigens Frauen alles andere als freundlich gestimmte) Autor Karl Kraus schrieb 1908 in dem Text »Der Patriot«: »Das religiöse und das patriotische Gefühl lieben nichts so sehr wie ihre Kränkung.« Mit dem männlichen Gefühl verhält es sich genauso.

Während »normale« Männer die Anforderung an »weiblich kodierte Güter« hauptsächlich an Frauen in ihrem Umfeld, also Partnerinnen, Kolleginnen oder Freundinnen haben, richten Incels diese Anspruchshaltung an jede einzelne Frau der Welt. Jede Frau schuldet ihnen, weil dies nun einmal die Aufgabe von Frauen ist, Sex, Nähe und Liebe. Während der Durchschnittsmann die Frau, die ihm in der Bar einen Korb gibt oder dessen *Tinder*-Nachrichten sie ignoriert, »lediglich« verbittert als »dumme Fotze« beschimpft, setzt der Incel jede einzelne Frau der Welt von vornherein in die Rolle der ihn ablehnenden und ihm sein Anrecht verweigernden »dummen Fotze«.

Zusammenfassend lässt sich aus Perspektive eines Incels sagen: Frauen widersprechen den männlichen Erwartungen, indem sie die Chuzpe besitzen, sich als Individuen und Subjekte mit eigener (vor allem sexueller) Agenda zu begreifen, und sie verweigern damit Incels die ihnen doch zustehende Anerkennung: dafür müssen sie in die Schranken gewiesen werden. Schließlich gilt es, eine Idealgesellschaft zu erreichen, in der jede einzelne Frau ihre Rolle als Wesen anerkennt, dessen einzige Aufgabe die Befriedigung männlicher Bedürfnisse ist. Man projiziert also die eigenen Wünsche auf Frauen als Objekte der Begierde, und ist wütend, wenn sie es wagen, die Erfüllung dieser zu versagen.

Diese Erwartungshaltung an Frauen impliziert, dass sich Männer im Allgemeinen und Incels im Besonderen von Frauen durchaus abhängig machen: man verlangt von ihnen Zuwendung, und reagiert ablehnend, wenn diese ausbleibt. Von Frauen abhängig zu sein, ist innerhalb patriarchaler Verhältnisse, in denen von Männern verlangt wird, richtig harte und eigenständige Kerle zu sein, jedoch ein großes Tabu. Das Elend der Männlichkeit erhält also eine neue Dimension, und weil der durchschnittliche Heterotyp Therapien für ein Unding hält, tut er das, was er seit jeher tut, wenn er mit dem Elend seines eigenen Geschlechts konfrontiert wird: er lässt es an Frauen aus.

Männlichkeit als pathologisches Problem

Oftmals wird davon gesprochen, Männlichkeit befände sich in einer Krise. Das stimmt; Männlichkeit konstituiert sich über die Abwehr des Nicht-Männlichen, und wenn diese Weiber und Tunten es plötzlich wagen sich zu emanzipieren und sich nicht mehr einfach so diskriminieren oder verprügeln lassen, erschwert das die Überhöhung der eigenen mickrigen Identität. Diese Unfähigkeit, sich mit gesellschaftlichem Fortschritt zu beschäftigen sowie die Tatsache, dass das althergebrachte Bild des Mannes als Ernährer, Beschützer und Krone der Schöpfung ins Wanken geraten ist, werden gemeinhin als »Krise der Männlichkeit« betrachtet.

Das mag stimmen, unterschlägt aber eines: Männlichkeit ist *an sich* krisenhaft (das hat sie mit dem Kapitalismus gemein). Von Geburt an nämlich wird der Junge damit konfrontiert, von einer Frau – seiner Mutter – abhängig zu sein. Die Abhängigkeit von einer Frau darf in einer Gesellschaft, die ein Loblied auf die männliche Autonomie singt und in der die Frau vom Mann abhängig zu sein hat, nicht vorkommen. Deswegen führe diese Erfahrung zu einer tiefen »narzisstischen Narbe«[140], so der Geschlechterforscher Rolf Pohl, der die Soziologin Regina Becker-Schmidt zitiert: »Der Mann ist nicht von seinesgleichen fabriziert, sondern er schuldet sein Dasein einer Frau. Er ist zudem in seinen ersten Lebensjahren von ihr abhängig. [...] Das männliche Bewußtsein will offensichtlich den Gedanken an diese Abhängigkeit nicht zulassen«, so Becker-Schmidt. Pohl führt weiter aus: »Der daran entzündete, die Männlichkeit prägende Abhängigkeits-Autonomie-Konflikt und die fragwürdigen Versuche, ihn zu ›lösen‹, bleiben für die innere Einstellung sowie für die zukünftigen Beziehungen zum weiblichen Geschlecht bestimmend und machen unter den vorherrschenden Geschlechterarrangements den Kern eines tief verankerten *Männlichkeitsdilemmas* aus.«

Diese Abhängigkeit von einer Frau verfliegt jedoch nicht, sondern man wird als (heterosexueller) Mann immer wieder darauf zurückgeworfen, wie Pohl in seiner Habilitationsschrift *Feindbild Frau* ausführt. Ich kann, dem Umfang meines Werkes geschuldet, leider nicht tiefer auf Pohls psychoanalytische Argumentation, die für eine Analyse des Männlichkeitsdilemmas zwingend notwendig ist, eingehen, sondern werde diese nur anreißen können. Allen, die sich intensiver damit befassen möchten, seien die Arbeiten von Pohl sehr ans Herz gelegt.

Genauso wie die Konstruktion Männlichkeit auf eine Abwertung des Weiblichen angewiesen ist, ist sie in ihrer Reproduktion von der Bestätigung durch das Nicht-Männliche abhängig: zu einer »erfolgreichen« Männlichkeit zählt es, von Frauen begehrt zu werden. Aufgrund zahlreicher in der heterosexuell-männlichen Psychosozialisation verorteter Prozesse, die Pohl ausführlich beschreibt, erfahren Männer permanent ihre Abhängigkeit von Frauen, müssen aber diese Gefühle, gemeinsam mit den eigenen weiblich konnotierten Anteilen, gewaltsam abspalten, um sich als Mann etablieren zu können. Nach wie vor gilt: Mann kann nur sein, wer nicht Frau ist, und gemeinsam im unausgesprochenen Männerbund muss diese Herrschaft aller Männer über alle Frauen etabliert werden. Dass die Performance von Männlichkeit oftmals auch für Jungen und Männer extrem gewaltvoll ist, nimmt man in Kauf; von hegemonialen Männlichkeitsvorstellungen abzuweichen, führt unweigerlich zu Sanktionen durch das Geschlechterkollektiv. Männlichkeit äußert sich dabei jedoch nicht nur gegen einen selbst gewaltvoll, sondern vor allem gegen alles auch nur ansatzweise im Ruch des Weiblichen stehende, vor allem wenn dieses Weibliche selbstbestimmt oder gar feministisch auftritt. Männer degradieren Frauen immer wieder dafür, Frauen zu sein, queere Menschen, weil sie queer sind: sei es auf dem Schulhof, in der Familie, in Beziehungen, im Job, in der Kneipe, im Feuilleton, im Parlament, auf der Straße. Mit Bezugnahme auf die Psychoanalytikerin Jessica Benjamin führt Rolf Pohl weiter aus, dass »die unter den herrschenden Geschlechterhierarchien sozialisierten Männer« dazu neigten, »zwischen ›Abhängigkeit und Unabhängigkeit‹« einen logischen Widerspruch herzustellen, der beides begründet. Die Maßnahmen gegen die Weiblichkeit können »in dessen energischer Bekämpfung« enden. Und mit Rückgriff auf den Historiker Nicolaus Sombart führt er weiter aus, dass »das Dilemma für den Mann nur noch verstärkt« werde: »›Unterdrückt, ausgeschaltet, verdrängt wird das Weibliche zur Quelle einer permanenten Bedrohung – es wird gefürchtet und ersehnt, die Verlockung bleibt bestehen, ein Rückfall jederzeit möglich. Das Verdrängte ist mächtiger als die verdrängende Gewalt‹«.[141] Dies resultiert in dem, was Pohl als »Paranoid getönte Abwehr-Kampf-Haltung« beschreibt, mit der Männer den Frauen innerhalb dieser Verhältnisse glauben, entgegentreten zu müssen.

Männliche Herrschaft äußert sich auch durch die Kontrolle weiblicher Sexualität, über die Frauen an so vielen Orten auf der Welt immer noch nicht selbstbestimmt verfügen können. So sind die zahlreichen misogynen Gewalttaten, die vor allem in den ersten zwei Wochen nach einer Trennung verübt werden, Reaktion auf die Unerträglichkeit weiblicher Autonomie.

Laut Pohl liegt dieser Hass auf weibliche Sexualität darin begründet, dass Männer sich von ihr kontrolliert fühlen: man begehrt Frauen und braucht es, von Frauen begehrt zu werden – selbst als erwachsener Mann hat man es nicht geschafft, seine Autonomie vom Weib zu erlangen! Deshalb müssen Frauen unter patriarchale Kontrolle gebracht werden, auf dass man ihrer bedrohlichen Sexualität Herr werden kann. »Eine der Hauptquellen für Frauenhaß wäre dann der Haß auf das eigene (sexuelle) Begehren, für das die Frau verantwortlich gemacht und deshalb bestraft wird [...]. Gerade die durch Frauen ausgelöste Erregung zeigt, daß die im männlichen Autonomiewahn enthaltene Idee einer vollkommenen Beherrschung und Kontrolle eine Illusion ist. Das Ich ist nicht Herr im eigenen Haus, schon gar nicht über die eigene Sexualität und den eigenen Körper. Das (männliche) Subjekt ist an dieser Stelle abhängig und scheint es dauerhaft zu bleiben.«[142]

Auch im Sexuellen wird dieser Wunsch nach Herrschaft immer wieder ausgelebt; tragischerweise können viele Männer ihre Sexualität nicht anders als gewaltförmig denken. Verstärkt wird dieses Denken unter anderem durch patriarchale Pornographie (dass Männer ihre Partnerinnen beim Sex würgen, wird zunehmend auch in einem Kontext außerhalb der sehr auf Konsens bedachten BDSM-Szene normalisiert, was immer wieder zu Todesfällen führt[143]) oder popkulturelle Männlichkeitsinszenierungen (all diese richtig harten Gangsterrapper). Das binnenmännliche Reden über Sex erfolgt anhand von Kriegs- und Unterwerfungssprache. Man »fickt« oder »knallt die Alte«, man »erobert« und »dringt in einen anderen Körper ein«. Die eigene Penetrationsangst äußert sich in Sprüchen wie »Schwul ist nur der, der sich ficken lässt«, Sexualakte wie Pegging (also das anale Penetriert-Werden durch die Partnerin mit einem Strap-On) werden zwar langsam populärer, gelten aber immer noch als deviant. Es ist normal, die Partnerin oder den Aufriss zum Sex zu überreden: nach dem ersten »Nein« zu fragen, ob man nicht zumindest ein bisschen rumfummeln könnte, um von da aus dann doch die Penetration zu initiieren, anstatt zusammen einfach nur *Netflix* zu gucken. Selbst die Gefühle beim Sex sind ambivalent. Der Orgasmus ist etwas, was man hinter sich bringen will, bei der gleichzeitigen Angst, zu früh zu kommen und deswegen als Versager abgestempelt zu werden, nach dem Sex verschwindet man unter die Dusche, weil die Nähe unerträglich ist. Frauen werden zu Objekten, in die man mit dem gewehrgleichen Phallus den Samen schießt, am besten nachdem man zuvor heimlich das Kondom abgezogen hat (dass diese Praxis mit »Stealthing« einen eigenen Namen hat, ist bezeichnend genug). Selbst beim Sex gilt es also, der Frau zu beweisen, dass man Herr im Haus ist.

Innerhalb der brutalen wie ambivalenten männlichen Psychosozialisation sind Liebe und Begehren also selten frei von Gewalt. Das Gefühl von Liebe und der Wunsch danach, begehrt zu werden, kann sehr schnell in Hass umschlagen: Frauen müssen gewaltvoll dafür bestraft werden, Zuwendungen, die man glaubt verdient zu haben, zu verweigern. Dies liegt daran, dass Hass und Liebe keine Gegenpole, sondern vielmehr zwei Seiten einer Medaille sind.

Liebe und Hass sind in der Regel auf dasselbe Objekt gerichtet und treten selten voneinander getrennt auf, Der Psychoanalytiker Sigmund Freud verwendet den Begriff der »Ambivalenz«. So ist das Umschlagen von Liebe in Hass nach einem Ende der Beziehung weniger eine Umwandlung von Gefühlen, sondern »eine Reorganisierung der Beziehung unter neuen Vorzeichen« (Pohl). »Die immer wieder in die Schlagzeilen geratenen, bis zur Tötung gehenden Angriffe von Männern auf ehemalige Partnerinnen oder auf ausgesuchte Objekte der Begierde, die es gewagt haben, die projektiven Liebeswünsche zurückzuweisen, erfolgen meist nicht aus ›reinem‹ Haß, sondern, so paradox es klingt, auch aus einem exklusiven, besitzergreifenden Gefühl der Liebe.«[144]

Wenn wir Pohl zusammen mit Kate Manne lesen, kommen wir zu einem recht düsteren Ergebnis: Männer bestrafen Frauen, wenn sie ihnen das verweigern, was ihnen vermeintlich zusteht, also Zuwendung, Liebe, Sex etc. Gleichzeitig bestrafen Männer nach Pohl Frauen dafür, in ihnen diesen Wunsch nach Zuwendung überhaupt hervorzurufen. Für Frauen ist das Elend der heterosexuellen Beziehungswelt, wie auch das der Geschlechterverhältnisse, eine Lose-Lose-Situation. Und was hat das genau mit Incels zu tun? Fragen wir Sigmund Freud: »Das Ich haßt, verabscheut, verfolgt mit Zerstörungsabsichten alle Objekte, die ihm zur Quelle von Unlustempfindungen werden, gleichgültig ob sie ihm eine Versagung sexueller Befriedigung oder der Befriedigung von Erhaltungsbedürfnissen bedeuten. Ja, man kann behaupten, daß die richtigen Vorbilder für die Haßrelation nicht aus dem Sexualleben, sondern aus dem Ringen des Ichs um seine Erhaltung und Behauptung stammen. Liebe und Haß, die sich uns als volle materielle Gegensätze vorstellen, stehen also doch in keiner einfachen Beziehung zueinander. Sie sind nicht aus der Spaltung eines Urgemeinsamen hervorgegangen, sondern haben verschiedene Ursprünge und haben ein jedes seine eigene Entwicklung durchgemacht, bevor sie sich unter dem Einfluß der Lust-Unlustrelation zu Gegensätzen formiert haben.«[145]

Wie im zweiten Teil des Buches ausführlich dargelegt, ist das komplette Dasein eines Incels von Sex bestimmt. Incels verklären Sex zu etwas Lebensnotwendigem; Frauen, die nicht mit Incels schlafen, verweigern ihnen also nicht nur den Sex, sondern einen elementaren Bestandteil der menschlichen Existenz. Sie versagen Incels nicht bloß sexuelle Befriedigung, sondern die »Befriedigung von Erhaltungsbedürfnissen«. Incels ist es verwehrt, weibliche Sexualität in der Beziehung zu kontrollieren, sie haben ja keinen Sex. Deshalb greifen sie auf entweder fantasierte oder reale Gewalt gegen Frauen zurück, die nicht nur eine Form der Rache, sondern nach Freud eine Form der Selbstbehauptung darstellt. Ein Fall, den ich hier thematisieren möchte, ist der Mord an der Influencerin Bianca Devins: die siebzehn Jahre alte Devins wurde im Juli 2019 von einem Freund, Brandon Clark (eventuell waren die beiden liiert, eventuell war Clarks Interesse an Devins einseitig, die Berichterstattungen gehen auseinander), ermordet. Sie hatten gemeinsam ein Konzert besucht, auf dem Devins mit einem anderen jungen Mann geflirtet hat. Dieser simple Akt, mit einem Mann zu flirten, wurde für Devins Mörder zum Grund, nicht nur die junge Frau zu töten, sondern Bilder ihrer Leiche auf dem Fotoportal *Instagram* und der von ihnen beiden frequentierten Chatplattform *Discord* zu veröffentlichen. Der Täter betrieb eine *Facebook*-Seite namens *Darkcel Gaming* und verortete sich in der *4chan*-Sphäre. Dort wurde seine Tat als legitimer Akt begriffen. Devins sei eine »e thot« (grob übersetzt eine Online-Hure), die Clark falsche Hoffnungen gemacht und dann die Dreistigkeit besessen hätte, Interesse an einem anderen Mann zu zeigen. In weiteren Postings wurde über Devins sexuelle Vorlieben spekuliert und sie wurde als psychisch krank pathologisiert. Sie hätte den Mord provoziert, so der Tenor. Der Mord an Devins: eine Form der Selbstbehauptung gegen die Kränkung, in den eigenen Erwartungen enttäuscht worden zu sein. Kate Manne geht in *Down Girl* auf den »erweiterten Selbstmord« ein, unter den ich die Tat von Clark einordnen würde. Man selbst sieht sich in einer ausweglosen und verzweifelten Situation, der Suizid jedoch reicht nicht: man glaubt, die für diese Lage verantwortliche Person(en) mit in den Tod reißen zu müssen. Hierbei spielt Scham eine Rolle: man würde sich für sein Versagen, in diesem Falle: die Zurückweisung, so sehr schämen, dass die das Schamgefühl verursachende Person ausgelöscht werden muss. Manne zitiert an einer Stelle den Begriff des »Ehrenmordes«, den ich für recht passend halte: man ist so sehr in der Ehre gekränkt, dass die kränkende Person vernichtet wird, kann mit der Scham aber auch nicht weiterleben. Im erweiterten Suizid kann man sich jedoch ein letztes, absolutes Mal selbst inszenieren.

Während sich schon der Durchschnittsmann von weiblicher Sexualität verfolgt fühlt, treiben Incels dieses Gefühl auf eine wahnhafte Spitze. Die von mir angeführten Postings, in denen sie davon sprechen, dass Frauen ihnen bewusst und bösartig die eigene Sexlosigkeit vorhalten, kann als Ausdruck von Paranoia betrachtet werden, wie wir sie auch bei Verschwörungsideologen finden. In seinem 2009 publizierten Text »Der antisemitische Wahn. Aktuelle Ansätze zur Psychoanalyse einer sozialen Pathologie« formuliert Pohl eine Analyse der Gedankenwelt des Antisemiten, die man, ohne Antisemitismus und Frauenhass gleichsetzen zu wollen, meines (und Pohls) Erachtens nach auch auf den wahnhaften Frauenhass von Incels anwenden kann.

Rolf Pohl schreibt: »Aus [dem] Vorgang der zunächst innerpsychischen Feindbildung ergeben sich drei sozialpsychologisch relevante Schlussfolgerungen: 1. Erst die anschließende (Wieder)Findung eines äußeren, vermeintlich gefährlichen Feindes, an den sich das innere Bild mitsamt seiner begleitenden Affekte (Angst, Hass, Wut) heften kann, läßt die Projektion ›real‹ werden und ermöglicht jene gewaltvorbereitende Affektumwandlung im Dienste der ursprünglich inneren Gefahrenabwehr«, um der befürchteten Zerstörung durch Zerstörung des Feindes zuvorzukommen. »2. trotz einer momentan erfolgreichen Entlastung des Seelenhaushalts ist der Projektionsprozess niemals vollständig zum Abschluss zu bringen, denn selbst eine Vernichtung [...] kann die innerpsychischen Quellen dieses Vorgangs und die von ihnen kontinuierlich ausgehenden (angstauslösenden) Anreize für das Seelenleben nicht beseitigen. Vielleicht liegt hier eine der wichtigsten psychischen Ursachen für den unerbittlichen Hass und den fanatischen Ausrottungseifer [...]; 3. im Zentrum des gesamten Ablaufs der projektiven Feindbildung steht eine doppelte Wahrnehmung: eine anfänglich innere, vom Bewusstsein nicht zugelassene und verarbeitete Wahrnehmung wird gleichsam in eine äußere, zerstörungsbereiten Haß entbindende Wahrnehmung transformiert.«[146]

Dies kann zu einem »(scheinbar) vollständigen Austausch von Innen- und Außenwelt führen«. Innere Neurosen, Kränkungen und Affekte werden also an ein äußeres und in der Regel bereits durch gesellschaftliche Ressentiments prädisponiertes Feindbild geheftet, welches anschließend zu einer Projektionsfläche für den Täter wird. Der Täter fühlt sich von dem Objekt, auf das sein Hass gerichtet ist, so bedroht, dass er dieser Bedrohung nur durch die Vernichtung begegnen kann, wobei diese Vernichtung am besten in der *aller* Juden, *aller* Frauen etc. münden soll.

Die komplette Wahrnehmung der Außenwelt wird also durch die eigene ideologische Weltauffassung ersetzt. Seien es Frauen oder Juden, von denen man sich verfolgt wähnt: für unsere Tätertypen sind diese real. Alle Frauen der Welt haben sich verschworen, Incels das Leben so schwer wie möglich zu machen, indem sie ihnen nicht nur den Sex verweigern, sondern sie mit ihrer von Incels unbeherrschbaren weiblichen Sexualität verfolgen.

Incels betrachten sich im Sinne einer der pathischen Projektion innewohnenden Täter-Opfer-Umkehr als Opfer von Feminismus und jüdischen Strippenziehern. So lässt sich auch das eigene Tätersein von sich weisen: Man handelt schließlich als aufrechter Rebell gegen eine unrechtmäßige Herrschaft, die zu realisieren man andere Betroffene aufwecken muss. Dadurch, dass es sich bei dieser Ideologie also weniger um ein vernünftiges Denken als um ein irrationales Gefühl handelt, ist ihr argumentativ schwer beizukommen: einen eingefleischten Incel davon zu überzeugen, dass Frauen nicht ausnahmslos verkommene Schlampen sind, ist, zumindest meinen Erfahrungen auf *Twitter* oder *Reddit* nach, ähnlich erfolgreich wie einen Neonazi davon abzubringen, Juden würden sämtliche Geschicke der Welt steuern.

Incels fühlen sich also als Opfer einer lookistischen Gesellschaft und vermuten Frauen als deren ausführendes Organ. Sie betreiben eine pathische Täter-Opfer-Umkehr, die ihren Frauenhass in ihren Augen legitimiert. Damit sind sie jedoch nicht alleine; sie teilen sich diesen Gedanken nicht nur mit einer ganzen Riege von Männerrechtlern und anderen Rechtsradikalen, sondern auch hier wieder mit einem nicht unbeträchtlichen Teil der männlichen Durchschnittspopulation, die sich von Gesetzen gegen sexuelle Belästigung oder einer polemischen Aussage wie »Men are Trash« so dermaßen angegriffen fühlt, dass man zu dem Schluss kommen könnte, der so regelmäßig gegen Feminist*innen vorgebrachte Vorwurf der Empfindlichkeit und Humorlosigkeit sei nichts anderes als: Projektion.

Incels als autoritäre Persönlichkeit

Incels müssen nicht nur als Produkt patriarchaler, sondern auch als Produkt kapitalistischer Umstände begriffen werden. Es ist eine der wichtigsten Fragen einer gesellschaftlichen Analyse, wieso Menschen, die offensichtlich nicht zu den Gewinnern der Verhältnisse zählen, diese nicht progressiv überwinden, sondern autoritär enforcieren wollen. Bei Incels handelt es sich um Männer, die aus dem Raster hegemonialer Männlichkeitsvorstellungen hinausfallen und sich die Häme der Handlanger patriarchaler Zurichtung antun müssen. Dies ist einerseits in der Identifizierung mit dem Geschlechterkollektiv begründet, andererseits aber auch in der Internalisierung kapitalistischer Ideologie, die in dem resultiert, was die Kritische Theorie als »autoritäre Persönlichkeit« bezeichnet.

Autoritäre Persönlichkeiten zeichnen sich durch die irrationale und blinde Unterwerfung unter die herrschenden Strukturen aus, auch wenn sie den eigenen Interessen widersprechen. Diese Strukturen sind patriarchal und kapitalistisch.

Bei einer Arbeit zu Incels wäre es eine grobe Vernachlässigung, die Rolle des Neoliberalismus zu vergessen, die sich einerseits im Selbstoptimierungswahn der Looksmaxxing-Szene, andererseits aber auch in der Vereinzelung des Incels zeigt. Tatsächlich ist es nicht die sexuelle Selbstbestimmung von Frauen, die Schuld am Gefühl der Unzulänglichkeit von Incels trägt, sondern der dem neoliberalen Kapitalismus inhärente und auch auf das Sexuelle übertragene Wettbewerb um die Position des Spitzenreiters. Da es jedoch ein radikaler Schritt ist, die permanente Indoktrination des bürgerlichen Glücksversprechens auf der einen und der Unausweichlichkeit des Kapitalismus auf der andren Seite nicht nur zu erkennen, sondern auch zu hinterfragen und aktiv zu bekämpfen, und da eine Identifikation mit dem immer auch patriarchalen Kapitalismus[147] wesentlich einfacher ist als ein Bruch mit demselben, verbleiben Incels lieber in ihrem Sumpf der Frauenfeindlichkeit und des Selbsthasses, anstatt radikale progressive Gesellschaftskritik zu üben.

Incels sind nicht die Einzigen, die sich in der antifeministischen und autoritären Revolte üben. Von der vermeintlich bürgerlichen Mitte bis hin nach rechts schreiten aufrechte Männer in den Kampf gegen eine Welt, die ihre uneingeschränkte Hegemonieposition nicht mehr so hinnehmen will. Dies erfolgt im Öffentlichen wie im Privaten. Hier in Deutschland positionieren sich auch bürgerliche Parteien gegen Paritätenregelungen oder die Abschaffung des Paragraphen 219a, also gegen Gesetze, die einer Gleichberechtigung von Frauen Vorschub leisten würden. Im Privaten zahlen Männer, die sich von Frauenemanzipation bedroht und verunsichert fühlen, ein paar hundert Euro, um sich von aufgepumpten Muskelprotzen wie Kollegah oder sich als Pick-up-Artists bezeichnenden Vergewaltigungsapologeten erklären zu lassen, wie man vom Lauch zum Alphatypen mutiert. Diese Antifeministen möchten ihre auf der Ausbeutung und Unterdrückung von Frauen basierende Herrschaftsposition nicht nur verteidigen, sondern sie sehen jeden Angriff darauf als Form einer Unterdrückung durch Frauen.

Dies tritt nicht nur bei den »alten, weißen Männern« der Babyboomer-Generation auf, die sich eigentlich über so gut wie alles aufregen, sondern auch schon bei jungen Männern, die jedoch keine Incels sind, sondern recht durchschnittliche Millenials.

Der 2016 geführten US-amerikanischen »Millenial Study«[148] zufolge fühlen sich mehr männliche Millennials, also Männer zwischen 18 und 34, im Arbeitsleben wegen ihres Geschlechts diskriminiert als Frauen – ganze 33 Prozent. Zwar interessieren sich in Deutschland langsam zunehmend Männer für die Gleichstellungsfrage, aber dennoch vertreten laut einer 2016 vom Bundesamt für Familie, Frauen, Senioren und Jugend erhobenen Studie insgesamt 44 Prozent der befragten Männer eher traditionelle Vorstellungen von Männlichkeit und 11 Prozent der Befragten bezeichnen sich konsequent als »Anti-Gender« – glücklicherweise sind diese jedoch eher Angehörige einer älteren Generation. Den »harten Kern des Maskulinismus« macht ca. 1 Prozent der männlichen Bevölkerung in Deutschland aus, 5,3 Prozent zählten zu dem »weiteren Kreis überzeugter Maskulinisten«. Jedoch zeigten sich »33,7 % der Männer für einzelne maskulinistische Einstellungen oder Facetten empfänglich«.[149] Diese dem Maskulinismus mindestens zugeneigten Männer sind jedoch bedauerlicherweise am lautesten und versuchen durch eine konsequente politische Agenda weitere Männer von ihrer frauenfeindlichen Position zu überzeugen.

Die autoritäre Bewegung des Maskulinismus entstammt aus einer Überidentifikation mit dem patriarchalen Über-Ich; der Wunsch nach Männlichkeit und die Abwertung des Weiblichen stülpt sich über die komplette Persönlichkeit. Ausleben kann man diese im Männerbund und in dessen Politik.

Zu diesen Gruppen zählen unter anderem Pick-up-Artists, *Men going their own way*, neofaschistische Gruppierungen wie die Proud Boys oder die Identitäre Bewegung, aber auch Burschenschaften oder eine rechte Partei wie die AfD.

Hier wird ein Bild von soldatischer Männlichkeit aufgebaut, das ungetrübt ist von Brüchigkeit oder dem Leiden unter den gesellschaftlichen Anforderungen an Männlichkeit, diese werden sogar zelebriert. Wie bereits erwähnt baut diese Performance von Männlichkeit auf der konsequenten Abwertung von allem Weiblichen und Queeren auf. Theweleit spricht hier von einem »Körperpanzer«, der angelegt werden muss, um sich gegen die von überall drohenden Anderen im Körper des Nicht-Mannes, wie auch die eigenen weiblichen Anteile, zu rüsten. Diese Möchtegernkrieger leben »in ständiger Angst vor dem Zerfall. Alles, was um sie herum passiert, insbesondere alle Formen von Lebendigkeit oder Fremdheit, suchen sie von sich fernzuhalten, zu kontrollieren, zu unterdrücken, weil diese sie ›bedrohen‹.«[150] Solche Männer leben in einem Zustand permanenter narzisstischer Kränkung durch die bloße Existenz des Anderen, sie fühlen sich andauernd bedroht, auf ihre eigene Ich-Schwäche zurückgeworfen. Sie müssen es ertragen, kein Übermann zu sein, dem sich die Weiber an die Brust werfen, sondern jemand, dem sich die Frauen versagen und dessen Bachelorarbeit schlechter bewertet wurde als die seines Kommilitonen Mehmet.

Sie eifern einem protofaschistischen Männlichkeitsbild nach, das sich durch Härte, Kaltschnäuzigkeit, militärischen Drill und emotionale Verrohtheit auszeichnet. Die Welt, die sie erreichen wollen, ist eine, in der dieses Ideal von Männlichkeit die Gesellschaft bestimmt. Ihre Idealwelt ist eine, in der der Mann der unangefochtene Herrscher über Weib und Kinder ist, Migrant*innen brav in ihren durch den Kolonialismus ausgebeuteten Ländern verhungern sollen, anstatt von den ehemaligen Kolonialherren Reparationen zu fordern, und in denen homosexuelle und transgeschlechtliche Menschen direkt einer Konversionstherapie unterzogen werden. Von Gefühlen lassen sie sich nicht leiten, ihre Prämissen sind, wie es der Alt-Right-Denker Ben Shapiro immer wieder betont, »Facts and Logic«. Knallharte Wissenschaft also, die unberührt ist von den verhöhnten (weil weiblich und jüdisch konnotierten) »soft sciences« wie Soziologie, Politikwissenschaften oder Geisteswissenschaften, die sich mit etwas anderem beschäftigen als Lobpreisungen auf überbewertete Männerautoren wie Houllebecq oder Bukowski.

Dass historisch gewachsene Verhältnisse – ein klassisches Beispiel ist: »Gier liegt nunmal in der Natur des Menschen«, um Kapitalismus zu begründen – biologisiert und naturalisiert werden, ist ein Mittel, um ihre Unausweichlichkeit zu rechtfertigen. In der Behauptung, dass Dinge eben in der Biologie verankert und deshalb unveränderlich sind, liegt schlicht das Desinteresse begründet, gesellschaftliche Mechanismen zu hinterfragen. So werden Herrschaftsverhältnisse, die nun einmal weder natürlich bedingt noch gottgewollt sind, als gegeben gesetzt: da sie in der menschlichen Natur liegen, muss das so sein, und es lässt sich nicht daran rütteln. Incels haben mit ihrem *Scientific Blackpill-Wikipedia* schließlich eine ganze Enzyklopädie, mit der sie die Schlechtigkeit von Frauen anhand (evolutions-)biologischer Umstände begründen.

Dieser autoritäre und positivistische Wissenschaftsbegriff, der mit jenen ausgewählten Artikeln und Studien, die das eigene Weltbild zementieren, untermauert wird, ignoriert, ideologisch verbrämt wie er ist, herrschende Ideologien und deren Einfluss auf das individuelle Empfinden und Begehren komplett. Und auch hier: diese Form der Argumentation ist nicht Incel-exklusiv, sondern Teil des autoritären Standardrepertoires! Mit dem Evolutionspsychologen Jordan Peterson hat sich sogar eine Art Popstar dieser reaktionären Wissenschaftler etabliert, der in seinen Vorlesungen gegen Transpersonen, Feminismus und kulturellen Marxismus wettert und großspurig behauptet, dass Männer das kulturschaffende Geschlecht seien, weil es in ihrem Hirn angelegt ist, die Frau hingegen sei evolutionär gepolt, nur Chads zu begehren. Bei *Scientific Blackpill* steht unter der ausgesprochen seriös und wissenschaftlich betitelten Rubrik »women bad« (!): »Frauen sind nur in der Lage, Männer von hohem Status zu lieben.«[151] Die narzisstische Kränkung, keine Frau abzubekommen, wird in die Natur des Weibes eingeschrieben.

Die »Fakten« dieser Menschen sind nichts anderes als der verzweifelte Versuch, den eigenen Menschenhass pseudowissenschaftlich abzusichern und ihn so zu rechtfertigen; genauso wie Intellektuelle des 19. Jahrhunderts versucht haben, »wissenschaftlich« zu begründen, wieso Frauen nicht wählen gehen sollten, oder die Nazis »wissenschaftlich« die rassistische Unterlegenheit von Juden oder Schwarzen begründet haben. Feministische oder marxistische Kritik und Gegenargumente werden damit abgeschmettert, dass es sich um Ideologie handeln würde (während die eigenen Argumente natürlich mitnichten ideologisch geprägt, sondern total vernünftig und neutral sind) und dass zum Beispiel Emanzipation oder Solidarität auch einfach nicht der menschlichen Natur entsprächen. Das Ziel dieser Ideologie ist es, die eigene Kaputtheit vor sich und vor anderen als Normalität zu verkaufen. Die harte Männlichkeit als Ausdruck natürlich vermittelter Herrschaft ist das Gegebene, die Frau, der Emotionalität, Weichheit und Unvernunft zugeschrieben wird, das »Andere«, dessen Unterdrückung gerechtfertigt wird. Durch diese Naturalisierung von Grausamkeit kann man jeden Zweifel daran, jeden Versuch, diese zu kritisieren oder gar überwinden zu wollen, als lächerlich und naiv abtun: »Es war doch schon immer so, und es ist richtig, dass es schon immer so war, und es wird immer so sein, und selbst die Wissenschaft gibt mir recht.« Das Infragestellen der Herrschaft eines einzelnen Mannes ist niemals nur darauf beschränkt, sondern durch die männliche Identifikation mit seinem Geschlechtskollektiv das Infragestellen männlicher Herrschaft als historischer Konstante an sich.

Allerdings wird der Mann nicht nur in seinem Narzissmus bedroht und gekränkt, sondern es findet auch eine Kränkung durch den eigenen Narzissmus statt: dies bedeutet, im Alltag der kapitalistischen Verwertungsgesellschaft permanent damit konfrontiert zu sein, die eigenen Bedürfnisse zu unterdrücken und sich selbst so begeistert wie möglich der ideologisch vermittelten Selbstoptimierung zu verschreiben. Scheitert man jedoch daran, diesem narzisstischen Idealbild zu entsprechen, und ist nicht so erfolgreich und attraktiv, wie man es bei den ehemaligen Studienfreunden auf *Instagram* sieht, so kann als Kurzschlussreaktion dazu übergegangen werden, das individuelle Selbst gänzlich aufzugeben und an dessen Stelle eine äußere Autorität treten zu lassen. Man will sich selbst einer realen oder imaginierten Gemeinschaft einverleiben, welche einen Ausweg aus der eigenen unbedeutenden Existenz im kapitalistischen Alltag und stattdessen Größe, individuelle Bedeutung und Wirkmächtigkeit verspricht. Hierzu Theodor W. Adorno: »Die auf den Kastrationskomplex zurückweisende Ich-Schwäche [...] sucht Kompensation in einem allgegenwärtigen, aufgeblähten und dabei doch dem eigenen schwachen Ich tief ähnlichen Kollektivgebilde.«[152]

Diesen Kollektivgebilden wohnt in der Regel ein massenpsychologisches Moment inne: man gibt die eigene Identität auf, um sich mit der Masse zu identifizieren. Nach Freuds *Massenpsychologie und Ich-Analyse* zeichnet sich das – in unserem Falle männerbündische – Kollektiv durch folgende Eigenschaften aus: »Eine primäre Masse ist eine Anzahl von Individuen, die ein und dasselbe Objekt an die Stelle ihres Ich-Ideals gesetzt und sich infolgedessen miteinander identifiziert haben.«[153]

Erstens haben wir die libidinösen Bindungen der Kollektivmitglieder untereinander (die jedoch nicht im Sexualakt ausgelebt werden müssen; im Männerbund findet die Triebabfuhr in der Regel auf anderem Wege statt). Zweitens eine Identifikation mit und libidinöse Beziehung zu einer Führerfigur, welche das Ich-Ideal ersetzt hat (bei Incels wäre dies die oftmals auftretende Glorifizierung von Elliot Rodger, dessen Foto unzählige Profilbilder ziert), und drittens eine Identifikation der eigenen Mitglieder untereinander. Dies führt dazu, dass man sich nicht mehr als Individuum betrachtet, sondern als Teil einer Gemeinschaft, welche das Über-Ich ersetzt hat. Zwar ist man kein eigenständiges Subjekt mehr, fühlt sich aber durch diese libidinöse Bindung der Kollektivmitglieder untereinander stark, mächtig und in der Kameradschaft verbunden. So wird das eigene Handeln auf das Kollektiv übertragen, man gibt die eigene Verantwortung an die Gruppe ab. Konkret und für unseren Fall bedeutet dies, dass Vergehen und Hassverbrechen weniger von einem selbst, sondern von der Gruppe verübt werden, man hat also weniger Skrupel, Gewaltakte gegen Marginalisierte zu begehen. Incels identifizieren sich vollständig mit ihrer Ideologie, den anderen Mitgliedern ihrer Community und ihren Idolen wie Elliot Rodger, sie sind weniger eigenständiges Subjekt als hauptsächlich »Incel«. Und wer sich über Stunden in einer Echokammer aufhält, in der Gewalt gegen Frauen als legitimer Akt der Wiedergutmachung für die eigene Sexlosigkeit gerechtfertigt wird, ist natürlich weniger geneigt, seine eigene Gekränktheit zu hinterfragen. Das Incel-Kollektiv wird zum Über-Ich. Incels mögen zwar glauben, wie auf ihrem Incel-*Wikipedia* behauptet wird, dass »Incel ein Lebensumstand, keine Bewegung/Community« und Incel-Terroristen »keine ›Mitglieder‹ von irgendwas« seien. Dies stellt allerdings eine weitere Form der Schuldabwehr dar: Incels teilen sich dieselbe Ideologie, dieselben (wenn auch virtuellen) Räume, ähnliche präferierte Medien (es gibt mit dem Künstler »Negative XP« sogar Incel-Musik!), sie haben eigene sprachliche Codes, die Mitglieder außerhalb der Community nicht verstehen (sollen), und mit der »Incel Rebellion« sogar ein erklärtes, wenn auch dystopisches Ziel. Dies sind allesamt Merkmale einer Bewegung und Community.

Dennoch besteht eine Differenz zwischen Incels und dem »klassischen« Männerbund. Anders als zum Beispiel Burschenschaften oder Pick-up-Artists verspricht die Incel-Community keinen Aufstieg, sie gibt keine Stärke und keinen Halt, das Konzept der »Kameradschaft« ist weit weniger ausgeprägt. Stattdessen degradieren sich die User selbst gegenseitig als unattraktive Untermenschen, die sich eigentlich direkt das Leben nehmen können, da ohnehin alles verloren ist. Es ist kaum verwunderlich, dass Incels so sehr unter ihrer eigenen Szene leiden, da ihre eigene Community und deren Mitglieder, also quasi das eigene Über-Ich, ihnen permanent die Unzulänglichkeit der eigenen Person und die Unerreichbarkeit der eigenen Wünsche predigt. So ist es naheliegend, dass sich für viele Incels die Erfüllung ihres Leids totalitär artikuliert: im Suizid oder im Terrorakt.

Diese Art von Subjektivität bezeichnet der Soziologe Leo Löwenthal als »den Ausgangspunkt der unbewussten Affekte, die von [autoritärer, faschistischer] Propaganda ergriffen und geformt werden, als ›gesellschaftliche Malaise‹. Die Malaise erzeugt Gefühle der entfremdeten Einsamkeit und Ohnmacht: Diese Gefühle können weder als willkürlich noch als gekünstelt ignoriert werden, sie sind grundlegend für die moderne Gesellschaft. Mißtrauen, Abhängigkeit, Ausgeschlossensein und Enttäuschung vermischen sich zu einem Grundzustand des modernen Lebens: der Malaise, des Unbehagens.«[154] Löwenthal zufolge ist dieses autoritäre Denken in den kapitalistischen Verhältnissen angelegt, da Entfremdung eines der im Kapitalismus bestimmenden Momente ist. Trotz der Erfahrung von Gängelung durch den Chef und das soziale Umfeld ist man eher geneigt, Herrschaftsverhältnisse zu affirmieren, anstatt sich mit anderen Unterdrückten zu solidarisieren und gegen die Herrschaft zu organisieren.

Wie wir gesehen haben, klagen viele Incels in ihren Beiträgen über Einsamkeit und Vereinzelung; das Einzige, was ihnen anscheinend bleibt, ist ihre virtuelle Echokammer. Auch wenn Incels großspurig von sich selbst behaupten, sie seien eine Selbsthilfegruppe, so offenbaren keine fünf Minuten Recherche in den Foren diese Behauptung als eine Lüge. Ihr komplettes Weltbild zeichnet sich durch Fatalismus, Nihilismus und Frauenhass aus. Auch wenn sie sich selbst als die Verlierer des sexuellen Wettbewerbs sehen, kommen sie nicht auf die Idee, selbigen progressiv überwinden zu wollen. Sie gehen von einer sozialchauvinistischen und biologistischen Vorstellung von Beziehungs- und Geschlechtsleben aus und thematisieren ihr nie enden wollendes Leid unter derselben, aber sie identifizieren sich doch zu sehr mit patriarchalen Verhältnissen, um diese beispielsweise im Sinne des profeministischen »Men's Liberation Movement«, das sich kritisch mit den Zurichtungen hegemonialer Männlichkeitsvorstellungen auf Männer selbst beschäftigt, zu hinterfragen. Die australische Geschlechterforscherin Raewyn Connell verwendet hierfür den Begriff der »Kathexis«, mit welchem sie die emotionalen Bindungsmuster von Männern untereinander beschreibt. Obwohl sich Incels am »unteren Ende« der Männlichkeitskette verorten und auf ihren Foren darüber jammern, von attraktiven Männern »gemoggt« (also mit der eigenen Unattraktivität konfrontiert) worden zu sein, fühlen sie sich dem Phallus-Kollektiv weitaus zugehöriger, als sie es Frauen je sein könnten. Dieser Identifikation mit anderen Männern, und dem Wunsch, durch den Hass auf Frauen Teil des Männerbundes zu sein, ist es auch zuzuschreiben, dass Incels bittererweise niemals auf die Idee kämen, binnenmännliche Strukturen radikal zu hinterfragen. Connell sortiert Männlichkeiten nach den Kategorien hegemoniale, komplizenhafte und marginalisierte Männlichkeit. Hegemoniale Männlichkeit steht für das gesellschaftlich vermittelte Idealbild, das die Herrschaft aller Männer über alle Frauen garantieren und legitimieren soll, aber auch an der Spitze der »Männlichkeitspyramide« steht. Chads sind Überzeichnungen hegemonialer Männlichkeit. Incels würden sich selbst als »marginalisierte«, also untergeordnete und diskriminierte Männer bezeichnen, dabei fallen sie eigentlich, vor allem wenn es sich um weiße Incels handelt, in die Kategorie, die Connell als »komplizenhafte Männlichkeit« bezeichnet: »Als komplizenhaft verstehen wir in diesem Sinne Männlichkeiten, die zwar die patriarchale Dividende (also die gesellschaftliche Vormachtstellung) bekommen, sich aber nicht den Spannungen und Risiken an der vordersten Frontlinie des Patriarchats aussetzen.« Dies leugnen Incels aber vehement, da sich für sie diese Vormachtstellung im Zugang zu Sex äußert.

Ein wenig kann man Incels mit einem schmollenden Teenager-Sohn vergleichen, der sich vom Vater und älteren Bruder unverstanden, ausgeschlossen und abgewertet fühlt, sich trotzdem mit jeder Faser seines Seins nach deren Akzeptanz und Anerkennung sehnt, dies aber aus infantilem Trotz verleugnet.

Statt Solidarität also: weiter der »Malaise« sich hingeben und sein eigenes Gefühl von Leid dadurch kompensieren, seinen Frust am designierten Opfer »Frau« auszulassen – zumindest darüber kann man sich den insgeheim bewunderten Chads gemein machen.

Die Erkenntnis, dass das Gefühl der Entfremdung, das nicht nur Incels umtreibt, in der Herrschaft des Kapitalverhältnisses verwurzelt ist, das sogar unsere intimsten Beziehungen deformiert und dazu führt, dass wir unsere Mitmenschen als Mittel statt als Zweck betrachten, geht Incels leider ab – wie sie so vielen abgeht. Stattdessen hat man ihre Notwendigkeit in Form eines falschen Bewusstseins internalisiert und verteidigt die kapitalistische Herrschaft sogar, obwohl sie den eigenen Bedürfnissen offensichtlich diametral entgegensteht. Dies ist auch bei Incels, die sich gerne dem wirtschaftslibertären und extrem marktchauvinistischen Spektrum zuordnen, der Fall. Andere Incels behaupten übrigens, dass der Libertarismus Incel-Interessen zuwiderlaufe, und betrachten den Nationalsozialismus als bestes System. Ignoriert wird, dass Marktchauvinismus und Faschismus hervorragend zueinander passen, aber durch ausgefeilte politikwissenschaftliche Analysen haben sich Incels bisher generell noch nicht ausgezeichnet.

Nun ist es auch so, dass diese kapitalistischen und patriarchalen Verhältnisse dazu beitragen, dass man, anstatt sie progressiv zugunsten einer freien und solidarischen Gesellschaft überwerfen zu wollen, eher autoritäre Charakterzüge entwickelt; es ist ein System, das Rücksichtslosigkeit fördert und Empathie und Solidarität verurteilt. Die gesellschaftlichen Verhältnisse wirken sich von klein an auf die psychische Struktur des Individuums aus; darauf, wie es mit sich selbst und anderen Menschen umgeht – in der Regel leider rein instrumentell. Es ist also naheliegend, ohnehin schon gesellschaftlich designierte Feindbilder wie Frauen oder Juden für das eigene Leid verantwortlich zu machen, anstatt die jedem einzelnen Individuum gegenüber barbarische kapitalistische Gesellschaft, die den Wert eines Individuum nur an dessen Verwertbarkeit bemessen kann.

Die Verantwortung, dieses Gefühl von Malaise auszugleichen, haben die Frauen – der emotional verkrüppelte Männerbund kann und will diese Frauen zugeschriebenen Gefühle wie Empathie oder Wärme nämlich nicht liefern. Sie sind es, deren Zuneigung den erfahrenen Frust auszugleichen hat, an Frauen wird die Erwartung gestellt, auf individueller Ebene die Zurichtungen der Gesellschaft auszugleichen. In der Lage, diese Zuneigung tatsächlich auch zu empfangen oder gar zu erwidern, sind leider die wenigsten dieser Männer. Denn um zu lieben, müsste man das Gegenüber als Subjekt anerkennen; bei Männern, die Frauen den Subjektstatus abgesprochen haben, ist dies jedoch unmöglich. Zudem haben sie sich alle Mühe gegeben, ihre Fähigkeit, zu fühlen, abzuspalten und zu vernichten. Und für Incels, die Beziehungen ohnehin nur herrschaftsförmig zu denken in der Lage sind und für die Zuneigung und Liebe immer mit Geschlechtsverkehr einhergehen, bedeutet das: alle Probleme werden gelöst, sobald man nur mal einen wegstecken kann. Dies ist natürlich nicht der Fall; die Lösung kann nur lauten: Selbstliebe zu entwickeln – was in einer Gesellschaft, die vom Menschen verlangt, sich nie gut genug zu sein und immer weiter nach Selbstoptimierung zu streben, geradezu ein subversiver Akt ist – und erfüllende, nicht entfremdete Beziehungen zu anderen zu entwickeln. Und, letztendlich: eine Gesellschaft, die den Menschen selbst nicht verroht und entfremdet.

Incels, Neonazis und Männerrechtler sind nicht bloß autoritäre Persönlichkeiten, sondern Teile einer sogenannten »autoritären Revolte« (Volker Weiß). Obwohl sie sich mit dem herrschenden patriarchal-kapitalistischen System identifizieren und dieses verteidigen, leugnen sie dessen Existenz. Statt dessen imaginieren sie sich das Leben als Knechte einer »Femokratie«, einer Gesellschaft, die von Frauen und jüdischen Kommunisten beherrscht wird und in der sie, die Männer, von gemeinen Weibern allzeit unterdrückt werden. So können sie sich, obwohl sie nichts anderes sind als gekränkte Reaktionäre, sich selbst glauben machen, dass sie eigentlich Rebellen gegen »die da oben« seien und ihr verbitterter Hass auf alles Andere ein Akt der Revolte.

Sie sind die tapferen Kämpfer in einem Kulturkrieg, in dem alle Mittel legitim sind: von kleinen Gemeinheiten im Zwischenmenschlichen bis hin zum Terrorakt.

Gewalt als Mittel zur Mannwerdung

Würden Incels in ihren Foren verbleiben und sich dort in ihrem Selbsthass und meinetwegen auch in ihrem Frauenhass suhlen, wäre das zwar extrem bitter, aber nur gefährlich für Incels selbst. Aber dabei bleibt es nicht, denn Incels führen einen Krieg gegen Frauen, der von Online-Angriffen über reale Gewalt bis hin zum Terrorakt reicht.

Diese Angriffe sind vielfältiger Natur. Incels belästigen auf Social-Media-Plattformen wie *Twitter* und *Reddit* Feminist*innen, Frauen oder queere Menschen, ein Hobby, das sie sich mit der Mehrheit rechter Online-Nutzer teilen. Mitglieder des Incel-kritischen Subreddit *IncelTear* berichten regelmäßig davon, Drohnachrichten zu erhalten, die bis zu Vergewaltigungsandrohungen reichen. Im Juni 2020 griffen Incels eine vierzehnjährige *Reddit*-Userin dafür an, satirische Comics über die Incel-Szene zu produzieren, das Mädchen erhielt Drohnachrichten, in denen die Angreifer offenbarten, ihren Namen und ihre Adresse zu kennen.[155] Eine andere, ebenfalls noch jugendliche *Reddit*-Userin wurde auf dem Forum *incels.co* gedoxxt, als Strafe dafür, an ihrer Schule in einem Vortrag über das Gefahrenpotential dieser Online-Subkultur aufgeklärt zu haben[156].

Eine andere Frau berichtet darüber, ein anonymes Foto ihres Körpers (das Gesicht war nicht sichtbar) auf einem Subreddit für erotische Fotos veröffentlicht zu haben. Ein Incel fand anhand des Profils der Nutzerin ihre private Mail-Adresse heraus und veröffentlichte ihren Klarnamen auf diversen Subreddits, außerdem versuchte er, ihren Wohnort ausfindig zu machen.[157] Ein*e

User*in gibt an, mit Doxxing bedroht worden zu sein[158], und eine weitere Person erzählt, dass ein Incel die *Snapchat*-Kontaktdaten einer Frau, die ihn abgewiesen hatte, auf dem Incel-Subreddit *Standardcels* veröffentlicht hat – eine implizierte Aufforderung zur Belästigung.[159] Zugegebenermaßen bin auch ich etwas um potentielle Drohungen besorgt, die nach der Veröffentlichung dieses Buches auf mich zukommen könnten.

Wie viele Akteure der Gamergate-Kampagne sich explizit als Incels bezeichnen, kann man nicht sagen, aber da Gamergate maßgeblich von Boards wie *4chan* ausging, ist davon auszugehen, dass es Überschneidungen zwischen Incels und Akteuren von Gamergate gab und gibt.

Online-Belästigung kann Menschen, die selbst nicht davon betroffen waren, als Lächerlichkeit erscheinen – »mach doch einfach den Rechner aus!« –, die psychischen Folgen sind jedoch nicht zu unterschätzen.

Eine weitere Incel-Strategie, Frauen für ihr Frausein zu bestrafen, stellt das sogenannte »Chadfishing« dar. Beim »Chadfishing« geben sich Incels auf Dating-Apps wie *Tinder* als attraktive Männer aus, um in Kontakt mit Frauen zu treten. Einerseits gilt es, anhand eines herablassenden Umgangs mit den Opfern zu beweisen, dass Frauen ohnehin nur Arschlöcher begehren, andererseits geht es darum, Frauen zu belästigen. Ich habe auf *incels.co* einen detaillierten Ratgeber gefunden, wie man anhand von Chadfishing an Nacktbilder gelangt.[160] Es gab ein Subreddit namens *Chadfishing*, auf dem Incels sich über ihre Erlebnisse austauschen konnten. Außerdem betrieben die User einen *Discord*-Kanal, auf dem sie intime Bilder ihrer Opfer austauschten.[161] Glücklicherweise sind sowohl der *Discord*-Kanal als auch das Subreddit inzwischen gelöscht. Besonders infam ist der Chadfishing-Trend, ein Date mit den Opfern zu vereinbaren und entweder nicht aufzutauchen oder tatsächlich zu dem vereinbarten Treffen zu erscheinen, um die Frau zu beschimpfen und das Ganze im schlimmsten Falle zum Amüsement der Incel-Community zu filmen und ins Internet zu stellen, auf *YouTube* gibt es mehrere Videos.

Wie so vieles, was Incels tun, ist Chadfishing jedoch eine Form der Selbstsabotage: entweder konfrontiert man sich bewusst mit dem, was man nicht haben kann, und fügt sich so selbst aktiv Schaden zu, oder man muss feststellen, dass das Interesse von Frauen an herablassenden und bedrohlich anmutenden Chads doch geringer ist als angenommen.

Gefährlicher wird es, wenn Incels es ihrem Vorbild Elliot Rodger gleichtun und sich durch konkrete Gewaltakte an Frauen rächen wollen. Dies können kleine Gemeinheiten sein wie »Ich habe mich im Supermarkt an der Kasse vor ein Foid gedrängelt«[162], aber auch konkrete sexualisierte und sexuelle Gewalt. »Ich bin gestern Nacht in einen Club gegangen und habe 20–30 Frauen begrabscht«[163], oder »Ich habe eine nichtweiße Hure verängstigt«, jemand profiliert sich damit, eine Jugendliche verfolgt zu haben, um sich an ihrer Angst zu weiden.[164]

Dann das permanente Kokettieren mit Vergewaltigung: »Ein betrunkenes Mädchen ficken = Vergewaltigung? Wäre mir neu«,[165] »Du kannst deine Partnerin nicht vergewaltigen«,[166] auf dem Forum *looksmax.me* gibt es einen Thread, auf dem die User Videos und Bilder vergewaltigter oder ermordeter Frauen austauschen,[167] ein anderer User postet Bilder seiner Mitschülerinnen und fordert: »Bewertet mein nächstes Vergewaltigungs-Opfer!«[168] Auch hier: nur eine kleine Auswahl an Beispielen.

Es gibt, um das noch einmal zu betonen, ein Forum, das darauf ausgelegt ist, Vergewaltigung vor allem von Kindern zu glorifizieren, und in dem die User Videos austauschen, in denen Kinder missbraucht werden.

User von Foren wie *incels.co, Kiwifarms* oder Imageboards

behaupten regelmäßig, man würde das alles nicht ernst meinen und es sei nur »for the lulz«. Dass man jedoch konkrete Gewalt gegen Frauen als Witz begreift, zeigt schon die eigene Verrohung. Der Autor David Neiwert, der sich seit Jahren mit der Alt-Right beschäftigt, kommt zu dem Schluss, dass Trolle sich einige Eigenschaften mit klassischen Sadisten teilen. Ausgehend von einer 2014 an der Universität von Manitoba durchgeführten Studie erläutert er, dass Online-Trolle die »dunkle Tetrade« psychologischer Eigenschaften teilen: Machiavellianismus, Narzissmus, Psychopathie und Sadismus. Sowohl Trolle als auch Sadisten würden sich am Leid anderer erfreuen, Trolle hätten sich den virtuellen Raum als Spielplatz auserkoren, um anderen, in der Regel Marginalisierten oder linkspolitischen Aktivist*innen, zu schaden.[169]

Glücklicherweise sind viele User dennoch zu gehemmt, die eigenen Fantasien tatsächlich wahr werden und ins reale Leben treten zu lassen. In diesen Boards, auf denen Gewalt gegen Frauen glorifiziert wird und man sich gegenseitig anstachelt, es Männern wie Elliot Rodger gleichzutun, wird jedoch der Grundstein für solche Terrorakte gelegt. Nicht jeder User der Boards ist ein potentieller Terrorist, aber dennoch: potentielle Terroristen lassen sich dort durchaus finden.

Seit dem Mord eines gerade erst siebzehnjährigen Incels an einer Sexarbeiterin in Toronto im Februar 2020 werden Incel-Attentate in Kanada als Terrorismus eingestuft. Auch das Texan Department of Public Safety nennt Incels in einem öffentlichen Dokument zur Gefahrenlage eine potentielle terroristische Bedrohung. Im Juni 2019 eröffnete ein schwer bewaffneter und in Rüstung gekleideter junger Mann das Feuer auf die Eingangstür eines Gerichtshauses in Dallas, Texas; der Täter hatte zuvor online Incel-Inhalte geteilt. Wie die von mir am Anfang des Buches aufgezählten Incel-Terrorakte unterstreichen, ist die

Einstufung von Incels als Terroristen nicht weit hergeholt. Nach dem US-amerikanischen Terrorismusforscher Bruce Hoffmann lässt sich »Terrorismus [...] als bewusste Erzeugung und Ausbeutung von Angst durch Gewalt oder die Drohung mit Gewalt zum Zweck der Erreichung politischer Veränderung definieren. [...] Der Terrorismus ist spezifisch darauf ausgerichtet, über die unmittelbaren Opfer oder Ziele des terroristischen Angriffs hinaus weitreichende psychologische Effekte zu erzielen. Er will innerhalb eines breiteren ›Zielpublikums‹ Furcht erregen und dieses dadurch einschüchtern.«[170] Alek Minassian gibt bei seinem Verhör an, dass es sein Ziel war, »Normies in einen Terrorzustand zu versetzen«.

Auffällig ist: jene Bevölkerungsgruppe, die am anfälligsten dafür ist, Terroristen zu werden, sind junge Männer – seien es Jihadisten, Rechtsradikale oder eben Incels (einer der Gründe, wieso Terroristinnen medial mit so großer Aufmerksamkeit bedacht werden, ist vermutlich, dass sie vergleichsweise seltener auftreten als Terroristen. Außerdem hat es den Vorteil, dass man sich voyeuristisch an Frauen mit Knarren abarbeiten kann und nicht über Männlichkeit und Terrorismus sprechen muss).

Betrachten wir die Motive von Incel-Attentätern, gibt es ein wiederkehrendes Moment: Rache. Elliot Rodger, dessen Manifest ich ausführlich analysiert habe, nannte den Tag seines Massenmordes den »Tag der Wiedergutmachung«. Christopher Harper-Mercer schrieb, es sei »nicht fair«, dass schwarze Männer Partnerinnen hätten, und dass ihn eine »dunkle Welt« für seine Taten willkommen heißen und ihm die ersuchte Macht geben würde. Alek Minassian, der nach Selbstangaben mit Rodger und Mercer in Kontakt war, gab in seinem Geständnis an, dass es »Zeit ist, gegen die Chads und Stacys aufzustehen«. Auch der Attentäter von Toronto verwendete den Begriff des »Tags der Wiedergutmachung«. Die Täter fühlten sich von Frauen so unermesslich gekränkt, dass ihnen der Terrorakt als einzige legitime Form des Umgangs erschien.

Der Soziologe Michael Kimmel schreibt über Amokläufer in Schulen: »Was Kränkung in Massenmord verwandelt, ist Anspruchsdenken, ein Gefühl, dass Gewalt gegen andere, andere verletzen so wie man selbst verletzt ist, vollkommen gerechtfertigt ist. Gekränktes Anspruchsdenken rechtfertigt Rache gegenüber allen, die dir Unrecht getan haben, es ist die Kompensation für Demütigung. Demütigung ist Entmännlichung: demütige jemanden und du nimmst ihm seine Männlichkeit. Für viele Männer muss Demütigung gerächt werden, oder man hört auf, Mann zu sein. Gekränktes Anspruchsdenken ist eine geschlechtsspezifische Emotion, eine Verbindung der Erniedrigung verlorener Männlichkeit und dem Anspruchsgefühl und der moralischen Anforderung, es zurück zu bekommen. Und dieses Geschlecht ist männlich.«[171] Es gibt kein Drumherumreden oder Leugnen: die männliche Sozialisation vermittelt, erfahrenes Unrecht, ob dieses nun real oder nur vermeintlich sein mag, durch Gewalt aus der Welt zu schaffen.

Minassian, der Elliot Rodgers Attentat als »Aufstand der Beta-Männer gegen die Chads und Stacys« beschreibt, nennt als Ziel der Incel-Rebellion den »Sturz der Chads, so dass sich die Stacys mit den Incels paaren müssen« (man könnte zynisch von einer »Umverteilung der Güter« sprechen); glücklicherweise ist die Vollendung dieser von dem Täter angestrebten Incel-Rebellion vollkommen utopisch. Er plant, die Chads zu stürzen, um Sex mit Frauen zu haben und so selbst in den Zustand eines Chads aufzusteigen (an dieser Stelle gilt es, sich noch einmal in Erinnerung zu rufen, dass Incels Sex zu haben als »to ascend«, also quasi das fast schon transformative Aufsteigen in eine neue Existenzebene bezeichnen). »Ich will endlich handeln und aufhören, mich in meinem Elend zu suhlen«, gibt er an.

Ein Team um den Politikwissenschaftler Stephane Baele hat sich die Mühe gemacht, nach dem Attentat von Toronto den Vorgänger des Forums *incels.co*, *incels.me*, nach Reaktionen auf den Angriff zu analysieren. Zwar hätte das Administratoren-Team nach dem Angriff ein Statement veröffentlicht, das jeden Zusammenhang zwischen dem Forum und einem Attentäter, der von »Chads«, »Stacys« und »Saint Elliot Rodger« schrieb, verleugnete und Postings, die sich für Gewalt gegen Frauen aussprachen, wurden im Nachgang des Anschlags gelöscht. Dennoch blieben gewalt- und terrorverherrlichende Nachrichten extrem häufig. Ein User wird folgendermaßen zitiert: »Ich freue mich, tote Normies zu sehen, aber ich hoffe, dass der nächste Schütze eine oder zwei Vergewaltigungen mit reinbringt. Ich meine, ich mag ein bisschen ›Würze des Lebens‹, wenn es zu Massentragödien kommt (Tragödien für euch, urkomische Witze für mich). Wir müssen ein bisschen Vielfältigkeit sehen. Die immer gleichen Todeszahlen ermüden mich. Wie wäre es mit Vergewaltigungszahlen oder Säure-in-ihr-verficktes-Gesicht-Zahlen?«[172] Ein weiterer User bedauert es, dass »diese widerliche Hure [das jüngste Opfer, Stephane Baele] einen schnellen Tod starb. Ich wünschte es [sic] hätte stattdessen seine Beine abgeschnitten bekommen und langsam ausgeblutet.«[173] Ein weiterer *incels.me*-User schreibt: »Ein absolut glorreicher Tag. Ich ernenne diesen Mann hiermit zum Heiligen Minassian! Schlächter von Huren, Zerstörer von Normies. Möge er im Paradies seine Waifu bekommen!«[174]

Gewalt wird also gerechtfertigt, da Sex verweigert wurde. Baele erwähnt, dass diese Einstellung bei Vergewaltigern und Vergewaltigungsapologeten vorherrscht. Die meisten Kommentare hätten jedoch, wie in der empathielosen Täter-Opfer-Umkehr bei Incels üblich, die Todeszahlen heruntergespielt und den Terrorakt relativiert: »Für jeden Mord, der von einem Incel verübt wurde, gibt es 5000 Incel-Selbstmorde«, oder: »Normies sind ein Haufen

Heuchler. Nur neun Menschen sind gestorben und sie drehen durch deshalb.«[175] Der Mörder wird entschuldigt, im schlimmsten Falle zum Helden deklariert, während Opfer ignoriert oder gar verhöhnt werden. Sex, Potenz und Erfolg bei Frauen sind die Grundpfeiler der Performance von Männlichkeit: wer ein heterosexueller Stecher ist, kann sich eines Platzes an der Spitze der Kumpelhierarchie gewiss sein. Gleichzeitig wird gesellschaftlich vermittelt, dass Männern Sex zur Verfügung gestellt gehört: eigentlich hätte jeder Mann das potentielle Recht darauf, Zugang zu diesen Frauenkörpern zu haben.

Wenn Frauen also keinen Sex mit einem Incel haben, sind sie daran Schuld, dass er im Männlichkeitsrennen auf der Strecke bleibt, sie demütigen ihn dadurch, keinen Sex mit ihm zu haben, was einer Entmännlichung gleichkommt. Dass diese Entmännlichung Resultat hegemonialer Männlichkeitsvorstellungen ist, können Incels nicht akzeptieren, da sie sich ja nach wie vor mit dem Geschlechterkollektiv identifizieren, was sie immer wieder über ihre Ablehnung des Weiblichen unter Beweis stellen. Gewalt gegen Frauen kann also als Versuch betrachtet werden, zu beweisen, dass man trotz der »unmännlichen« Jungfräulichkeit eben doch ein ganzer Kerl ist! Hier sind Elliot Rodger und Seung-Hui Cho interessant: gerade asiatischen Männern wird in einer weißen Mehrheitsgesellschaft regelmäßig die Männlichkeit abgesprochen; ihre Massenmorde können also durchaus unter der Perspektive betrachtet werden, dass sie den Beweis erbringen wollen, auch (oder gerade) der effeminiert gelabelte asiatische Mann mache vor dem männlichsten aller Akte, dem Terror- als Racheakt, nicht halt. Also: sich die Waffe zu schnappen oder in ein Auto zu setzen und in eine Menschenmenge zu rasen, sind nicht nur Akte der Wiedergutmachung, sondern der Terrorakt ist ein Akt der Mannwerdung.

In dem inzwischen geschlossenen Incel-Forum *truecels.org* gab es ein Board mit dem Namen *Hall of Heroes*, auf dem Incels ihren Vorbildern, den Helden ihrer Bewegung, huldigen konnten. Unter ihnen: Serienmörder, Jihadisten, Neonazis, Amokläufer.

Einer von ihnen: der Islamist Omar Shafik Hammami, der »größte Incel, der jemals gelebt hat«. Hammami war ein amerikanischer Salafist, der sich dem somalischen Jihad angeschlossen hatte und schnell zu einer jihadistischen Ikone aufgestiegen war. Das Kalifat des Islamischen Staates übt auf Incels eine immense Faszination aus. In ihren Foren und auf dem Subreddit *Braincels* grübelten User, ob das Kalifat die Erfüllung ihrer »Incel Rebellion« und der Islamismus die angemessen kriegerische Religion sei, um sich gegen Feminismus, Juden und Gender-Mainstreaming zu verteidigen. Einige Incels kokettieren offen mit dem Islamischen Staat: »Der IS glaubt, dass arabische Verräter und säkulare Muslime schlimmer sind als Juden, weil säkulare Muslime der Feind im Inneren sind. Und sie haben Recht, alle arabischen Führer und Verräter sind Chads, sie hassen die Scharia, weil die Scharia dem degenerierten Verhalten von Chad und Stacy ein Ende setzt. Ein echter arabischer muslimischer Incel sollte mindestens etwas Sympathie für den IS haben. Der IS und alle Gruppen, die für die Scharia kämpfen, führen den Kampf der Incel-Rebellion«,[176] schreibt der User »NeetSupremacists« auf *incels.co*. Damit hat er durchaus Recht: die Reconquista des Jihadismus setzt sexuelle Gewalt als eine Waffe ein, um Frauen (als Individuen wie auch Vertreterinnen ihrer Familien, Religion oder Volksgruppe) zu demütigen. Für Incels wird dieser Krieg gegen Frauen zwar nicht im Namen Allahs geführt, sondern prinzipiell gegen die Kränkung, noch keinen Sex gehabt zu haben, aber wer nimmt es da schon so genau, solange man systematisch vergewaltigen kann und Minderjährige zur Ehefrau versprochen bekommt?

Es ist nicht weiter verwunderlich, dass auf den Foren damit kokettiert wird, sich dem Islamischen Staat anzuschließen: »Jeder

Incel, der zum Islam konvertiert, wird mit einer Jungfrau belohnt werden!«, heißt es dann. Mit einer zwölfjährigen Jungfrau, um genau zu sein. Dies stößt auf helle Begeisterung, da eine Zwölfjährige »viel gefügsamer ist [als eine Sechzehnjährige] und leicht geformt werden kann«.[177] Muslimischen Incels wird das sogenannte »Islammaxxing« angeraten: sich den denkbar regressivsten Auslegungen ihrer Religion zu verschreiben, um sich eine Partnerin zu sichern.[178] Wie lange ein Incel es im syrischen Bürgerkrieg aushalten würde, ist jedoch die andere Frage.

Ein anderer Mann, der es Incels angetan hat, ist der rechte Massenmörder Anders Breivik, dessen Tempelritterfantasie auf der Insel Utøya 77 Menschen zum Opfer fielen. »Anders Breivik erhält jedes Jahr hundert Liebesbriefe von ›foids‹. Er hat so eine faszinierende Persönlichkeit«, so ein User auf dem inzwischen gelöschten Subreddit *braincels*. Andere Postings deklarieren Breivik zum »Nelson Mandela Europas« oder nennen die Dokumentation über den Anschlag auf Utøya »inspirierend«. »Ich musste mehrere Male laut auflachen, als ich den Film sah«, schreibt der User »Getlooksordie«, und »Fightcel« stimmt ihm zu: »Auf jeden Fall. Wenn diese behinderten Kinder über Politik und ihre liberalen Wahnvorstellungen reden ...«[179]

Ein anderer Thread über Breivik macht ihn sogar als einen ehemaligen Incel aus: »Anders Breivik war ein Incel, der zum Gymcel wurde«[180]. Ein Artikel des *TIME-Magazine* lässt einen Kindheitsfreund zu Wort kommen, der über Breiviks Wunsch nach plastischer Chirurgie wie auch dessen Erfahrungen mit Bullying Auskunft gibt.[181] Breivik hatte Unmengen an Zeit in die Online-Rollenspiele *World of Warcraft* und *Modern Warfare 2* gesteckt, vergeblich nach gesellschaftlicher Anerkennung gesucht und war erfolglos bei Frauen, wie die Autorin Åsne Seierstad in ihrer *Einer von uns* betitelten Analyse des Massenmörders beschreibt. Seine Feindbilder: der kulturelle Marxismus, der Feminismus und der

Islam – letzterer jedoch, wie bei so vielen Rassisten, vor allem als Projektionsfläche.

Anders Breivik ist zudem jener Mann, an dem sich viele der alleine agierenden Rechtsterroristen des 21. Jahrhunderts orientieren: ihm gelang es im Alleingang, 77 Sozialist*innen – Vertreter*innen der ihm verhassten Moderne, des Feminismus, Internationalismus und der Solidarität – zu ermorden. Durch seine Tat wurde er auch zum Vorbild ungezählter Möchtegern-Terroristen.

Auch auf dem Forum *incels.co* gibt es einige Threads, in denen man dem Incel-Helden huldigt: »Wer ist euer liebster Incel-Held; im Sinne von: jemand, der das Inceltum vorangebracht hat?«[182], oder eine Collage mit »jedem Incel-Massenmörder vom 20. Jahrhundert bis zum heutigen Tag«, deren Erstellen laut Selbstangaben des Verfassers »Ewigkeiten« gedauert hätte.[183] Elliot Rodger wird konsequent als »Heiliger« und »Supreme Gentleman« bezeichnet. Die Botschaft ist klar: Töte Frauen, räche dich an der Kränkung Sexlosigkeit und du wirst zu einem Helden. Der Amokläufer Harper-Mercer bezeichnete Menschen wie Rodger, Cho oder die Columbine-Attentäter als »Menschen, die Elite sind, Menschen, die mit den Göttern stehen«.[184]

Die Seite *Encyclopaedia Dramatica*, die sich selbst als ein auf »schwarzem Humor« basierendes satirisches Nachschlagewerk definiert (»schwarzer Humor« bedeutet hier, wie leider so oft, gruppenbezogene Menschenfeindlichkeit zu reproduzieren und zu behaupten, man täte es »for the lulz«), verfügt über eine »Highscore-Liste«, die Massenmörder und Terroristen aufzählt. Zwar läutet man den Artikel mit der Aufforderung »Schaffe es bloß nicht auf diese Liste, Trottel« ein, legt dann aber direkt los, Attentate nach der Anzahl ihrer Opfer einzustufen und sich darüber zu freuen, mit diesen Aufzählungen sicher ein paar überempfindliche Normies triggern zu können. Dies ist auch ein Grund für die Manifeste, Videos und Livestreams der Incelterroristen: der Attentäter ist kein unbedeutender Lauch mehr, sondern er ist eine Berühmtheit geworden, der man im Internet Tribut zollt, und die im besten Falle andere dazu inspiriert, ebenfalls zur Waffe zu greifen: »Mein Ratschlag für andere wie mich ist es, sich eine Waffe zu kaufen und Menschen zu töten«, schreibt Harper-Mercer. Der Attentäter von Halle benennt in seinem Schreiben als eines seiner Ziele, andere »unterdrückte Weiße« aufzuwecken.

Betrachten wir die Attentate und Shootings, die innerhalb der letzten Jahre von »Lone Wolf«-Tätern ausgeführt wurden, finden sich Parallelen: es handelt sich um junge Männer, die sich auf rechten Internet-Plattformen radikalisiert, die Manifeste verfasst und ihre Taten live auf Seiten wie dem rechtsradikalen Imageboard *8chan* verlinkt haben. Sie alle verkörpern den gleichen Typus des Täters: Männer, die die narzisstische Kränkung nicht mehr ertragen konnten, trotz ihres Geschlechts nicht mehr tagtäglich vermittelt zu bekommen, die unangefochtene Krone der Schöpfung zu sein, sondern ein Lauch wie jeder andere auch. Und um diesen Angriff auf die weiße und männliche Hegemonie wiedergutzumachen, die Kränkung zu kompensieren, trotz seiner intellektuellen und sonstigen Überlegenheit lohnarbeiten zu müssen wie jeder andere auch, und, anstatt sich vor den eigentlich verdienten Zuwendungen jungfräulicher Schönheiten kaum retten zu können, lediglich das mit einer knapp bekleideten Anime-Figur bedruckte Kissen ansabbern zu dürfen, greift man zur Waffe. Durch den Livestream, den übrigens auch Anders Breivik geplant hatte, der aber an technischen Schwierigkeiten scheiterte, bietet man anderen gekränkten Männern ein Schauspiel, man wird zu einer Internet-Berühmtheit. Anders Breivik hatte auch vorgehabt, die frühere norwegische Ministerpräsidentin Gro Harlem Brundtland auf Utøya zu enthaupten und dies im Stil eines IS-Propagandavideos abgefilmt ins Internet zu stellen.

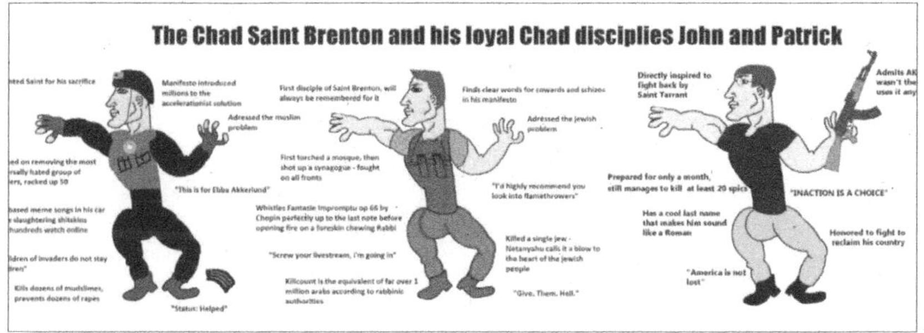

Dieses Meme, das mutmaßlich vom Attentäter stammt, der im August 2019 mit Schusswaffen ausgestattet in die Al-Noor-Moschee in Bærum bei Oslo eingedrungen war und zum Glück von einem 75 Jahre alten Moscheebesucher vom Ausführen des geplanten Terroraktes abgehalten werden konnte, verdeutlicht meine These des Terroraktes als Form der Mannwerdung: es zeigt die Attentäter von Christchurch, Poway und El Paso als »Chads«; sie sind also durch den Mord an Juden und Menschen mit Migrationshintergrund zum Paradebeispiel für Hypermaskulinität aufgestiegen.

Zudem hat der Terrorakt für Incels auch durchaus eine sexuelle Komponente, wie dieser auf dem Subreddit »I'm a total piece of shit« dokumentierte Post aus dem inzwischen gelöschten *Braincels* nahelegt. »Werden Stacys bei School Shootings feucht?«, fragt sich der Verfasser und analysiert in dem pseudowissenschaftlichen Jargon eines Schlaumeiers, der ansonsten unter einem Jordan-Peterson-Video die Zweifler belehrt, direkt los: »Wir alle wissen dass Frauen attraktive und dominante Männer lieben. Im Kontext eines School Shootings ist der Attentäter der dominanteste aller Männer (das heißt, er transzendiert seinen momentanen Status in der Hierarchie und wird temporär zum Ultra-Chad). Betrachtet man die gegebene räumliche Nähe zu diesem Ultra-Chad während eines Shootings, gilt es zu mutmaßen, dass Weibchen, obwohl sie um ihr Leben fürchten müssen, gleichzeitig extreme sexuelle Erregung gegenüber dem Attentäter verspüren; sie hoffen darauf, dass er, anstatt sie zu ermorden, den Geschlechtsakt mit ihnen vollzieht. Ist meine Theorie korrekt? Wurden diesbezüglich Studien durchgeführt?«[185] Wenn man Frauen also schon nicht ficken kann, weil man ein uninteressanter Incel ist, dann muss eben das Nächstbeste her: sich die phallische Waffe schnappen, um sich schießen und temporär zum Ultra-Chad werden. Und da man sich Zeit seines Lebens für einen ungefickten Versager hielt, der den lieben langen Tag damit verbracht hat, allein zuhause bei *4chan* zu schimpfen, alle tätowierten Frauen seien Schlampen, statt durch klassische männliche Initiationsrituale wie Trichtersaufen oder das erste Mal Sex und anschließend damit vor den Kumpels prahlen (oder was auch immer so Jungs-Initiationsriten sind, ich war zum Glück auf einer Mädchenschule), versucht man, sich durch den männlichsten aller Akte zum Mann zu machen: Gewalt gegen Frauen.

Klaus Theweleit schreibt in *Männerphantasien,* worin er die (autobiographischen) Erzählungen preußischer Soldaten untersucht und eines der Grundlagenwerke zum Verhältnis von Männlichkeit und Faschismus vorgelegt hat, vom »Fragmentkörper« oder »Nicht zu Ende Geborene«. Theweleit beschreibt das »Ende der Geburt« als ein Stadium, in dem der Mensch sich von der Mutter gelöst und sein eigenes Selbst zur Mutter und Umwelt herausdifferenziert hat, an dessen Ende die Herausbildung eines »Ich«, also des Bewusstseins über den eigenen Subjektstatus steht. Die Männer, von denen Theweleit schreibt, haben »dieses Stadium der Entwicklung aller Wahrscheinlichkeit nach nie erreicht«.[186] Diese Männer bei Theweleit sind selbstverständlich keine Incels, sondern protofaschistische Soldaten. Wie kann man die These Theweleits über Männer, die sich durch militärischen Drill, die Versagung der Entdeckung von Lustempfinden und eine ›verschlingende‹ mütterliche Zuwendung auszeichnen, auf Incels anwenden, bei denen diese Aspekte fehlen (zumindest der Aspekt der preußisch-militärischen Zurichtung, wie es bei dem einzelnen Incel mit der Mutterbeziehung aussieht, vermag ich nicht zu sagen)? Ausgehend von den Psychoanalytikerinnen Margaret Mahler und Melanie Klein schreibt Theweleit von dem Ich dieser Nicht-zu-Ende-Geborenen als »fragmentiertem Ich«, das mit psychotischen Kindern verglichen werden kann. Diese Männer befinden sich in einer »ständigen Angst vor dem Zerfall, und zwar des Zerfalls *des eigenen Körpers«.* Faschistisches Denken ist nun einmal nicht rational, nach Theweleit ist es die Reaktion auf eine wahrgenommene Bedrohung des eigenen Körpers, dessen Auflösung und Zerfließen befürchtet wird. »Negativ behandelte Körper entwickeln keine oder nur eine rudimentäre libidinöse Besetzung der eigenen Körpergrenze, also ihrer Haut. Sie fühlen später nicht, wo sie aufhören und wo die Außenwelt anfängt. Das Gefühl dieser Grenze wird dann von außen zugefügt. Früher traditionell durch den militärischen Drill. Die Körper werden sozusagen nachgeboren, aus dem Schmerzprinzip.«[187]

Sie fühlen sich von allem bedroht, was sie als fremd wahrnehmen – von Frauen, Juden, Migranten, queeren Menschen, und deren bloße Existenz wird als Angriff auf die eigenen Körpergrenzen aufgefasst: die Angst, das Fremde werde auch in einen selbst eindringen, wie es in die Gesellschaft »gedrungen« ist. Darauf reagiert man mit Gewalt, die Theweleit ausgehend von Mahler als »Erhaltungsmechanismus« bezeichnet: diese Bedrohung, die selbstverständlich nicht real ist, wird in einigen Fällen so unaushaltbar für die eigene Existenz, dass man ihr nur mit einer »Entlebendigung«, also der aktiv durchgeführten Vernichtung (Theweleit) des störenden Äußeren begegnen kann (Alek Minassian spricht übrigens nicht davon, dass seine Opfer tot seien, nein, sie sind: »no longer alive«). Und mit Theweleit möchte ich hier noch einmal betonen: das Ausüben von Gewalt bis hin zu Mord und Terror als Garant für die Versicherung des eigenen Selbst ist eine männliche Angelegenheit. Während der klassische Fragmentkörper, von dem Theweleit spricht, »meist schwer geprügelt oder anders misshandelt [ist], [und] in permanenter Angst vor Einbrüchen von Außen in ihre angstdurchsetzte unsichere Körperlichkeit«[188] lebt, ist unser Durchschnitts-Incel dann doch in durchschnittlichen, westlichen Mittelschichts-Familien aufgewachsen und hat eine normale oder, wie Elliot Rodger, sogar ausgesprochen privilegierte Kindheit und Jugend genossen. Und ohne den Drill des preußischen Staates mit Mobbing gleichsetzen zu wollen: eventuell nimmt das bei Jungen oft mit physischer Gewalt einhergehende Bullying, wie es viele Incels erfahren, eine ähnliche Rolle in der Herstellung des misshandelten Körpers ein. Diese demütigenden, also entmännlichenden Mobbingerfahrungen können, gerade in der Adoleszenz, einschneidend genug sein, um den Körper zu fragmentieren.

Rodger selbst legt ein Verhalten an den Tag, das sich durchaus mit Mahlers Begriff von »psychotisch« umschreiben lassen könnte: er fühlt sich von allem, was sich außerhalb seiner sehr geringen Comfort Zone befindet, bedroht, vor allem von weiblicher Sexualität. Er fühlt sich von Frauen regelrecht verfolgt: seines Erachtens nach kokettieren sie mit ihren Reizen, nur um ihm vor Augen zu halten, was sie ihm verweigern; eine Paranoia, die andere Incels teilen. Er schreibt regelmäßig davon, nach dem Zusammentreffen mit Frauen oder Paaren in Wutausbrüche zu verfallen. Die Recherche in Incel-Foren zeichnet ein ähnliches Bild: User äußern ihren Frust über Kontakte mit Frauen, deren bloße Existenz sie daran erinnert, dass sie keinen Sex haben und demzufolge keine zufriedenstellende Existenz führen, obwohl ihnen diese doch qua ihres Mannseins zusteht. Um es mit Theweleit zu sagen: Incels fühlen sich durch die bloße Existenz von Frauen von der Vernichtung bedroht, da Sex für sie etwas Lebenserhaltendes ist. Rufen wir uns Freud in Erinnerung: was einem die Erhaltungsbedürfnisse (und bei Incels ist Sex ja ein solches) verweigert, dem muss mit Hass begegnet werden. Sie sind jedoch auch nicht in der Lage, ihre Triebe zu sublimieren oder eben durch den Sexualakt auszuleben. Stattdessen: der Wunsch nach Gewalt, denn diese erscheint als einziger Ausweg. Man empfindet Erregung an Gewalt gegen Frauen, schreibt darüber, sich das Weib zu unterjochen, konsumiert Vergewaltigungspornographie. Gewalt ist nicht nur Wiedergutmachung der narzisstischen Kränkung, sondern für diese Frauenhasser etwas für ihre Existenz Notwendiges, um nicht vor Frust und Hass zu zerbersten.

Incels verbringen, stellenweise schon von der frühen Jugend an (wir sprechen hier von 14 bis 16 Jahren), einen Großteil ihrer Freizeit auf Incel-Foren oder Imageboards wie *4chan*. Es mangelt Incels zwar am militärischen Drill der in den *Männerphantasien* beschriebenen Soldatenbiographien, aber die komplette Kultur dieser Onlinesphäre steht einer Ich-Entwicklung diametral entgegen. Allem wird mit ironischer Distanz begegnet, permanent kokettiert man mit gruppenbezogener Menschenfeindlichkeit, man dehumanisiert Frauen, Marginalisierte, und letztendlich sich selbst (es ist sehr bezeichnend, dass User auf Imageboards wie *4chan* oder *Kohlchan* von sich in der dritten Person schreiben und Incels sich selbst permanent mit Begriffen wie »Untermenschen-Abschaum« titulieren; gleichzeitig jedoch findet eine scheinbar paradoxe Überhöhung der eigenen Person als Mitglied einer erleuchteten Gemeinschaft statt). Und auch dann, wenn sie nicht zu Soldaten gemacht werden, wähnen sie sich in einem omnipräsenten, unausweichlichen Krieg, sie fühlen sich permanent angegriffen: von Frauen, »Chads«, sich selbst, der Gesellschaft. Ausweg aus der Misere ist im besten Fall »den Elliot Rodger machen« und ebenfalls den misogynen Terrorakt begehen, sich für das erlittene Unrecht zu rächen, keine submissive jungfräuliche Sexsklavin zu haben, oder aber der Suizid.

Incels verweigern jegliche Auseinandersetzung mit dem Anderen, Frauen existieren nur als Projektionsfläche für alles erdenklich Schlechte. Durch den Wunsch nach weiblicher Zuneigung, der jedoch gleichermaßen aus Frauenhass direkt wieder abgelehnt wird, gräbt man sich ein Loch, aus dem es unmöglich ist zu entkommen und kreidet dieses Elend Frauen an. Dies ist eine ausgesprochene Form der Selbstentmündigung und Selbstinfantiliserung. Anstatt also von äußeren Zuständen in den Zustand psychotischer Kinder versetzt zu werden, kann man sagen, dass dieser Zustand von einer Online-Rechten, zu der Incels eben auch zählen, selbst herbeigeführt wird. Man regrediert vor sich hin, macht sich von den Handlungen anderer abhängig und reagiert mit Tobsuchtsanfällen, wenn diese oft nicht einmal ausgesprochenen und außerdem vollkommen unrealistischen Erwartungen nicht erfüllt werden. Man verbringt eine Zeit, in der man durch den Kontakt mit dem Anderen an der eigenen Identität und ihren Widersprüchlichkeiten arbeiten könnte, in einem Rückzug in eine Online-Echokammer, in der man sich Größenwahnfantasien hingibt und sich detailliert ausmalt, wie man sich an »Femoids« rächen, sie sich Untertan machen und sich selbst zu einem Vertreter der »Incel Rebellion« aufschwingen kann. Und seien wir ehrlich: diese komplette Verweigerung der Auseinandersetzung mit dem und Reflexion über das Andere(n), das bei Incels ausschließlich als Projektionsfläche und Feindbild existiert, trägt nicht gerade zu einer vernünftigen Ich-Entwicklung bei, eher im Gegenteil. Stattdessen verbleiben sie lieber in dem nach vollgewichsten Socken stinkenden Online-Jungszimmer, in dem man sich einen darauf runterholen kann, den Elliot Rodger zu machen und so endlich vom Cuck zum Helden aufzusteigen.

Andere »entlebendigen« zu können – oder ihnen generell

Gewalt anzutun – hat zur Vorbedingung, von sich selbst abzuspalten, dass es sich bei dem Opfer um Menschen mit Träumen, Wünschen, Hoffnungen und Zukunftsplänen handelt. Dies hat die Dehumanisierung der Opfer zur Voraussetzung, was in Incel-Foren permanent betrieben wird. Frauen sind »Femoids«, Löcher«. Personen werden »mit Sachen gleichgestellt«[189] – »Toiletten« –, zur Sache degradiert. Frauen sind keine richtigen Menschen, sondern die Ausgeburt des Bösen, und sollten am besten durch Sexroboter ersetzt werden.

Gleichzeitig ist auch eine Verrohung der eigenen Person vonnöten, um andere ermorden zu können. Die lässt sich auf den Imageboards wie *Kohlchan* oder Foren wie *incels.co* in jedem einzelnen Thread finden. Man will sich nicht emotional tangieren lassen und verhöhnt Individuen, die politischen Aktivismus betreiben, als sogenannte »Lolcows« – Menschen, die man für Lols, also Lacher, melken kann. Es ist übrigens nicht verwunderlich, dass die vor allem auf dem primär rechten Board *Kiwifarms* verhöhnten Personen oftmals trans Menschen, Feminist*innen oder politische Gegner*innen sind. Alles, was auch nur ansatzweise in den Ruch kommt, nicht vollkommen gleichgültig oder gar amüsiert über das Elend der Welt zu sein (außer natürlich, es ist das Elend, als weißer Hetero-Mann unterdrückt zu werden), wird als »Cringe« tituliert: als etwas, das in einem selbst Fremdscham hervorruft. So wird jegliche Form von emotionaler Befangenheit oder Begeisterung lächerlich gemacht, man kann sich selbst von der Außenwelt und den in ihr agierenden Menschen distanzieren. Alle, die nicht komplett desinteressiert gegenüber dem Leben, den Interessen, Bedürfnissen, Kämpfen und Leiden anderer Menschen sind, sind nun einmal »Lolcows«, über deren »cringy« Verhalten man sich besten Gewissens amüsieren darf. Einerseits wird so der Aktivismus der »Lolcows« delegitimiert, andererseits spaltet man die Auseinandersetzung mit der Frage über die Notwendigkeit, Dinge nicht nur an sich heranzulassen, sondern sich aktiv für etwas einzusetzen, von sich ab. Zynismus, Fatalismus und Nihilismus werden zur Attitüde: wieso Gefühle zeigen, wieso Energie in etwas stecken, es ist doch ohnehin alles egal! Einer der Gründe für die Popularität des »Joker« innerhalb der Incel-Community, ist seine charakteristische Eigenschaft, wirklich alles als nihilistischen Witz zu begreifen. Außer natürlich, es geht darum, sich über die allzu anspruchsvollen und vom Feminismus ruinierten Weiber zu echauffieren: da fällt die Maske des blasierten intellektuellen Welterklärers ganz schnell in sich zusammen und offenbart ein weinerliches Mannkind beim Tobsuchtsanfall. Die User dieser Foren sind mitnichten alle potentielle Terroristen, das möchte ich noch einmal betonen. Aber es wird ein Umfeld geschaffen, in dem man sich selbst, schwankend zwischen Selbstinfantilisierung (»diese miesen Feminist*innen ruinieren mir das Leben, ich bin ein armes Opfer!«), Dehumanisierung derjenigen, von denen die vermeintliche Bedrohung ausgeht (»Guck dir mal dieses Opfer an, lol«) und Legitimation der Gewalt (»Die hat es nicht anders verdient, als dass wir sie doxxen«), zunehmend unempfänglich macht, andere Menschen empathisch als Subjekte zu begreifen. Dies steht auch einer Ich-Entwicklung diametral entgegen.

Amüsiert wird sich vor allem über das Leid von Frauen. Es gibt auf Incel-Boards eine Thread-Kategorie namens »Lifefuel«, sinngemäß übersetzt »Etwas, das mir Lebenswillen gibt«.

Neben Begeisterung darüber, dass zum Beispiel bestimmte Übungen zum Muskelaufbau tatsächlich zu einem kantigeren Kiefer führen, wird immer wieder das Leiden von anderen angeführt. Im Rahmen der Corona-Pandemie erfreute man sich darüber, dass nun auch Chads und Stacys das Elend der Kontaktlosigkeit erleiden müssen[190] oder dass häusliche Gewalt ansteigt.[191] Das Leiden anderer ist für Incels das Glück. »Ich liebe es, wenn anderen menschen schlechte dinge zustoßen. Also ich lese die ›schlechten nachrichten‹ und lache grausam, sadistisch, psychopathisch. jemand gestorben? perfekt. Jemand zu einer gefängnisstrafe verurteilt? Cool. Jemand wurde opfer eines verbrechens? Das ist gut. Ein unfall? Top«[192], schreibt der User »mvp« in dem Forum *looksism.net* in dem Versuch, möglichst zynisch und abgeklärt rüberzukommen.

Ein regelmäßiger Grund für Lifefuel ist das Leid von Frauen.

Eine jüdische Feministin stirbt?[193] Lifefuel.

Eine junge Frau wird vom Auto überfahren?[194] Lifefuel.

Die Frau, in die ich mal verknallt war, hat Falten bekommen?[195] Lifefuel.

Dem Incel-Status durch Sextourismus und somit die sexuelle Ausbeutung prekarisierter Frauen entkommen?[196] Lifefuel.

Die Bekannte eines Incels wurde auf einer linken Demonstration von Polizisten verprügelt?[197] Lifefuel.

Und zum Schluss dieser Handvoll Beispiele noch einmal expliziter: »Mein größtes Lifefuel ist die Erinnerung daran, dass meine H*re von Cousine geschlagen wurde«, schreibt der User »deadinside« auf dem Forum *incels.net*. »Das passierte vor ein paar Jahren. Sie war damals 12–13 und schon trinken, sie ging auf Partys und hatte Sex mit ihrem Chad-Freund (ihr Vater sagte, er wüsste, dass sie Sex hatten). Ich hasste sie, weil sie rumhurte, Partys feierte und die Zeit ihres Lebens hatte, während ich mit Videospielen in meinem Zimmer verrottete, außerdem hat sie mich öffentlich nicht gemocht. Das Ganze passierte als meine Cousine etwas Unhöfliches zu ihrem Vater gesagt hatte, und ihr Boomer-Vater ohrfeigte sie ein paar Mal quer übers Gesicht, alle hörten es, weil die Ohrfeige so laut/hart war. Ich lächle jedes Mal, wenn ich mich an diesen Vorfall erinnere, ich wünschte, mehr Väter würden ihre Löcher so schlagen, aber offensichtlich werden Millenials das nie tun, weil Frauen unberührbar und unschuldig sind. Im Idealfall sollten Frauen gesteinigt statt nur geschlagen werden, so meiner

Meinung nach.«[198] Gewalt gegen Frauen, das bringt den Durchschnitts-Incel zum Grinsen.

In seinem Buch *Das Lachen der Täter: Breivik u.a.* (und wie man sieht: sie lachen über Gewalt gegen Frauen, auch wenn sie diese – noch – nicht eigenständig durchführen) schreibt Klaus Theweleit über das Lachen, das Mörder beim Töten ihrer Opfer überkommt, über die sadistische Freude an der Gewalttat: »Leute vom Leben in den Tod zu bringen, ist offensichtlich lustig«[199].

Theweleit hat in den *Männerphantasien* den Begriff der »Protodiakrise« verwendet, den er im *Lachen der Täter* weiter ausführt und den ich für die Analyse des von Incels geführten Kriegs gegen Frauen im Allgemeinen und den misogynen Terrorakt im Besonderen für sehr hilfreich erachte. Die »Protodiakrise« bezeichnet den Daseinszustand von Menschen, die unter der Störung leiden, nicht zwischen tot und lebendig zu unterscheiden können.«[200] Theweleit beginnt, Mörder aufzuzählen; Hutu-Milizen, Kommunist*innenschlächter in Indonesien, Anders Breivik. Ich weiß nicht, ob Alek Minassian oder Elliot Rodger gelacht haben, als sie mit dem Auto in Menschen gerast sind, aber zumindest seine Anhänger betrachten das alles als »Lifefuel«.

»Erich Fromms Versuch«, fährt Theweleit fort, »die Nazis unter dem Begriff der ›Nekrophilie‹ zu fassen hat einiges davon [der Protodiakrise] wahrgenommen, fasst aber etwas zu direkt ins Konkrete: das Lieben von Leichen. Der Typ, mit dem wir es zu tun haben, liebt nicht Leichen (irgendwie ›körperlich‹); das spricht aus diesen Vorgängen deutlich. Er – und in der Regel ist es ein Mann – scheint viel mehr den Übergang vom Lebenden ins Tote zu ›lieben‹, diesen Übergang herzustellen. Es ist, als würden sie – denn diese Männer handeln meist in Verbänden – sich des eigenen Lebens versichern, indem sie andere töten. Ihr Lachen: die Bestätigung des Gelingens dieser Selbstermächtigung.«[201] Die Zerstörung des anderen ist also vermeintlich notwendig, um das eigene, sich zerrissen fühlende Selbst wiederherstellen zu können.

Es gibt einen Grund, wieso nach dem Erscheinen von Todd Phillips *Joker* gefühlt jeder dritte Incel den Protagonisten Arthur Fleck als Profilbild wählte: dessen Inszenierung. Im Laufe des Films steigt er vom gebeutelten Versager, der durch das System fällt, zum Symbol einer nicht näher definierten Widerstandsbewegung auf. Sein regressiver Emanzipationsprozess beginnt mit dem Mord an drei Yuppies, also Männern, die den hegemonialen Vorstellungen von Männlichkeit entsprechen, und am Schluss ermordet er sogar seine Vaterfigur, einen Talkshow-Host, der Fleck in seiner Show öffentlich bloßgestellt hat. Dennoch inszeniert der Film seinen Protagonisten als Sympathieträger und suggeriert: er hat schon irgendwie Recht in dem, was er tut. Man soll Mitleid mit ihm haben für das, was ihm die Gesellschaft zumutet. Seine Morde sind, genauso wie die inhaltsleeren Proteste zum Ende des Films, legitim. Er ist kein Mörder, sondern er ist ein von der Gesellschaft zu lange unverstandener Held, wie sich regressive Täter auch sehen. Bezeichnenderweise schrieb der Attentäter Marc Lépine, der 1989 in Kanada Frauen tötete, in seinem Brief: »Auch wenn die Medien das Narrativ des psychisch kranken Täters bedienen werden, so halte ich mich selbst für einen rationalen Erleuchteten«. Die Täter, von denen wir hier sprechen, halten sich für Menschen, die über den herrschenden Gesetzen stehen, weil sie es besser wissen als der Normie. »Sie wollen ihre Eltern los sein, ihre Herkunft, die nichts bedeutet. ›Die Geschichte wird mich freisprechen‹. Den geheimen Plan der Geschichte [in unserem Fall: die Notwendigkeit der Incel-Rebellion] vollstrecken als Herrscher in der größten aller symbiotischen Einheiten: Ich/Wir und Geschichte. ›Freiheit‹. Nicht eher werden wir ruhen, bis daß ...«[202]

Letztendlich will man seine »Incel Rebellion«: die regressive Aufhebung der Verhältnisse, die einen beuteln und geißeln als kleines Rädchen im Getriebe, und hin zu einer Welt, in der man sich fühlen kann wie der absolute Übermann, weil jegliche Bedrohung – Frauen, Juden, queere Menschen, Migrant*innen – beherrscht wird. Wir erinnern uns an Elliot Rodger und die Konzentrationslager oder Brutgefängnisse für Frauen. Frauen waren ihm eine derartige Zumutung, dass sie ihm aus den Augen und aus der Welt geschafft werden müssen. Die »Incel Rebellion« ist eine Form der autoritären Revolte: man glaubt, gegen diejenigen aufzubegehren, die einem Unrecht getan haben, tritt jedoch, wie Männer es seit Jahrtausenden getan haben, nach unten auf Marginalisierte, die es wagen, am Patriarchat zu rütteln. Man will Herrscher über die Frauen sein, was sie einem momentan noch verwehren. Deshalb ziehen sie in den Krieg gegen die Moderne, und gegen all das, für was sie steht: Emanzipation, Selbstbestimmung, Hedonismus. Incels sind demzufolge Jihadisten oder Faschisten, auch wenn zumindest letztere Incels ablehnend gegenüberstehen (faschistische Gruppen wie die Proud Boys oder die Identitäre Bewegung halten Incels für depressive Versager, die keine adäquaten Mitstreiter im Kampf abgeben, man sieht sich ja selbst eher als den soldatischen Mann und Chad), gar nicht so unähnlich: Es handelt sich um Männer, deren Handeln in den eigenen Augen »Ausdruck einer postulierten Notwendigkeit der Handlungen selbst gesetzter Vereinigungen übergeordneten Rechts« sind, wie Theweleit schreibt. Sie denken also, sie handeln in gerechtem Auftrag, führen der Welt das zu, was sie eigentlich verdient haben. Deshalb auch die Manifeste, die Videos, die Livestreams: Die Täter wollen Botschafter ihrer reaktionären Ideologie sein, die nicht mehr nur im Internet, sondern mit dem Gewehr in die Welt getragen wird und von deren Wahrheit sie so überzeugt sind, dass sie für sie als Soldat in den Krieg ziehen.

Die Dehumanisierung von Frauen wie auch das Gefühl der narzisstischen Kränkung, wenn sie einem Zuwendung versagen, ist innerhalb der patriarchalen Verhältnisse und der durchschnittlichen Männersozialisation bereits angelegt. Deswegen ist es eine der wichtigsten Aufgaben unserer Zeit, und auch der Hauptgrund meiner Beschäftigung mit Incels und Männlichkeit: zu verhindern, dass Männer weiter Frauen töten, weil sie Frauen sind. Was also tun?

Der Ausstieg aus der Incel-Szene

Der aus Deutschland stammende Incel-Youtuber Hamudi Ebalz, der sich als »Oldcel« Mitte 40 beschreibt, betreibt sowohl auf dem primär von Rechten genutzten Videoportal *Bitchute* als auch auf *YouTube* einen Kanal, auf dem er primär über die Blackpill und die Erfolglosigkeit von Incels auf dem Datingmarkt spricht (woran natürlich nur eine lookistische Gesellschaft die Schuld trägt).

Hamudi wendet sich Anfang Juli 2020 in einem (englischsprachigen) Video an seine Follower und erklärt, es ginge ihm derart schlecht, dass er »nicht mehr aufwachen« wolle, »nicht mehr leben«. Er beschreibt, depressiv zu sein und das Haus nicht mehr zu verlassen. Er spricht von einer schrecklichen Ungerechtigkeit, die unsere Gesellschaft entzweit. Sein ebenfalls aus dem mittleren Osten stammendes »Looksmatch« bekäme alles auf einem Silbertablett serviert, er als Mann und Incel hingegen müsse sich von der ersten Sekunde seines Lebens an alles erkämpfen. »Das Fundamentale im Leben«, so der YouTuber, »ist es, sich fortzupflanzen. Wenn du das nicht schaffst, vermehren sich andere [er verwendet den schwer zu übersetztenden Begriff »out-breeded«], und es ist vorbei [...]. Ich kann nichts in meinem Leben verändern, und ich weiß es.« Hätte man die genetische Lotterie verloren, sei das Leben eigentlich schon vorbei. Er habe keinerlei positive Erinnerungen an sein Leben, fährt er fort, und: man glaubt es ihm. Er wirkt verzweifelt. Aus jeder Silbe tropft das Leid über die erfahrenen Kränkungen. Er spricht darüber, dass er »wahre Liebe« erfahren will, er diese aber niemals erfahren könne, weil er als kleiner migrantischer Mann einfach nicht dafür gemacht sei, Liebe zu erfahren. Keine Frau werde ihm je Liebe schenken und er für immer alleine sein, fährt er fort, und spricht über seine Angst, seinen Lebensabend alleine als »gruseliger alter Mann« im Altersheim zu verbringen. Seine Stimme stockt, er schluchzt. Und er tut mir aufrichtig leid, obwohl seine anderen Videos von der Verderbtheit des Weibes handeln. Dieser Mann ist offensichtlich depressiv und suizidal.[203]

Als ich das Video beende, komme ich nicht umhin mich zu fragen, ob Hamudi Ebalz noch am Leben ist.

Wie ich bereits ausgeführt habe, ist die Blackpill-Ideologie nicht nur für die Opfer von Incels gefährlich, sondern auch für Incels selbst. Depression, Selbsthass und Hoffnungslosigkeit bestimmen ihre Existenz. Da man die potentielle Erlösung aus diesem Leid Frauen zuschreibt und daran appelliert, dass diese sich endlich ihres liebeshungrigen Looksmatch erbarmen, sich dabei aber selbst nicht unbedingt bemüht, ein Mensch zu sein, mit dem man tatsächlich eine Beziehung eingehen will, ist der Ausweg aus diesem Sumpf schwer. Außerdem wohnt Sex lange nicht jene erlösende Zauberkraft inne, die Incels ihm zuschreiben, er ist kein Heilmittel gegen Depressionen, Selbsthass und Nihilismus.

Es ist schwierig zu sagen, wie junge Männer zu Incels werden. Laut den Umfragen auf *incels.co*, die ich bereits thematisiert habe, stammen Incels aus den unterschiedlichsten Familienkontexten. Ihnen gemeinsam ist jedoch unter anderem das Gefühl, gewisse »Meilensteine« der Adoleszenz verpasst zu haben. Wie Elliot Rodger, der darüber schrieb, dass Mitschüler*innen die ersten zarten romantischen Bande knüpften, während er seine Jugend mit dem Erkunden der *World of Warcraft* verbrachte. 94,7 Prozent der *incels.co*-User sprechen in einer Umfrage vom März 2020 davon, wichtige Erfahrungen verpasst zu haben. Dieses Gefühl teilen sie bereits mit jenen Menschen, die in der ersten Incel-Studie von 2001 befragt wurden. Die Studie wurde von den Sozialwissenschaftlerinnen Denise Donnelly und Elisabeth Burgess durchgeführt, und es ist ausgesprochen spannend, die Gemeinsamkeiten und Unterschiede zur aktuellen Incel-Szene herauszuarbeiten.

Wie bereits erwähnt, war die Incel-Szene nicht bereits zu Beginn ein Kult toxischer Frauenfeinde. Dies lässt sich auch an der ersten zu Incels geführten Studie von Donnelly und Burgess erkennen: hier galt als Kategorie für Incel »jemand, der sich seit über sechs Monaten in keiner romantischen und sexuellen Beziehung mehr befand«, was auch Menschen in Paarbeziehungen mit einbezog.[204] Sie befragten damals 60 Männer und 22 Frauen, 36 % der Teilnehmenden waren jünger als 34 Jahre. 34 der 82 Befragten (davon 76 % männlich und 24 % weiblich) hatten noch nie sexuelle Kontakte zu anderen gehabt. 89 % der Befragten waren entweder Studierende oder hatten die Universität bereits abgeschlossen, 28 % befanden sich zum Zeitpunkt der Umfrage in einer Beziehung.

85 % der Teilnehmenden waren weiß, 89 % definierten sich selbst als heterosexuell, 5 % als bisexuell, 3 % als homosexuell, die verbliebenden 4 % waren sich ihrer Identität nicht sicher. Auch wenn alle Befragten US-amerikanische oder kanadische Staatsbürger*innen waren, so waren unterschiedliche kulturelle Hintergründe vorhanden, was sich, so die Forscherinnen, auf den Umgang mit Sexualität auswirkte. Der Großteil (91 %) der befragten jungfräulichen Teilnehmenden gab an, im Laufe der Adoleszenz wichtige »Meilensteine« einer als normal empfundenen Pubertät verpasst zu haben und zu glauben, diese nicht aufholen zu können, abgehängt zu sein und demzufolge Außenseiter*innenpositionen einzunehmen. Dies träfe laut Burgess und Donnell vor allem auf queere Jugendliche zu. Generell lässt die Studie darauf schließen, dass ein Mangel an romantischen und sexuellen Erfahrungen in der Jugend sich auf die Fähigkeit, im Erwachsenenalter Beziehungen zu führen, auswirkt.

35 % der Befragten sprachen davon, dass der Mangel an sexuellen Beziehungen sie unzufrieden, frustriert oder gar wütend zurückließ. Sie hatten auch erkannt, dass diese negativen Gefühle sich schlecht auf das eigene Selbstbild und Selbstbewusstsein auswirkten und sich so eine Spirale aus Frustration, schlechtem Selbstwertgefühl, Unsicherheit und Ablehnung entwickelte. Dennoch waren Incels von 2001 meilenweit von dem toxischen und frauenfeindlichen Kult entfernt, der sie heute sind. Der Unterschied ist: während frühere Incels primär frustriert waren, wird heute die Schuld in Frauen und der eigenen vermeintlichen Unattraktivität gesucht, der Frust wird in Hass kanalisiert.

Eine Rolle spielt neben dem Aufkommen der antifeministischen Pick-up-Artist-Szene gewiss das Internet und dass sich ab Ende der nuller Jahre eine beiläufig frauenfeindliche Online-Kultur entwickelte, wie ich im ersten Teil des Buches dargelegt habe. In diesem Umfeld – *Reddit*, das *4chan*-Board */r9k/*, *9gag* und unterschiedliche *YouTube*-Kanäle – konnten sich frustrierte junge Männer nicht nur einfach und schnell vernetzen, sondern auch ihre eigene kleine klandestine »Szene« entwickeln, die nicht nur auf gemeinsamen Erfahrungen, sondern auch auf einer gemeinsamen über Codes und Memes artikulierten »Sprache« beruhte. Der Weg vom Jugendlichen, der keinen Sex hat, während er glaubt, dass seine Mitschüler*innen jedes Wochenende auf wilden Sexpartys verbringen, zum Incel ist zwar mitnichten vorgegeben, aber die Möglichkeiten, über das Internet mit der Blackpill in Berührung zu kommen, sind inzwischen sehr viel zahlreicher als noch vor zwanzig Jahren. Die Antworten auf die Frage, wie Incels mit der Blackpill in Berührung kamen, sind vielfältig, von schon in der Adoleszenz auftretenden Depressionen aufgrund von Mobbingerfahrungen bis zu unglücklichem Verliebtsein. Ein wiederkehrender Faktor ist jedoch: *YouTube*-Videos und Imageboards. Während Incels zwar anders als Neonazis oder Männerrechtsaktivisten nicht aktiv über das Internet rekrutieren, gibt es genügend Spuren ihrer Ideologie auf leicht erreichbaren virtuellen Jungs-Spielzimmern wie *Reddit, YouTube, Discord,* dem Diskussionsportal *Quora, 4chan* oder der Videospielplattform *Steam*. Frustriert stellt man die Frage »Wieso kann ich keine Freundin finden?« und landet mit wenigen Klicks auf Seiten, die erklären, dass Frauen nun einmal nur auf attraktive Arschlöcher anstatt auf »Nice Guys« stehen. Von dort aus ist der Weg über Videos, in denen anhand pseudowissenschaftlich untermauerter Behauptungen erklärt wird, wieso Frauen allesamt oberflächliche Harpyien seien, die Schuld tragen an männlichen Problemen, zu Incel-Foren ein leichter Weg. Dies liegt daran, das will ich noch einmal betonen, dass Frauenhass gesellschaftlich breitflächig akzeptiert ist und Frauen zu hassen der leichtere Weg ist, als den für viele Männer so radikalen Schritt zu gehen, herrschende Männlichkeitskonzepte grundlegend in Frage zu stellen.

Über *Reddit* habe ich den ehemaligen Incel Spence W. kennen gelernt, der bereit war, mit mir über seinen Einstieg in die Szene zu sprechen. Der inzwischen 18 Jahre alte Spence, der neben seinem Studium als Pädagoge in Buffalo, New York, arbeitet, war gerade erst 14, als er in die Szene gerutscht ist. Spence musste in seiner Kindheit und Jugend Mobbingerfahrungen erleiden: »Ich war das schüchterne Kind, über das sich alle lustig gemacht haben. Ich wollte einfach nur eine Community, die mich versteht, und deswegen habe ich online nach Menschen mit ähnlichen Erfahrungen gesucht. Ich habe dann auch eine Community gefunden, in die ich reinpasste: Außenseiter und Ungeliebte, so wie ich. Je genauer ich mir das ansah, desto mehr stimmte ich den Dingen zu, die gesagt wurden. Ich wurde immer von Mädchen gemobbt, was dazu führte, dass ich all die Dinge glaubte, die man in der Incel-Community über Frauen sagte.« Die Subreddits, die Spence aufsuchte, waren laut Selbstangaben *r/incels, r/MGTOW* und *r/The_Donald*.

Anfangs habe Spence hauptsächlich nachgefragt, wieso er denn kein Glück im Zwischenmenschlichen hätte. »Die Antworten waren, was man erwarten würde. Die Bandbreite ging von ›Du bist nicht liebenswert‹ bis zu ›Keine Frau wird etwas mit dir zu tun haben wollen‹. Ich begann, diese Lügen zu glauben. Ich war ein Außenseiter, ich hatte keine Freundin und wurde gemobbt, also ergaben die Dinge, die sie sagten, durchaus Sinn. Ich wurde zu einem ziemlich negativen Menschen durch diese ›Feststellung‹, fühlte mich aber gleichzeitig erleuchtet.«

Hat man die Blackpill einmal geschluckt und reale zwischenmenschliche Kontakte gegen eine Incel-Echokammer eingetauscht, gestaltet sich der Ausstieg schwierig. Ich würde ihn ein wenig mit dem Ausstieg aus einer Sekte vergleichen, da die Incel-Szene durchaus gewisse Ähnlichkeiten mit einem Kult hat, wie mir die Sektenexpertin Giulia Silberberger im Telefongespräch bestätigt. Anfangs würde man, obwohl die Incel-Szene selbst extrem toxisch ist, ein emotionales High daraus ziehen, die Welt durchschaut zu haben, es besser zu wissen als die ganzen verblendeten »Normies« und »Libtards«. Man beginnt, sich mit der Community und den gleichgesinnten Mitgliedern zu identifizieren, indem man sich von der Außenwelt abgrenzt: das seien, so redet man sich selbst projektiv aufgeladen ein, schließlich nur vom Gedanken an den nächsten Fick besessene Idiot*innen. Wie Spence mir erzählt, war die Szene seine erste Erfahrung von Freundschaft: »All diese Online-Bekanntschaften behandelten mich wie einen Freund, wie einen Teil ihrer Gemeinschaft, und da das die einzige Gemeinschaft war, deren Teil ich jemals war, wollte ich einfach nur so sein wie sie.« Gerade der Fall von Spence ist unglaublich bitter: durch traumatisierende Mobbingerfahrungen hat man keinerlei Maßstab für gesunde, gleichberechtigte Beziehungen und verwechselt so das Incel-Kollektiv mit Freundschaft.

Aus der Erfahrung von Kränkung – Mobbing, Sexlosigkeit,

etc. – kann eine aktive Ablehnung erwachsen: man will gar nicht zu diesen Normies gehören, und selbst wenn eine*r dieser Normies die Hand zum näheren Kontakt reicht, schlägt man sie aus. Eines der traurigsten Postings, das mir je untergekommen ist, fand ich auf *Reddit* dokumentiert: der User schreibt darüber, dass ihm eine Frau ein Kompliment über seinen Bart gemacht hätte. Seine Reaktion? »Eine Normie-Schlampe hat meine Gesichtsbehaarung komplimentiert. Ich habe mein komplettes Gesicht rasiert, als ich nach Hause kam. Denkt mal darüber nach. Diese Schlampe stellt sich auf ein so hohes Podest, dass sie glaubt, ich würde mich für ihre Meinung interessieren. Scheiß auf sie. Sie kann sich mein hässliches, rasiertes Gesicht anschauen. Ich hoffe dass es viele Pickel und Beulen bekommt, so dass sie vom Anblick kotzen muss. [...] Als ob *sie* diejenige wäre, die das Sagen hätte und entscheiden könnte, welche Männer in ihrem Umfeld ihren Anforderungen genügen.«[205]

Den Ausstieg verunmöglicht man sich selbst, da man verleugnet, dass er überhaupt möglich wäre: für Sex sei man ohnehin zu hässlich. In dieser Weltsicht bestätigen sie sich gegenseitig. Incels werden von Beobachter*innen der Szene häufig mit einem »Eimer voller Krabben« verglichen: versucht eine, den Eimer zu verlassen, wird sie von den anderen Krabben wieder heruntergezogen. Denn: jeder Incel, der es schafft, der Community zu entkommen, ist Beweis dafür, dass die eigene Existenz eben doch nicht aussichtslos und verdammt ist. Falls es einem Mitglied gelingt, die Community zu verlassen und eine Partnerin zu finden, wird das erklärt mit: der war nie ein richtiger Incel, sondern hat sich einfach nur nicht richtig Mühe gegeben, es muss sich um einen »Volcel«, also einen freiwillig Zölibatären gehandelt haben. Wie bei jedem Verschwörungsdenken wird die eigene Ideologie aufrechterhalten, indem man Widersprüche und Gegenargumente anhand der Verschwörungsideologie verklärt. Mit rationalen

Argumenten kann man das Incel-Denken auch nicht erreichen, da es weniger ein Denken als ein aus Neurosen und Kränkungen resultierendes *Fühlen* darstellt. Es ist eine in sich geschlossene Weltsicht, eine Blase, an der die Kritik in der Regel abprallt und mit Aussagen im Stil von »Du bist ein von feministischer Propaganda indoktrinierter Normie, kein Wunder, dass du glaubst, Frauen würden dich nicht hassen.« Profeminist*innen werden als »bluepilled« bezeichnet: im Film *Matrix* bedeutet das Schlucken der blauen Pille das bewusste Verweigern der Erkenntnis und das Verbleiben in Ignoranz. Durch die felsenfeste Überzeugung, im Besitz der Erkenntnis zu sein, wird jede Erfahrung zu einer Bestätigung der eigenen Weltsicht verklärt, Widersprüche werden verleugnet, die Welt wird sich der eigenen Vorstellung nach zurechtgebogen.

Selbst wenn es einem Incel gelingt, Sex zu haben, wird dies keine magische Erlösung sein. Es gibt Incels, die den Dienst von Prostituierten in Anspruch nehmen, sogenannte »Escortcels«. Andere Incels sagen wiederum, dass Geschlechtsverkehr mit Prostituierten kein richtiger Sex sei und deswegen nicht gelte. Wieder andere sind der Ansicht, dass Prostituierte unter ihrer Würde, da »benutzt« und »unrein« seien. Glücklich sind Escortcels nicht, ihr Frauen- und Selbsthass bleibt.

Ich habe auf *Reddit* eine junge Frau kennengelernt, die darüber berichtet, eine kurze Beziehung mit einem Incel geführt zu haben. Mara, die ihren eigentlichen Namen aus Sicherheitsgründen anonym belassen möchte, war knapp ein halbes Jahr mit John – dessen Namen ich ebenfalls geändert habe – zusammen. Sie lernten sich an der Universität über ein Spiel kennen, das sie beide spielten, und sie lud ihn ein, es zusammen mit ihr und ein paar Freunden zu spielen. Sie war 24, er 23. Auf meine Frage, wie ihr damaliger Partner zum Incel wurde, antwortet sie: »Ich glaube, er hatte sich daran gewöhnt, von seinen Eltern alles zu bekommen, was er wollte. Sie waren sehr nachsichtig, zum Beispiel hatte er oft keine Lust, für Prüfungen zu lernen oder die Aufgaben zu absolvieren, also zahlten sie einfach dafür, die Kurse zu wiederholen, und sagten niemals ›Nein‹ wenn, er irgendwas wollte. Ich denke, dass er niemals erfahren hat, etwas verweigert zu bekommen, bis er erwachsen war, weswegen er am Anfang unserer Beziehung (ich war seine erste Freundin) jedes Mal, wenn ich nicht exakt das getan habe, was er wollte, einen Wutanfall bekommen hat. Er wurde wütend und streitlustig, wenn Freunde ihm widersprachen, und wenn er in einem Spiel einen Fehler machte, wurde er sauer und beschuldigte mich. Nachdem wir uns trennten, hörte ich ihn ›incelmäßige‹ Kommentare über Frauen machen, und ich glaube immer noch, dass er mich für alles, was zwischen uns und auch zwischen ihm und seinen Freunden passiert ist, verantwortlich macht. Viele seiner Freunde haben versucht mit ihm über seinen Ärger und sein Verhalten mir gegenüber zu sprechen, was die Freundschaft beeinflusst hat.« Dass er ein Incel ist, hätte sie jedoch erst nach gut ein oder zwei Monaten bemerkt: »Ich bemerkte Dinge an ihm, die sich manifestierten, wenn er wütend oder frustriert war, meistens weil ich nicht genau das tat oder sagte, was er wollte, oder wenn andere Menschen ihm nicht seine Wünsche erfüllten.«

Konkret hätte sich Johns Incel-Verhalten geäußert, als sie das erste Mal sexuellen Kontakt gehabt hätten, ca. drei Monate nach Beginn der Beziehung. Er hätte sich Mara und auch seinen Freunden gegenüber beschwert, dass sie schon Beziehungserfahrung hätte. »Das war etwas, weshalb er konstant versuchte, mich zu drangsalieren, er hat mich sogar nachts nach einer Vorlesung auf dem Uni-Parkplatz in eine Ecke gedrängt, sodass ich nicht fliehen konnte, sodass er mit mir streiten konnte.« Er hätte zahlreiche misogyne Kommentare gemacht, auch über die eigene Schwester, die er als »Hure« und »Schlampe« bezeichnete. Zudem hätte er sich regelmäßig über sein Aussehen, sein Gewicht und seinen Penis beschwert, und darüber, dass es Frauen beim Dating sehr viel einfacher hätten als Männer. Außerdem habe er seinen besten Freund kritisiert, da dieser beliebt bei Frauen sei, und weil Frauen, in die John verliebt gewesen sei, ihn zugunsten seines Freundes verschmäht hätten.

Ein Vorfall innerhalb der kurzen Beziehung sei ihr diesbezüglich besonders in Erinnerung geblieben: Mara hatte sich damals viel um ihren schwerkranken Vater gekümmert, berichtet sie, »weshalb mein Ex sehr wütend auf mich war, da er es nicht mochte, wenn ich Zeit mit etwas anderem als ihm verbrachte«. Eines Abends, den sie erübrigen konnte, spielte sie zusammen mit ihrem Ex und gemeinsamen Freunden ein Videospiel. Er sei darin selbstverschuldet gestorben, was dazu führte, dass er begann, im Voice-Chat herumzuschreien und jede andere Person für seinen Tod verantwortlich zu machen, vor allem Mara. Daraufhin verließen die gemeinsamen Freunde das Spiel und konfrontierten John mit seinem unmöglichen Verhalten dem Rest der Gruppe und auch seiner Freundin gegenüber. Würde er sich nicht ändern, wäre die Freundschaft vorbei, so die deutliche Ansage. Noch heute würde John behaupten, Mara hätte seine Freunde »gestohlen« und gegen ihn aufgehetzt, anstatt anzuerkennen, dass er sie durch seine eigene Attitüde von sich entfremdet hatte.

Mara erzählt, dass sie versucht hätte, John mit seiner Weltsicht zu konfrontieren. »Ich habe seine Ansichten mit ihm diskutiert, um herauszufinden woher sie kommen, und habe ihn ermutigt sich weiterzuentwickeln, anstatt Schuld auf andere abzuwälzen.« Leider jedoch ohne Erfolg, sodass sich Mara für das einzig Vernünftige entschied: die Beziehung zu verlassen.

Es bleibt zu hoffen, dass das Beziehungsende und auch die Kritik seiner ehemaligen Freunde ein Weckruf für John waren, sein Verhalten zu überdenken.

Auf meine Frage, ob es möglich sei, die Incel-Community zu verlassen, ist Mara vorsichtig optimistisch: »Ich denke schon, dass es möglich ist, wenn sie aufhören die Welt und alle anderen als Feind zu sehen. Falls mein Ex anfangen würde, Verantwortung zu übernehmen und sein Temperament in den Griff zu kriegen, könnte er definitiv aus seiner Psyche ausbrechen und wieder ein Mensch werden, mit dem man gerne Zeit verbringt [...]. Ich glaube nicht dass er ein schlechter Mensch ist, nur jemand, der in einem Teufelskreis aus negativen Gedanken gefangen war, weil das leichter war, als sie zu konfrontieren.«

Dass die Incel-Szene kein Ort ist, den man einfach so unbeschadet verlassen kann, zeigt sich auch an der Existenz eines Incel-Aussteiger-Forums, das im Oktober 2019 auf *Reddit* gegründet wurde. »Dieses Subreddit ist für Leute, die in die Incel-Community hineingezogen wurden und nun Unterstützung und Hilfe brauchen, diese zu verlassen. Wir machen uns nicht über Incels lustig [...]. Dies ist ein Ort, um nach Rat zu fragen, mit anderen in einer ruhigen Umgebung zu sprechen und über eure Erfahrungen zu reden. Wir sind hier, um Menschen zu helfen, wieder auf den richtigen Weg zu finden«, so die Selbstbeschreibung der Gruppe, die sich *IncelExit* nennt. Die Postings offenbaren einen Blick in die tiefen Wunden, welche die Blackpill in der Psyche junger Menschen reißt.

»Ich glaube, die Blackpill hat komplett meine Psyche ruiniert«,[206] schreibt ein User, ein anderer: »Ich will Incel-Foren verlassen, aber dort sind die einzigen Menschen, mit denen ich spreche.«[207] »Incel-Subreddits töten mich«[208] und »Jedes Mal, wenn ich Incel-Foren lese, werde ich wirklich depressiv.«[209]

Der Verfasser des letzten Posts führt aus: »Ich bin kein Incel. Aber ich lese die Foren, weil ich neugierig bin und mir meine Brüder, die sich so abmühen, leidtun und ich ihre Perspektive verstehen möchte. Jedes Mal wenn ich sie lese, werde ich unglücklich und depressiv. Ich weiß nicht, ob Incels das Gleiche fühlen, ich kann mir vorstellen, dass das Gefühl auch eine Form der Validierung ist, oder als würde man die Wahrheit sehen. Was ich sage, ist, dass ich mich glücklicher, hoffnungsvoller und generell ausgeglichener fühle, je weniger Zeit ich damit verbringe, über diese Ideen zu lesen.«

In einem anderen Subreddit spricht ein User konkret davon, dass seine Besuche auf Incel-Foren einer »ungesunden Sucht« gleichen würden.[210]

Viele der User sind extrem verunsichert und noch in der Blackpill-Ideologie gefangen, haben jedoch realisiert, dass sie extrem schädlich und der eigentliche Grund für ihr Leid ist. Die alleinige Existenz dieses Subreddits, das designiert ist, den Teilnehmern zu helfen, ihr bisheriges Online-Umfeld hinter sich zu lassen, zeigt auf, dass es tatsächlich Hilfe bedarf, dies zu tun. Ähnlich wie bei einer Sekte oder einer missbräuchlichen Beziehung kann man die Incel-Foren nicht einfach so hinter sich lassen, viel mehr hat man sich in einen Strudel begeben, der einen immer tiefer zieht. In ihrem Video zu Incels spricht die YouTuberin Natalie Wynne von »digital self-harm«, also »digitaler Selbstverletzung«. Man sucht immer wieder virtuelle Orte auf, die einem psychisch schaden, obwohl man weiß, wie toxisch sie sind. Auch der ehemalige Incel Spence erzählt mir davon, wie gefährlich die Zeit in der Szene für seine Psyche war. Damals sei er jedoch nicht in der Lage gewesen, dies zu erkennen, zu groß sei das Bedürfnis nach Nähe gewesen. »Eine meiner prägendsten Incel-Erfahrungen war, als ich darüber schrieb, dass ich niemals geliebt werden könnte. Die ganzen Kommentare sagten mir, es sei unmöglich, dass ich je geliebt würde, dass ich nicht liebenswert sei, und dass ich eigentlich direkt aufgeben könnte. Jedes Mal, wenn ich über negative Erfahrungen mit Mädchen schrieb, fand in den Kommentaren ein Kreiswichsen statt, dass alle Frauen so seien, und dass ich aufhören sollte, es zu versuchen. Im Großen und Ganzen war es für meinen Stolz und mein Selbstbewusstsein sehr, sehr schlecht und es kam nichts Gutes dabei herum. Meine psychische Gesundheit stürzte auf den absoluten Tiefpunkt. Ich entwickelte ernsthafte Probleme, meine Wut im Zaum zu halten, wurde eine richtig negative Person und entwickelte sehr konservative Ansichten. Ich besuchte damals viele Therapeut*innen. Durch den Glauben, niemals geliebt werden zu können, wurde ich so unglaublich depressiv und wütend, ich hasste mich selbst und alle um mich herum.«

Ich selbst bin klinisch depressiv und habe mich bis in mein Erwachsenenalter auf unterschiedliche Arten selbst verletzt: durch Schnitte, Schläge, emotional missbräuchliche Beziehungen und das permanente Wiederholen von Mantras, dass ich eine fürchterliche Person, eine dumme Schlampe, eine fette Kuh sei, die es eigentlich nicht anders verdient hätte, als zu leiden. Ich hatte mich schlicht an meine Depression gewöhnt und nahm die damit einhergehenden Begleiterscheinungen als gegeben wahr. Gleichzeitig war die konstante Selbstverletzung für mich etwas, das mir ein Gefühl von Lebendigkeit, einen Kick gab. Ich hatte mich auf eine masochistische Art und Weise damit angefreundet, mir selbst zu schaden. Die Selbstverletzung verschaffte mir Endorphine, die einzigen, die ich zu dieser sehr dunklen Zeit meines Lebens hatte.

Es könnte Projektion sein, aber ich finde, die Postings von (ehemaligen) Incels zeigen ein durchaus ähnliches Bild: man glaubt, den Selbsthass und das toxische Umfeld zu brauchen, weil es das Einzige ist, was man hat. Man erfährt Bestätigung der eigenen Weltsicht, auch wenn diese destruktiv und selbstschädigend ist.

Zum Glück sind ausstiegswillige Incels dort nicht unter sich; sie erfahren die Hilfe von anderen ehemaligen Incels, einem Moderator*innenteam und hilfsbereiten User*innen. Zu den Berater*innen im Forum zählt Aaron Wilson II. Er war selbst Incel, jedoch in den nuller Jahren, als die Community noch lange nicht so gefährlich war, wie sie heute ist. Er hilft Aussteigewilligen, den Absprung zu schaffen.

Aaron ist 38 Jahre alt, lebt in der Nähe von Cleveland, Ohio, und ist in der KFZ-Branche tätig. Wir haben uns zu einem mehrstündigen Skype-Gespräch getroffen, in dem er mir von seinen Erfahrungen und seinem Blick auf die aktuelle Incel-Szene berichtet.

Aaron erzählt mir, dass seine Zeit in der Incel-Szene um 2004 begann: seine damalige Freundin wurde erschossen, was ihn in eine psychische Krise stürzte. »Ich brauchte mehrere Jahre, um mich zu erholen, und noch länger, um wieder mit Dating beginnen zu können.« Während dieser Zeit verbrachte er sechs bis zwölf Monate in Incel-Foren, die damals noch »ziemlich gemischtgeschlechtlich waren« und in denen Menschen primär über ihre Probleme beim Aufbauen von Beziehungen sprachen. »Niemand von uns hatte wirklich gute Antworten«, meint er, »aber wir waren alle sehr viel weniger wütend und viel optimistischer. Es gab viel mehr Akzeptanz von anderen Menschen, obwohl Gatekeeping trotzdem präsent war. Der größte Unterschied zu heute war wohl, dass wir uns damals darauf fokussiert haben, welche Probleme wir lösen konnten, und dass Menschen an sich selbst gearbeitet haben. Heute ist es diese ›Eimer voll Krabben‹-Mentalität.«

Auf meine Frage, ob Aaron zwischen unterschiedlichen Typen von Incels differenzieren würde, antwortet er, dass es unterschiedliche Arten gäbe, viele von ihnen hätten psychische Probleme und Störungen – er spricht konkret von Körperdysphorie – und geringes Selbstwertgefühl, und je nach Art ihrer Probleme würde sich ihre »Incelness« manifestieren. Nur ein kleiner Teil der Incels seien potentielle Frauenmörder oder Terroristen. Viele Berichterstattungen über Incels würden das ignorieren. Es ließe sich jedoch auf eine Sache herunterbrechen: »Mir geht es schlecht und Frauen und die Gesellschaft sind Schuld.« Er ist auch nicht davon überzeugt, dass die *Incels without hate*-Szene tatsächlich hassbefreit sei, da sie sich nicht von radikaleren Incels distanzierten. »Sie sagen, sie seien nicht hasserfüllt, aber sie lassen andere diese hasserfüllten Dinge sagen.«

Die Attitüde, dass Incels sich selbst in ihren eigenen Messageboards abkapseln und radikalisieren, sei jedoch nicht nur deren eigene Schuld: Aaron beschreibt seine eigenen Erfahrungen auf dem Messageboard *eHarmony*, auf dem zahlreiche selbstbezeichnete »Nice Guys«, die später zu Incels werden sollten, nach Hilfe gesucht hätten und dafür von der Community verlacht und gemobbt wurden. Dieses Bullying, das auch stellenweise auf Incel-kritischen Subreddits wie *IncelTear* stattfindet, sei einer der Gründe, wieso Incels sich missverstanden fühlten. »Viele Incels sind auch nicht in der Lage sich einzugestehen, dass sie Hilfe brauchen. Und Foren wie *IncelTear* sind weniger ein Hilfsangebot als ein Ort, an dem man sich über Incels lustig macht.« Die Konfrontation mit Menschen, die sich Incels sarkastisch oder humoristisch nähern, führe zu einem Beißreflex.

Dieser Rückzug in die eigene Sphäre sei früher jedoch weniger problematisch gewesen als heute, da die Incel-Szene inzwischen wesentlich größer, enger vernetzt und radikaler sei.

Wie rutschen junge Männer nach Aarons Meinung in die Szene hinein? »Menschen haben die Tendenz, Dinge, die sie nicht verstehen, mit den denkbar einfachsten Lösungen zu beantworten«, meint mein Gesprächspartner. »Komplizierte Sachen zu entschlüsseln ist wirklich viel Arbeit. Es ist einfacher zu behaupten, man sei zu klein, als zu erkennen, dass da ganz viele andere Problematiken sind. Ein großer Punkt ist Angst, denke ich.« Außerdem würden äußere Faktoren eine große Rolle spielen; vor allem Pornographie. Schon in der Pubertät Pornos zu konsumieren, würde die Vorstellung von Sex ruinieren, da sie sehr unrealistische Standards von Sex und Schönheit vermitteln würden. Ähnlich verhielte es sich mit Social Media: Zukünftige Incels würden nicht begreifen, dass die Darstellung von Schönheit, Beziehungen und Erfolg, die täglich über den *Instagram*-Feed läuft, Inszenierung und nicht Realität sei. Das alles suggeriere, dass Sex und Beziehungen etwas Einfaches und leicht zu Erreichendes seien, und dann würden Incels damit konfrontiert werden, dass dem nicht so ist. Wir kommen auf Elliot Rodger zu sprechen, der in der Erwartung, von Frauen angesprochen zu werden, über den Campus lief und anschließend frustriert war, dass dies nicht funktionierte.

Meine drängendste Frage ist jedoch, wie man ausstiegswilligen Incels dabei helfen kann, den beschwerlichen Weg aus diesem Sumpf zu beschreiten.

Man sollte sich, wenn man mit Incels spricht, vor Augen halten, dass sie inzwischen gar nicht mehr in der Lage sind, sich überhaupt *vorzustellen,* dass Frauen ihnen wohlgesinnt sein könnten, konstatiert Aaron. Er berichtet davon, ein paar Hilfsartikel auf *IncelExit* verfasst zu haben und sehr auf die Wortwahl geachtet zu haben, da sein Zielpublikum fragil und empfindlich sei. Er stimmt mir zu, dass die Incel-Community »kultartige« Strukturen hätte. »Die Incels auf *IncelExit* haben zwar durchaus Zweifel an ihrer Ideologie, stecken aber immer noch sehr tief drin. Ein Weg, ihnen zu helfen, ist, dass Incels vernünftigere und gesündere Ansichten auf sich und die Welt erlernen sollten, sie müssen aufhören, sich auf ihr Äußeres zu fokussieren, dergleichen. Ich finde, sie sollten versuchen, rauszugehen und positive Erfahrungen im Leben und im Zwischenmenschlichen sammeln. Incels sitzen viel zu viel vor dem Rechner, sie müssten sich in sozialere Situationen begeben und lernen, dass Frauen Menschen sind. Ich empfehle Yoga. Yoga lehrt einen, mit Frauen auf eine nicht-sexualisierte Art umzugehen. Frauen nicht mehr zu sexualisieren ist so wichtig, da es auch dabei hilft, sich selbst wohler zu fühlen. Und natürlich müssen sie ihre Foren verlassen.«

Einen Ratschlag erhält jede Person, die sich auf *IncelExit* Hilfe sucht: die Notwendigkeit einer Therapie. Laut Aaron, und auch meinen eigenen Beobachtungen nach, haben viele Incels neben ihren Blackpill-bedingten Neurosen weitere Probleme; oftmals sind sie gerade wegen dieser für die so einfachen wie falschen Antworten der Incel-Weltsicht anfällig gewesen.

»Ich glaube, dass viele Incels eher ›verlorene Männer‹ und nicht inhärent böse sind«, meint Aaron abschließend. Sie brauchen Hilfe und haben diese nicht bekommen. Das ist der Grund, warum ich nach dem Attentat von Isla Vista zurück in die Community gekommen bin. Wenn ich nur einen Incel in die richtige Richtung bewegen kann, ist dies ein Gewinn.«

IncelExit zeigt Erfolg: unter den Beiträgen der Mitglieder, die über ihr Leid und ihre Depression sprechen, tauchen immer wieder Postings auf, die besagen: »Ich bin endlich draußen.« Spence erzählt, dass sein Ausstieg mit dem Spiel *Half Life* begann: »Ich sprach mit anderen Leuten über meine Erfahrungen mit dem Spiel und nach einer Weile realisierte ich, dass mich diese Community tatsächlich glücklich machte, anders als die Incel-Community, von der ich das nur glaubte. Ich blickte auf all die Freunde zurück, die ich verloren hatte, und begann mich zu fragen, ob es vielleicht an mir lag und nicht daran, dass alle gegen mich waren, wie ich gedacht hatte. Nachdem ich längere Zeit in positiven Communities und Gruppen verbracht hatte, begann ich ein Verständnis dafür zu entwickeln, was einen guten Menschen ausmacht. Ich begann, positiver zu werden und zu gucken wo das hinführt. Ich bemerkte, dass es mich etwas glücklicher machte, ein netterer Mensch als bisher zu sein. Ich besuchte Selbsthilfe-Foren und stellte die gleichen Fragen, die ich in Incel-Foren gestellt hatte, und die Antworten waren grundverschieden. Statt ›gib auf, niemand wird dich je lieben‹ antwortete man mir ›Nur, weil du bisher nicht die richtige Person gefunden hast, heißt das nicht, dass du sie niemals finden wirst‹.« Außerdem erkannte Spence seine eigene Pansexualität und seine feminine Seite. Das Outing und das Experimentieren mit Geschlecht und Sexualität, wie auch seine Beschäftigung mit der Wicca-Religion waren für ihn ein großer Schritt in die richtige Richtung: »Meine Weltsicht hat sich verändert, meine Persönlichkeit hat sich verändert und mein Leben hat sich verändert.« Es ist ein unglaublicher Kraftakt, sich aus den Fängen der Blackpill zu befreien. Ich habe so einen immensen Respekt vor jungen Männern wie Spence, die es geschafft haben, die Incel-Weltsicht hinter sich zu lassen, an sich zu arbeiten und einen neuen Lebensweg zu beschreiten, der nicht mehr von Frauen- und von Selbsthass geprägt ist. Es sind junge Männer, denen ich eine lange, feste Umarmung geben möchte und ihnen sagen: »Ich bin stolz auf dich und du schaffst das.«

Meines Erachtens müssen jene Männer, die aktiv davon sprechen, jugendliche Sexsklavinnen haben zu wollen, und die Frauen bedrohen, als potenzielle Straftäter und politischer Feind betrachtet werden. Sie hassen Frauen. Aber jene, die bereit sind, die Incel-Szene zu verlassen, sollten alle Hilfe bekommen, die man ihnen anbieten kann. Es bräuchte für Maskulinisten, die ja ebenfalls einer wahnhaften und menschenfeindlichen Ideologie verfallen sind und über ihre Incel-Foren oder Pick-up-Artist-Seminare eine feste Struktur an Gleichgesinnten haben, die ihnen durch eine permanente Bestätigung des eigenen Glaubens den Ausstieg erschwert, Ausstiegsstrukturen wie für Rechtsradikale oder ehemalige Sektenmitglieder. Mit Foren wie *IncelExit* oder dem an Redpiller gerichtete Subreddit *ExRedpill* ist zwar der Grundstein gesetzt, aber noch lange nicht alles getan, was man tun könnte.

Ohne Angst verschieden sein können

Frauenhass wird gesellschaftlich immer noch nicht als Gefahr ernst genommen, und demzufolge erfahren antifeministische und misogyne Gruppierungen nicht ansatzweise die öffentliche Kritik und Beobachtung, die sie – und viel mehr ihre Opfer – verlangen. Aber in einem Land wie Deutschland, in dem Femizide nicht als eigener Straftatbestand erkannt werden, sexuelle Belästigung erst seit 2017 strafbar ist und Vergewaltiger durch eine patriarchale Rechtsprechung geschützt werden, haben wir noch einen weiten Weg und viele Kämpfe vor uns. Deutschsprachige Behörden sind ihren Kolleg*innen in Kanada oder den USA in Sachen Incel-Monitoring um Längen hinterher; deren Aufgabe wird von NGOs wie der Amadeu Antonio Stiftung, einzelnen Akademiker*innen oder Journalist*innen wie mir übernommen.

Ich selbst halte Deplatforming, also das Schließen von rechten Foren und das Löschen dementsprechender Accounts, für eine zwingende Notwendigkeit im Kampf gegen menschenfeindliche Propaganda. Außerdem ist, ausgehend von der immensen psychischen Belastung, die der Aufenthalt in Incel-Foren mit sich bringt, jede Minute, die junge Männer nicht an diesen Orten verbringen, eine Minute ohne psychische Gewalt. Dennoch setzt Deplatforming zu spät an; der Schaden ist bereits angerichtet. Außerdem gilt es, sich vor Augen zu halten, dass die Abwertung des Weiblichen ja auch Grundstein der ganz »normalen« männlichen Sozialisation ist, also in den meisten Männern auch ein kleiner Incel schlummert. Es gilt deswegen, von vornherein zu verhindern, dass aus Jungen Frauenhasser werden. Einer der wichtigsten Ansätze hierzu ist gendersensible Pädagogik, kritische Jungenarbeit und eine kritische Auseinandersetzung mit der eigenen Männlichkeit. Ich habe hierzu mit dem Erziehungswissenschaftler Torben L. gesprochen, der seit 20 Jahren in der gendersensiblen Pädagogik arbeitet. Er erklärt sich die Tatsache, dass Männer statistisch gesehen wesentlich anfälliger für reaktionäre Ideologien sind, folgendermaßen: »Männer neigen qua Sozialisation mehr zu Gewalt gegen sich und andere. Zu ihrem Selbstbild gehören recht früh uneinlösbare Autonomieansprüche, die mit Besitzansprüchen einhergehen und regelmäßig Frustrationserfahrungen mit sich bringen, die Aggressionen produzieren. In gesellschaftlichen Krisen, und auf irgendeine Weise befindet sich die bürgerliche Gesellschaft ja immer in Krisen, fürchten sie mehr als Frauen und Mädchen um ihre etablierten Vorrechte, ob diese nun tatsächlich oder nur in ihrer ideologischen Wahrnehmung bedroht sind. Insofern Männlichkeit mit Dominanzgebaren zusammen läuft, konstituiert sie sich auch in Abgrenzung zu und Abwertung von Anderen, ›Nicht-Männlichen‹ oder ihre Männlichkeit bedrohenden Personengruppen. Das ist an allerlei reaktionäre Ideologien anschlussfähig, die je nach Situation abrufbar sind.« Es müsse außerdem dringend erkannt werden, dass das Problem nichts rein Individuelles sei, sondern Ausdruck gesellschaftlich vermittelter Herrschaftsverhältnisse. »Jungen wachsen im Patriarchat auf, in es hinein«, führt Torben weiter aus. »Sie bekommen von klein auf durch Eltern, erweiterte Bezugspersonen, Peer Groups, Bildungseinrichtungen, Medien oder Gender Marketing bestimmte Eigenschaften, Fähigkeiten, Perspektiven und Präferenzen zugesprochen. Diese agieren nicht nur alle für sich als Akteur*innen patriarchaler Zurichtung, sondern auch vielfach ganz ohne böse Absicht in ihrer Rolle als Erziehungs- und Sozialisationsinstanzen einer Gesellschaft, die eben bestimmte Formationen von Geschlechtlichkeit vorgibt und hierarchisiert.«

Diese geschlechtsspezifischen Ansprüche an Jungen äußern sich jedoch mitnichten immer positiv, sondern sind den Jungen gegenüber oftmals schädlich. »Jungen werden an ihrem Erfolg oder Scheitern an Männlichkeitsvorstellungen gemessen, messen sich selbst daran, gehen mit anderen Jungen hierzu in Konkurrenzverhältnisse. Dominanzkämpfe und kompetitive Spiele trainieren das männliche Gender durch immerwährende Wiederholung in Peer Groups, Sportvereinen und anderen Umfeldern. Natürlich entsprechen nicht alle Jungen, wahrscheinlich sogar nur eine Minderheit, dem hegemonialen Bild eines ›richtigen Jungen‹. Viele Jungen sind eher inaktiv und passiv in diese ›ernsten Spiele‹ verwickelt. In der Regel ist männliche Sozialisation die dauerhafte Konfrontation mit der Nichtübereinstimmung mit diesem Bild, die krisenhafte Begegnung mit Männlichkeitsanforderungen. Nur ist diese Begegnung meist nicht bewusst, führt nicht in eine Auseinandersetzung, die Distanzierung erst ermöglicht. Stattdessen wird das Leiden als Schwäche abgespalten, auf ›Nicht-Männliche‹ als Personen und eigene Persönlichkeitsanteile, die zu beherrschen und zu bezwingen sind. Da geht es dann früh gegen die ›Heulsuse‹ und das ›Weichei‹, vielfach auch von Erwachsenen beigebracht und bei ihnen abgeschaut. Wer mit Mädchen spielt, oder sich zumindest dabei von der Jungengruppe erwischen lässt, hat Sanktionen zu befürchten.«

Dies führe dazu, dass »ein Sinn für die eigenen Bedürfnisse, Gefühle, und eine Sprache dafür, ein Sprechen darüber« vernachlässigt würde, weil dies eben »mädchenhaft« sei – und Mädchen sind eben das, »was man(n) selbst nicht ist, nicht sein darf und nicht sein wollen darf, oft neidbehaftet, dann umso energischer abgewehrt. Gerade als Jungen gelesene Kinder, die in die Jungen-Anforderungen besonders wenig passen, wird wenig Spielraum zum Anders-und-trotzdem-so-vollkommen-in-Ordnung-Sein zugestanden.«

Ich selbst hoffe, dass auch einige Lehrkräfte, Erzieher*innen und Eltern unter den Leser*innen dieses Buches sind. Seine eigene Arbeit mit frauenfeindlichem Verhalten bei Jungen beschreibt Torben als »manchmal erschwert […], da die Klientel oft erstmal keinen Bock auf dich hat«. Generell würden die Jungenarbeiter*innen als »Spielverderber*innen« wahrgenommen, da sie »gewaltbezogenen Selbstinszenierungen und Verhaltensweisen konfrontativ begegnen«. Konkret bedeutet das: sexistische Sprüche oder übergriffiges Verhalten kritisieren und bearbeiten. Diese Aufgabe sollte jedoch nicht nur Pädagog*innen zuteil sein: es ist die Aufgabe jedes einzelnen Mannes, der schlicht kein sexistisches Arschloch sein oder sexistische Arschlöcher unterstützen will, einzugreifen. Es gilt also: den Chauvi-Spruch des Kumpels nicht stehen zu lassen, den Freund davon abzuhalten, eine betrunkene Frau als »leichte Beute« abschleppen zu wollen, und auch mit den Freunden über Gefühle zu reden, körperliche Nähe zuzulassen, im Freundeskreis etablieren, dass ein Outing als homosexuell oder transgeschlechtlich empathisch und solidarisch aufgenommen wird. Der Pädagoge erzählt, dass »wenn [menschenfeindliche] Aussagen im Einzelgespräch auftreten, also keinen inszenatorischen Zweck haben, ich solchen Aussagen unmittelbar [widerspreche], nach den Quellen dieser Meinungen und Aussagen frage, deutlich mache, dass ich so was nicht nur anders sehe, sondern auch nicht toleriere. Auch hier hängt es dann von der Art des Kontaktes ab, wie ich damit weiter verfahre. In Gruppen- wie in Einzelsettings kann es möglich sein, durch methodisch-inhaltliche Inputs oder persönliche Begegnungen und Konfrontationen die auftretenden Ideologien zu bearbeiten. Oft bleibt mir aber auch nur das Gespräch in diesem konkreten Moment und nicht lockerzulassen.« Auch hier kann der pädagogische Aspekt auf eine zwischenmenschliche Ebene übertragen werden: wer bemerkt, dass ein Freund zunehmend mit gruppenbezogener Menschenfeindlichkeit kokettiert, hat die Pflicht, diesem zu widersprechen. Es müsse gelten herauszufinden, was die Motivationen für chauvinistische Aussagen seien – die Inszenierung vor der Gruppe, vielleicht um zu schockieren oder um Bewunderung einzuheimsen, tieferliegende Gründe wie das Kaschieren eigener Unsicherheiten durch die Abwertung anderer, oder tatsächlich internalisierte Verachtung? Hier gilt es jedoch immer, die eigenen Grenzen zu respektieren und im Zweifelsfall eine Beziehung, die durch gruppenbezogene Menschenfeindlichkeit untragbar geworden ist, aufzugeben. Wer über Wochen vergeblich versucht hat, seinen Freund davon zu überzeugen, dass »Witze« über den Holocaust oder rassistische Memes nicht lustig sind, sollte nicht aus Loyalität bei der entsprechenden Person verbleiben. Reaktionäres Denken und Verhalten muss Konsequenzen haben.

Ein weiterer wichtiger Aspekt der kritischen Jungenarbeit ist die Auseinandersetzung mit »Gewaltfreiheit und Achtung von Grenzen. Sexualpädagogik kommt hier neben der Auseinandersetzung mit einer positiven Lust die Aufgabe zu, Konsensprinzip und Kommunikation über Intimität zu vermitteln. Klar muss immer wieder sein: es gibt kein Recht auf Sex mit einem anderen Menschen. Unerfüllte Sexualität kann frustrieren. Mit frustrierenden Erlebnissen muss ein gewaltfreier Umgang stattfinden, der niemanden verletzt oder gar in der Unversehrtheit bedroht. Als männlich gelesene Kolleg*innen stellen im Idealfall alternative Männlichkeiten als Angebot dar, an denen sich Jungen im Identitätsprozess abarbeiten können und die sie von klassischen Männlichkeitsanforderungen entlasten. Als weiblich gelesene Kolleg*innen leben im Team mit den männlich gelesenen Kolleg*innen geschlechterdemokratische, egalitäre Rollenverteilungen vor, praktizieren womöglich eine bewusst klischeekonträre Arbeitsteilung. Die Jungen lernen eigene Bedürfnisse wahrzunehmen und wertzuschätzen, eine Gefühlssprache zu entwickeln und die eigene Verletzlichkeit zu akzeptieren. In der Elternarbeit versuche ich v. a. Väter zu aktivieren, in der Sorge- und Familienarbeit Verantwortung zu übernehmen, wodurch letztlich auch die Söhne mitbekommen, dass Papa emotional präsent ist und z.B. im Haushalt nicht nur ›Mama hilft‹.«

Auch abseits von pädagogischen Kontexten sollte es für selbstkritische Männer zentral sein, die eigene Geschlechtssozialisation gerade im Umgang mit Frauen zu reflektieren. Frauen als Subjekte, und nicht lediglich als potenzielle Sexualpartnerin wahrzunehmen, stellt lediglich den Anfang dar. Hier ein paar Tipps von mir, einer Frau: Akzeptiert ein »Nein« und bohrt nicht weiter nach. Starrt Frauen nicht an. Ihr findet, eine fremde Frau sieht attraktiv aus? Akzeptiert, dass die meisten Komplimente, die wir als Frauen bekommen, die Einleitung zu objektivierenden und übergriffigen Anmachversuchen sind, und versteht unsere Skepsis. Wir wollen vielleicht einfach in Ruhe gelassen werden und nicht erst eine unangenehme Konversation mit irgendeinem Typen hinter uns bringen. Versteht, dass euer Flirt vielleicht nicht das ist, was uns den Tag versüßt, sondern oftmals einfach nur eine zusätzliche Belastung. Wenn ihr zufällig den gleichen Heimweg habt wie eine Frau, wechselt die Straßenseite – so viele von uns haben bereits Erfahrungen mit Männern machen müssen, die uns verfolgt haben, um uns in ungewollte Gespräche zu verwickeln. Fragt euch, wenn ihr in Diskussionen mit Frauen seid, ob ihr mit einem Mann genauso sprechen würdet. Begreift es nicht als selbstverständlich, dass eure Mutter, Mitbewohnerin oder Freundin den Haushalt schmeißt, betrachtet es nicht als feministischen Akt, mal die Spülmaschine einzuräumen, sondern macht tatsächlich Hausarbeit. Zeigt Zivilcourage, wenn ihr bemerkt, dass eine Frau belästigt wird, und fragt, ob ihr helfen könnt. Nehmt Kritik von Frauen an, anstatt in eine Abwehrhaltung zu gehen. Lest feministische Literatur. Besucht eine profeministische Männergruppe, um eure Sozialisation und euer geschlechtsspezifisches Verhalten zu reflektieren. Und das Wichtigste: erwartet nicht, dass ihr dafür einen Orden oder gar Dankbarkeitssex erhaltet. Es sollte verdammt noch mal eine Selbstverständlichkeit sein, dass ihr profeministisch denkt und handelt.

Dieses Denken und Handeln sollte von klein auf vermittelt werden, um zu verhindern, dass die Incel-Ideologie und auch andere rechtsradikale Weltbilder für Jungen überhaupt von Interesse sein können: »Jungen, die ihren Selbstwert nicht aus der Abgrenzung zu und Abwertung von Frauen ableiten, die nicht in Konkurrenz zu anderen Jungen Männlichkeitsanforderungen nacheifern und Frustration und Aggression auf die Anderen und Abgewerteten umlenken, die eine Gefühlssprache haben, Verletzlichkeit akzeptieren, eigene körperliche und emotionale Grenzen und die der Personen gegenüber respektieren, kein Recht auf Sex für sich beanspruchen, für das Frauen zur Verfügung stehen müssen, die also die Selbstbestimmung jeder Person und Konsens achten, die generell über vergeschlechtlichte Rollenvorstellungen hinaus eine eigene Individualität entwickeln konnten und die Vielfalt von Identitäten und Lebensentwürfen respektieren gelernt haben – solche Jungen werden, so würde ich behaupten, nicht nur selbst keine Incels werden, sondern auch in ihre Peer Groups und weitere soziale Umfelder hinein positiv wirken«, analysiert Torben.

Letztendlich ist die Erziehung von Jungen zu profeministischen Menschen, deren Identität auf mehr basiert als auf der Abwertung des Nicht-Männlichen, jedoch nur ein Aspekt auf dem Weg zu einer Gesellschaft, in der jeder Mensch ohne Angst verschieden sein kann. Wie ich ausgeführt habe, sind die kapitalistisch-patriarchalen Verhältnisse, mit deren Ausweglosigkeit wir von klein auf indoktriniert werden, auf der Unterdrückung anderer angelegt. Die Diskriminierung und Ausbeutung von Frauen zugunsten von Männern ist systematisch. An sich selbst, den eigenen Kindern, dem Freund*innenkreis oder den anvertrauten Schüler*innen zu arbeiten ist nur ein kleiner Teil eines großen, langfristigen politischen Kampfes. Um wirklich konsequent und längerfristig zu verhindern, dass aus Jungen Incels werden, sagt Torben, und ich stimme ihm uneingeschränkt zu, »bräuchte es aber eben innerhalb der kapitalistischen Gesellschaft viel Geld und den politischen Willen, dieses auszugeben. Auch die Schul- und Sozialbehörden müssten entsprechend aufgestellt werden. Spätestens hier zeigt sich, ganz ohne noch weiter in wirkliche Gesellschaftskritik einzusteigen, dass die Verhütung z. B. von Incel-Karrieren nicht nur eine Aufgabe von Pädagog*innen und Eltern ist, sondern etwas mit politischen Kräfteverhältnissen in einem Gesellschaftssystem zu tun hat. Von der Individualisierung von ›Einzelfällen‹ weg, zu Strukturen hin, das muss als kritische Haltung immer dabei sein, wenn wir uns nicht nur im ›Kleinklein‹ verheddern wollen.«

Incels sind auch Produkte äußerer Umstände, die suggerieren, dass das Leben eben nur gut sein kann, wenn man hegemonialen Männlichkeitsvorstellungen entspricht, also: ein potenter, erfolgreicher Machertyp ist. Durch dieses Hinterherjagen eines unerreichbaren Idealbildes schadet man nur sich selbst und anderen. Diese Verhältnisse sind dem allergrößten Anteil der Weltbevölkerung kaum etwas anderes als permanente Zurichtung und Gängelung! Anstatt jedoch zu erkennen, dass unser einziger Ausweg der solidarisch geführte, progressiv antikapitalistische, antirassistische und feministische Kampf ist, wird man darauf konditioniert, das eigene Leid zu kompensieren, indem man nach unten tritt. Es sollte auch nicht dabei bleiben, sich damit zufriedenzugeben, »immerhin kein Incel« zu sein oder Frauen nicht verbal zu belästigen. »Ein besserer Mann« zu sein, ist nur der Anfang: das Geschlechterverhältnis (und somit auch das Kapitalverhältnis) müssen radikal hinterfragt und letztendlich überworfen werden.

In einer Gesellschaft, in der Menschen einander freundschaftlich und solidarisch verbunden sind, in der Sorgen und Nöte von anderen anerkannt und aufgefangen werden, statt dass man von der Traumfrau erwartet, die eigenen Sorgen durch ihre weibliche Zuneigung verschwinden zu lassen, das wäre eine Gesellschaft, in der junge Männer keinen Grund hätten, zu Incels zu werden. Letztendlich ist der einzige konsequente Kampf gegen die Incel-Ideologie der Kampf für eine solidarische, egalitäre und von den Zwängen des patriarchalen Kapitalismus befreite Welt.

Nachwort: Brief an einen Incel

Liebe Incels,
ich weiß, ihr seid die wahren Opfer hier. Opfer einer oberflächlichen Gesellschaft, in der nur die Attraktivität zählt und nicht, wie viele Jordan-Peterson-Vorlesungen man auf *YouTube* gesehen hat. Opfer von Frauen, die, der sexuellen Revolution sei Dank, sich nicht mehr mit ihrem »Looksmatch« zufriedengeben, sondern permanent ein Schwanzkarussel voller Chad-Penisse reiten. Oder sogar die Penisse von schwarzen Männern, was unweigerlich zu einem »Genozid an den Weißen« führen wird. Opfer einer Welt, in der man als Mann nicht einmal das Anrecht auf eine minderjährige, unterwürfige und jungfräuliche Ehefrau hat, die trotzdem im Bett die Qualitäten eines Pornostars an den Tag legt.

Und das macht euch wütend. Denn ihr seid nicht schuld an dieser himmelschreienden Ungerechtigkeit, dass niemand mit euch schlafen will. Schuld sind Frauen, und diese von marxistischen Juden gesteuerte »Femokratie«, deren Ziel letztendlich nichts Geringeres ist als der »Incelocaust«, der euch mit absoluter Gewissheit droht. Das wollen wir nämlich: alle Incels vernichten. Das ist die Wahrheit, und ganz bestimmt nicht die pathische Projektion von Männern, die wortwörtlich darüber schreiben, dass sie Frauen vernichten wollen, einem Mörder wie Elliot Rodger huldigen, der in seinem Manifest davon geschrieben hat, Frauen in Konzentrationslager zu stecken, oder die tatsächlich Frauen aktiv umbringen. Euer Wunsch nach eurem ganz persönlichen »Day of Retribution«, wie Elliot Rodger den Tag seines sorgfältig geplanten Massenmordes nannte, ist eine legitime Reaktion auf das Leben in einer Welt, in der alle anderen permanent herumvögeln und euch ihre glückliche Zweisamkeit unter die Nase reiben.

Sagt mal, habt ihr eigentlich noch alle Tassen im Schrank?!

Ich verstehe, dass Täter-Opfer-Umkehr ein nachvollziehbarer, ja eventuell sogar notwendiger psychologischer Mechanismus ist, um die eigene autoritäre Revolte – denn nichts anderes plant ihr da – zu rechtfertigen. Durch das Stilisieren zum Opfer einer grausamen Gesellschaft seid ihr keine Frauenhasser, Gewalttäter und Mörder mehr, sondern aufrechte Rebellen gegen eine böse, feministische Übermacht. Ihr seid, dank der *Blackpill*, die ihr geschluckt habt, die einzig wahren Erleuchteten und Aufgeklärten einer Welt, in der alle anderen nur Normies sind. Ihr macht nichts Falsches, so redet ihr euch das zumindest ein.

Aber, Newsflash: ihr liegt falsch. Ihr liegt so unendlich falsch. Und Ursache dafür ist, dass das, was ihr als große Wahrheit betrachtet, nichts anderes ist, als eine aus euren persönlichen Kränkungen, Affekten und Neurosen herrührende Ideologie. Ihr seid, und das ist so unendlich traurig, nicht in der Lage, Dinge in gesamtgesellschaftlichen Zusammenhängen oder überhaupt auch nur anders wahrzunehmen als komplett durch eure ideologische Brille verdreht und deformiert.

Und diese Ideologie schadet sowohl den Opfern eures Kriegs gegen Frauen *als auch euch selbst*. Ich habe so viele Seiten damit verbracht zu erklären, wie toxisch euer Denken und das daraus resultierende Handeln ist. Aber ich kann euch zumindest ein wenig verstehen.

In dem, was ihr glaubt, steckt durchaus ein Körnchen Wahrheit. Klar hat Sex in unserer Gesellschaft einen ausgesprochen hohen Stellenwert und spielt eine extrem wichtige Rolle in der männlichen Situation. Und es ist auch wahrscheinlicher, dass man bei einer Dating-App wie *Tinder*, die auf schnellen und unkomplizierten Sex ausgelegt ist, bei dem 1,85 großen, attraktiven Typen mit dem verschmitzten Lächeln nach links wischt als dem dicken Nerd. Und in einer Gesellschaft, in der helle Haut der Schönheitsstandard ist, werden Weiße leider als attraktiver wahrgenommen als People of Colour.

Aber daran sind, ob ihr es glauben wollt oder nicht, nicht die bösen, oberflächlichen, hypergamen Weiber Schuld. Die ihre Zeit übrigens mit genug anderen Dingen verbringen, als Orgien mit Chads oder Tyrones zu feiern. Und, liebe Incels, wo wir gerade dabei sind, beantwortet mir bitte mal eine Frage: wie kann es sein, so rein mathematisch, dass Chads zwar nur 20 Prozent aller Männer ausmachen und die sexuelle Verfügung über alle Frauen haben, aber jede Frau quasi täglich Sex mit wechselnden Chads hat? Und woher soll man, so als Frau mit Studium oder Job, eigentlich die Zeit dafür nehmen? Und wisst ihr, wie schwer es ist, schon einen Spieleabend mit fünf Personen zu organisieren, wie zur Hölle soll man dann permanent Sexpartys veranstalten?

Nein, Ursache eurer Probleme ist die patriarchale und neoliberale Gesellschaft, die ihr trotzdem immer wieder verteidigt. Denn es ist leichter, Frauen für die eigenen Probleme zur Verantwortung zu ziehen, als Gesellschaftskritik zu üben. Ihr habt euch ein Loch gegraben, aus dem es verdammt schwer ist, wieder herauszukommen, und das euch zu verlassen der Rest eurer »Supportgruppe« auch aktiv hindern möchte, denn: jeder Incel, der es schafft, diesem Sumpf zu entkommen, zeigt, dass man nicht aufgrund einer zu geringen Körpergröße oder eines zu schmalen Handgelenks dazu verdammt ist, für immer ungefickt zu bleiben.

Jungs: ich sehe die Selfies, die ihr in euren Foren postet. Ihr seid keine hässlichen »Untermenschen«. Ihr seid ganz normale junge Männer, und Männer, die so aussehen wie ihr, haben Partner*innen, mit denen sie liebevolle Beziehungen führen. Ihr gebt in Umfragen an, dass ihr glaubt, wichtige Meilensteine einer adoleszenten Entwicklung verpasst zu haben und diese nicht nachholen zu können. Das ist scheiße. Und ihr werdet dafür vermutlich verlacht, weil Sex zu haben etwas ist, worüber sich Männlichkeit konstituiert.

Ich weiß nicht, wie ihr reagiert, wenn ich an eure Empathie appelliere und erkläre, dass Frauen einem ähnlichen Zwang unterliegen und aufgrund patriarchaler Verhaltensmuster so viel mehr Leid erfahren – ich selbst fühlte mich so genötigt, Sex haben zu müssen, dass ich meine ersten sexuellen Erfahrungen in Retrospektive viel zu früh hatte. Ihr werdet dafür ausgelacht, keinen Sex zu haben, mit uns hat man Sex und dann beschimpft man uns als Schlampe. Wir kennen das Konzept »Looksmaxxing« auch, bei uns führt es zu Magersucht. Es gibt milliardenschwere Unternehmen, die darauf ausgelegt sind, dass wir unsere Körper hassen. Wir werden vergewaltigt. Wir werden vergewaltigt und es wird gefilmt und auf *PornHub* gestellt, weil es eine riesige Industrie ist, die darauf basiert, dass sich Männer auf Videos, in denen Minderjährige missbraucht werden, einen runterkolben können. Übrigens: es ist wirklich schlimmer, vergewaltigt zu werden, als über einen längeren Zeitraum keinen Sex zu haben. Ich habe beides erlebt, vertraut mir einfach.

Aber wenn ihr von Frauen erfahrt, die vergewaltigt wurden, empfindet ihr keine Empathie. Ihr freut euch darüber, wenn uns Gewalt angetan wurde. Wenn wir geschlagen oder ermordet werden. Denn wir haben es anscheinend nicht anders verdient – wir machen für euch nicht die Beine breit, wieso solltet ihr etwas anderes als Schadenfreude empfinden, wenn uns systematische Gewalt angetan wird? Aber gleichzeitig, wie kann eine Gesellschaft von Frauen und deren Sexualität beherrscht werden, und wir trotzdem Opfer von Gewalt werden? Ach ja, natürlich: die Männer, die uns Gewalt antun, sind entweder Chads, deren männliche Dominanz unsere natürliche Submissivität zum Vorschein bringt, aber dann finden wir es gut, vergewaltigt und verprügelt zu werden, oder es sind Beta Cucks, die endlich die Schnauze voll haben und als tapfere Männer gegen die eiserne Faust des Matriarchats aufbegehren. Aber hey, es ist euer *Aussehen,* das daran schuld ist, dass wir nicht mit euch schlafen.

Als ich mir das Manifest von Elliot Rodger durchgelesen habe, war der Gedanke, der sich wie ein roter Faden durch die Lektüre zog: »Du weinerlicher, narzisstischer, verzogener, elitärer Sack. Verlasse einmal deine Komfortzone. Zeige einmal Empathie für andere.« Und ähnlich ist es, wenn ich mich durch eure Foren lese. Ihr seid so sehr in eurer aus Unsicherheiten und Ängsten und Kränkungen bestehenden Blase gefangen, dass euch alles unerträglich ist. Andere Leute beim Küssen zu sehen erinnert euch an eure Sexlosigkeit. Das Lächeln, das euch eine Frau entgegenbringt, könnt ihr nur als Hohn wahrnehmen, da ihr so verblendet seid, dass ihr nicht wahrhaben könnt, dass sie mit euch flirtet. Ihr bekommt eine Reihe von Abfuhren, und anstatt zu hinterfragen, woran das liegen könnte, gibt man lieber den Weibern die Schuld und deklariert sie allesamt zu »Femoids«, »Löchern« oder »Toiletten«, um mit der erfahrenen Kränkung besser umgehen zu können. Und gleichzeitig kann euch nur die Liebe – also: der Sex – einer Frau aus eurem Elend erlösen. Und die wollt ihr natürlich sofort und direkt, wie Elliot Rodger, der über den Campus seiner Universität spaziert ist und erwartet hat, dass ihn Frauen mit Aufmerksamkeit und Liebe überschütten. Aber diese Liebe wollt ihr auch nicht von real existierenden Frauen, da diese eine Projektionsfläche für euren Hass auf alles Weibliche sind, weil ihr euch von selbstbestimmter weiblicher Sexualität verfolgt und bedroht fühlt. Die bloße *Existenz* von Frauen ist euch ein Gräuel. Ihr könnt sie nicht besitzen, und deswegen wollt ihr sie vernichten. Ich will nicht sagen, dass man sich an den eigenen Schnürsenkeln aus der Incel-

Denke ziehen soll, aber ihr habt alle Verantwortung für euer Glück daran festgemacht, dass Frauen euch Zuneigung schenken. Einfach so. Und was ihr zu bieten habt, ist Selbstmitleid, Frauenhass und das Anspruchsdenken, ihr hättet das Recht auf die Sexualität anderer Menschen. Das ist wirklich nicht sexy, glaubt mir.

Ihr seid so sehr in eurem weinerlichen Selbstmitleid gefangen, dass es euch unmöglich ist, zu begreifen, welchem Leid andere ausgesetzt sind. Und ihr wollt es nicht begreifen, weil ihr euch in euren Foren permanent selbst verroht und fertigmacht. Ihr stumpft euch ab. Bei der Recherche in euren Foren stoße ich immer wieder auf Postings, in denen ihr eure Depressionen, euren Selbsthass und eure Suizidalität thematisiert. Ich habe mir die Umfragen auf *incels.co* angeschaut: ihr werdet über die Jahre auch zunehmend depressiver. Kein Wunder, wenn man sich den ganzen Tag in Foren aufhält, in denen man sich gegenseitig predigt, dass man niemals Liebe erfahren wird oder erfahren hat oder es überhaupt wert ist! Und zu lesen, dass ihr euch das Leben nehmen wollt, *tut weh.* Ich war an so einem Punkt. Ich dachte mir, dass alles ausweglos sei, dass niemand mich jemals lieben und ich mir eigentlich das Leben nehmen könnte. Ich begann meine Tage damit, mich selbst zu beschimpfen. Ich habe mich selbst verletzt (aber laut euch können Frauen ja nicht wirklich depressiv werden). Und auf perverse Weise tat es gut. Ihr schreibt davon, dass die Foren aufzusuchen wie eine Droge ist, dass ihr abhängig davon seid. In Verhältnissen, die darauf ausgelegt sind, dass man für alles Erdenkliche sanktioniert wird, ist es auch in gewisser Weise wohltuend, die Rolle der strafenden Autorität selbst zu übernehmen und sich voreilig selbst abzustrafen und zu verletzen.

Diese neoliberalen Verhältnisse machen es auch einfach, sich selbst zu hassen. Permanent wird man damit konfrontiert, man solle sich selbst optimieren. Und das Scheitern daran, permanent sexy, glücklich und erfolgreich zu sein, wird gesellschaftlich sanktioniert. Dann ist es auch einfacher, sich in eine Echokammer zurückzuziehen, in der man darin bestätigt wird, dass das System ohnehin von Anfang an gegen einen ist. Es ist von Anfang an gegen euch. Aber nicht, weil ihr vermeintlich unattraktiv seid, sondern weil der Kapitalismus ein System ist, das von Selbstzweifeln profitiert! Selbstliebe, und ich weiß, dass euch kaum etwas ferner ist (außer vielleicht, Frauen als Subjekte zu betrachten und nicht als Löcher, die man ficken kann), ist in einem System wie diesem quasi ein revolutionärer Akt. Und je länger ihr euch in dieser Community aufhaltet, desto schwerer wird es, eine aufrichtige Liebe zu euch selbst zu entwickeln. Und je tiefer ihr in den Sumpf geratet und seine Ideologie reproduziert, desto schwerer ist es, euch Liebe entgegenzubringen, weil, wie gesagt: niemand will einen sexistischen, weinerlichen, toxischen, infantilen Incel daten. Es ist eine selbsterfüllende Prophezeiung.

Was wir brauchen, ist eine Gesellschaft, die von Grund auf liebevoller und solidarischer ist, und deren Bild von Männlichkeit von Grund auf aufgerollt gehört. Liebe Incels, lest vielleicht mal *Der gemachte Mann* von Raewyn Connell, die erklärt euch, wie binnenmännliche Machtstrukturen funktionieren. Der patriarchal strukturierte Kapitalismus tut auch euch massive Gewalt an. Aber anstatt das zu erkennen und es zu kritisieren, dehumanisiert ihr lieber euch selbst wie auch Frauen, damit es leichter ist, sie zu hassen. Wir sind nicht euer Feind. Diese Verhältnisse sind es, unter denen wir alle leiden, die uns gegeneinander ausspielen, die euch suggerieren, ihr müsstet hyperpotente Ficker sein, die andere glauben machen, sie könnten sich darüber lustig machen, wenn jemand noch keinen Sex hatte. Und es wird auch anstrengend sein, sich der Erkenntnis zu stellen, dass alles aus einem komplexen Zusammenhang aus historisch gewachsenen Ideologien und Herrschaftsverhältnissen besteht, und zu erkennen, dass Frauen eben nicht an allem Schuld sind, sondern systematisch unterdrückt werden und dass das Geschlechterverhältnis etwas ist, das ganz dringend überwunden werden muss, aber es ist objektiv gesehen besser, als Frauen ermorden zu wollen.

Ich weiß nicht, ob irgendwelche Incels diesen Text lesen werden. Falls sie ihn lesen, werden sie mit Hohn reagieren und jegliche emotionalen Reaktionen abwehren, weil das ist es, was sie permanent tun: Momente der Erkenntnis ob der Beschissenheit ihrer Ideologie abwehren. Denn ansonsten müsste man ja die Arbeit auf sich nehmen, den Weg aus dem Sumpf heraus zu finden. Aber für diejenigen, die sich noch nicht komplett der Blackpill verschrieben haben, die noch Möglichkeiten haben, diesem Kult zu entkommen:

Verlasst diese Foren. Hört auf, Frauen zu sexualisieren, und lernt, sie als Subjekte wahrzunehmen. Sucht euch Therapie. Sucht euch Hilfe auf Foren wie dem *Absolute Beginner Treff* oder dem *Love, Not Anger*-Projekt oder dem *Incel Exit*-Subreddit. Sprecht mit anderen Menschen über eure Vergangenheit und eure Ängste. Versucht, ein Leben und Hobbys außerhalb dieser Online-Sphäre zu finden. Geht in den Yoga-Kurs oder zum Brettspieletreff des Spieleladens bei euch in der Stadt oder in die Gewerkschaftsjugend. Wenn es nach mir ginge, gäbe es Aussteigerprogramme für Incels, da es sich bei Incels um einen verdammten Kult handelt! Lernt, euch und andere zu lieben und zu respektieren. Es ist sicher einfach, sich in der fatalistischen Gewissheit zu vergraben, dass man für immer ungeliebt sein wird, aber man verpasst so viel. Ihr habt nichts zu verlieren als euren Hass, ihr habt eine Welt zu gewinnen, die voller aufregender Ungewissheit, Solidarität, Liebe, Entdeckungen, Freundschaft, Selbsterkenntnis und Gefühlen sein wird. Es ist ein gigantischer Sprung ins Ungewisse, aber: macht ihn. Raus aus der Comfort Zone. Es wird schwer sein, viel schwerer, als in dem gewohnten Loch zu verbleiben, sich selbst leid zu tun und Frauen zu hassen. Aber für diejenigen, die diesen Weg wagen wollen: Ich bin so, so unendlich stolz auf euch. Ihr schafft das, und ihr seid nicht allein.

Eure Veronika

Das Incel-Wörterbuch

Liest man sich durch Incel-Foren, dauert es nicht lange bis man auf Beiträge wie den folgenden stößt: »Females being mogged by other females just means they will have to settle for chadlite or just regular chad instead of gigachad. If you're a man and only say 50% of women mog you, then that means you will never reproduce your seed, because of hypergamy and the 80/20 rule of course.«[211] Was für die Uneingeweihte nur eine Aneinanderreihung von Kauderwelsch ist, erschließt sich der Expertin als Gejammere darüber, dass Frauen nicht mit einem schlafen wollen. Der Löwenanteil von Incel-Postings handeln davon.

Alleine schon die Übersetzung dieses kurzen Abschnittes, der mit »Von einer Frau *gemoggt* werden ist schlimmer, als vergewaltigt zu werden« übertitelt ist, gestaltet sich als schwierig, da Incels eine ganz eigene Sprache entwickelt haben, die natürlich auch immer Ausdruck ihrer Ideologie ist. Eine sinngemäße Übersetzung würde lauten: »Weibchen, die von anderen, attraktiveren Weibchen auf ihre geringere Attraktivität zurückgeworfen werden, müssen sich mit generisch attraktiven/potenten Männern anstatt hyperattraktiven/potenten Männern zufriedengeben. Wenn du ein Mann bist und, sagen wir einmal, nur die Hälfte aller Frauen dich auf deinen Mangel an Attraktivität zurückwirft, bedeutet das, dass du dich niemals fortpflanzen wirst, da alle Frauen hypergam sind und nur die attraktivsten 20 Prozent aller Männer Frauen abbekommen«.

Ja, Incels haben eigene Begriffe für Konzepte wie: »Durch die bloße Existenz attraktiver Menschen an die eigene vermeintliche

Hässlichkeit erinnert zu werden«. Deshalb ist zum allgemeinen Verständnis ein Incel-Wörterbuch leider eine unverzichtbare Angelegenheit. Es zeigt auf, wie obsessiv sich Incels mit dem eigenen und dem Aussehen anderer befassen. Und wollten Sie, liebe Lesende, nicht schon immer einmal wissen, was der Unterschied zwischen »Beckys« und »Stacys« ist? Wie Incels »Chads« unterschiedlicher Ethnien bezeichnen? Was es mit Begriffen wie »Suifuel«, »Numale« und »Soyboy« auf sich hat? Und was zur Hölle eigentlich hinter Akronymen wie »LDAR« oder »AWALT« steckt?

Dieses Wörterbuch, liebe Leserin, lieber Leser, wird alle diese drängenden Fragen unserer Zeit beantworten und Sie sowohl für alle kommenden Recherchen in Incel-Foren als auch für die Lektüre dieses Buches wappnen. Das Wörterbuch wurde weitestgehend von der Sammlung von Incel-Begriffen auf dem Incel-Beobachterforum *IncelTear*[212] auf *Reddit* übernommen; ich habe die Erläuterungen ins Deutsche übersetzt und an manchen Stellen erweitert.

4chan: Imageboard, das sich über die Jahre hinweg zunehmend zur Brutstätte der Alt-Right entwickelte.

8chan/8kun: Radikalerer und offen rechtsextremer Ableger von *4chan*, auf dem unter anderem die Attentäter von Christchurch oder El Paso ihre Manifeste veröffentlichten. *8chan* wurde deswegen 2019 gelöscht, der Nachfolger nennt sich *8kun*.

Alpha (Male): Das Gegenteil eines Beta-Manns. Er wird als attraktiv, erfolgreich, dominant und hypermaskulin charakterisiert.

Alt-Right: Kurzform von »Alternative Right«. Von dem Vordenker der Alt-Right Richard Spencer geprägter Begriff, um die zeitgenössische Strömung der neuen Rechten zu beschreiben. Zentrale Themen sind Einwanderungsstopp, Nationalismus, Antisemitismus, Rassismus und Antifeminismus. Ziel ist das Errichten eines weißen »Ethno-Staates« und die Zerschlagung einer vermeintlichen politischen linken Elite. Spencer selbst bezeichnet die Alt-Right als »Identitätspolitik für Weiße«. Andere prominente Vertreter sind z. B. die Webseite »Breitbart« oder Steve Bannon; in Deutschland würde die Identitäre Bewegung unter das Label fallen. Eine weniger ausgeprägte Form wird als Alt-Light bezeichnet.

Ascend (Aufsteigen): Wenn ein Incel Sex oder sogar eine Beziehung hat.

AWALT: »All women are like that« oder »All women are literal trash« oder »All women are lying thots«: »Alle Frauen sind so«, »Alle Frauen sind Müll«, »Alle Frauen sind lügende Schlampen«.

Based: Jemand, dessen Interesse darin besteht, die Wahrheit zu verbreiten, ungeachtet der Konsequenzen.

Becky: Eine durchschnittlich attraktive Frau.

Beta (Male): Ein durchschnittlicher Mann. Konfliktscheu, uncharismatisch und ohne Selbstbewusstsein.

Betabux: Ein Beta-Mann, der von einer Frau ausgenutzt wird. Sie halten Frauen finanziell aus.

Blackpill: Die Incel-Ideologie, ein Derivat der sogenannten »Redpill«.

Bluepill: Jene, die sich der Redpill oder Blackpill verweigern und in einem Zustand glücklicher Unwissenheit verharren (wird als derogativer Begriff für Linke und Liberale gebraucht).

-cel: Suffix, das an einen bestimmten Begriff gehängt wird, um zu spezifizieren, was einen genau zum Incel macht, wie die Körpergröße oder der ethnische Hintergrund. Beispiele sind: »Wristcel«, »Heightcel« oder »Currycel« (ein selbstabwertender Begriff für Incels mit südasiatischer Herkunft).

Chad, Tyrone, Chang Longwang, Chadriguez, Chadpreet, Chaddam, etc.: Der stereotype Alpha-Mann unterschiedlicher Herkunft. »Chad« ist weiß, »Tyrone« ist schwarz und entspricht in der Regel der rassistischen Darstellung eines Gangsters, »Chang Longwang« ist asiatisch, »Chadriguez« lateinamerikanisch, und so weiter.

Chadlet: Ein kleingewachsener Chad (»kleingewachsen« bedeutet bei Incels unter 1,85 Metern).

Chadlite: Kein Chad, aber fast. In der Männer-Hierarchie über dem »Normie« angesiedelt, auf der Attraktivitätsskala eine »8«, laut Incels die unterste Grenze jener Männer, die Frauen als Sexpartner in Betracht ziehen.

Cock carousel (Schwanzkarussell): Wird von Frauen im Alter von 16 bis 25 Jahren geritten, zumindest laut Incels. »Das Schwanzkarussell« zu reiten bedeutet, dass eine Frau ein ausgeprägtes Sexualleben mit zahlreichen und häufig wechselnden Partnern hat.

Cope: »Copingmechanismen«, um mit dem Incel-Dasein umzugehen; auch ein Vorwurf an andere Incels, dass ihre Herangehensweise an einen Sachverhalt Coping und somit Verleugnung sei.

Coomer: Ursprünglich aus der Anti-Masturbationsbewegung stammender abwertender Begriff für Männer mit exzessivem Pornokonsum. Wird inzwischen von diesen Männern, die oftmals aus der Incel/*4chan*-Szene stammen, affirmativ verwendet und ist der Name eines misogynen Subreddits.

Cuck/to be cucked/something is cucked: Original aus dem Fetisch des »Cuckolding« abgeleitet. Dort findet ein Mann daran Erregung, dass seine Frau Sex mit anderen Partnern hat. In der Mainstream-Pornographie oft rassistisch aufgeladen. »Cuck« dient in der Alt-Right als Schimpfwort, um politische Gegner als entmannt, verweichlicht und als Verräter der weißen Rasse zu deklarieren. Wird gerne gegen profeministische Männer eingesetzt.

Cultural Marxism (kultureller Marxismus): Eine angeblich von der Frankfurter Schule aus gestartete Bewegung, über Universitäten und Hollywood linke kulturelle Hegemonie zu erlangen und somit den Kommunismus zu erreichen. Der von dem Rechtsterroristen Anders Breivik popularisierte Begriff wird nicht nur in der Incel-Community, sondern allgemein von der neuen Rechten und Alt-Right verwendet, um zu insinuieren, Universitäten und Medien seien von einer jüdisch-marxistischen Agenda gesteuert. Es handelt sich schlicht und ergreifend um einen rechten Kampfbegriff.

Curry-: Präfix, um jemanden südasiatischer Herkunft zu beschreiben.

Day of Retribution: »Tag der Vergeltung«, von Elliot Rodger geprägter Begriff für den Tag, an dem er als Incel Rache an Frauen dafür nimmt, dass sie ihm den Sex verweigern würden.

Doomer: Bezeichnung für einen jungen, in der Regel männlichen Menschen mit Depressionen und einer nihilistischen Weltsicht, wird sowohl in der Incel-Community als auch auf Imageboards wie *4chan* verwendet und ist ein Derivat des Begriffes »Zoomer«, welcher verwendet wird, um Mitglieder der »Generation Z« zu klassifizieren.

Doxxing: Das Veröffentlichen persönlicher Daten (Adressen, Fotos etc.) einer anderen Person online. Dies wird in der Regel als rechte Kampfstrategie verwendet.

Elliot Rodger: Ermordete 2014 sechs Menschen in dem ersten bekannten Incel-Attentat, um Rache dafür zu nehmen, keinen Sex zu haben. Wird von Incels als »Held«, »Heiliger« und »Supreme Gentleman« verehrt. »To go ER« steht Synonym für den Plan, einen bewaffneten Anschlag auf Frauen zu verüben.

Escortcel: Ein Incel, der die Angebote eines Escort Service in Anspruch nimmt, um Sex zu haben.

Fakecel: Eine Zuschreibung, die Incels für Personen verwenden, die ihrer Ansicht nach keine »richtigen Incels« sind.

Femcels: Weibliche Incels. Der größte Teil männlicher Incels spricht ihnen die Existenz ab, jedoch gibt es eine eigene »Femcel«-Community.

Foid/Femoid: Kurzform von »female humanoid«, also »weiblicher Humanoid«. Gängige, bewusst entmenschlichende Incel-Bezeichnung für Frauen. »Femoids« werden in Foren mit dem Pronomen »it«/»es« bezeichnet.

For the lulz: »Nur der Lacher wegen«. Aus *chan*-Board-Kontexten stammende Behauptung, man würde lediglich mit menschenverachtenden Positionen kokettieren, um andere zu trollen und sich anschließend über deren Reaktion zu amüsieren.

-fuel: Motivation für etwas. Beispiele wären »Lifefuel« als etwas, das motiviert, am Leben zu bleiben, oder »Suifuel« als etwas, das zum Suizid bewegt.

FWHR, Facial with to height ratio (Gesichtssymmetrie): Angeblich sehr wichtig für Incels, da nur ein ideal geformtes Gesicht attraktiv ist.

Gamergate: 2014 entstandene misogyne Hetzkampagne gegen Frauen in der Videospiel-Branche, wie die Kulturwissenschaftlerin Anita Sarkeesian, die sich kritisch mit Sexismus in Videospielen beschäftigt, oder die Spieleentwickler*innen Brianna Wu und Zoë Quinn. Diese Hetzkampagne entwickelte sich maßgeblich auf *4chan* und wurde durch populäre Figuren der Alt-Right wie Milo Yiannopoulos gepusht. Gamergate kann als Ursprung der Alt-Right begriffen werden.

Government assigned girlfriend: Einige Incels verlangen, dass – jungfräuliche, attraktive – Frauen als Güter unter den Männern eines Staates verteilt werden sollten.

Gymcel: Ein Incel, der das Fitnessstudio besucht.

Hole (Loch): Ein weiterer derogativer Begriff für Frauen.

Incel: Involuntary celibate, also »unfreiwillig im Zölibat Lebender«.

Inhibition/Inhib (Hemmung, Befangenheit): Ist entweder niedrig oder ausgeprägt. Männer ohne ausgeprägte »Inhibition« kümmern sich nicht darum, was andere von ihnen denken, und werden deswegen als »Alphamänner« wahrgenommen. Menschen mit hoher »Inhibition« stehen sich durch ihre Sorge um die Wahrnehmung durch andere selbst im Weg. Einige Incels versuchen durch beispielsweise den Verzicht auf Masturbation ihr Testosteron und somit ihr »Inhibition-Level« zu verringern, dies nennt sich »Lowinhibmaxxing« (!).

It's over (es ist vorbei): Generelle Aussage von Incels, um die eigene Hoffnungslosigkeit zu beschreiben.

JB/Jailbait: Ein minderjähriges Mädchen, mit dem man gerne Sex hätte und deswegen das Gefängnis riskieren würde.

KEK: Eine andere Schreibweise von »lol«; hat seinen Ursprung in *World of Warcraft*. Wurde unter anderem in *4chan*-Kontexten popularisiert.

KHHV, Kissless, handholdless, hugless virgin: Jemand, der noch nie geküsst und umarmt wurde und auch keinen Sex hatte.

Landwhale (Landwal): Abwertender Begriff für eine dicke Frau; wird auch von anderen misogynen Männern benutzt.

Lanklet: Ein großer, dünner, wenig muskulöser und deshalb unattraktiver Mann.

LDAR: »Lay down and rot«; »Leg dich hin und verrotte«, ein »Ratschlag«, aufzugeben.

Lolcow: Eine Person, die Opfer expliziter Schmähungen und Belustigungen wird. Personen zu »Lolcows« zu erklären, ist oft Teil einer rechten Strategie, um sie zu demütigen und zu diskreditieren.

Looksmatch: Incels bewerten, ähnlich wie Pick-up-Artists, Menschen auf einer »Attraktivitätsskala« von eins bis zehn. Jemand mit dem gleichen Attraktivitätslevel ist ein »Looksmatch«.

Manlets: Männer mit geringer Körpergröße.

Manosphere: Lose miteinander verknüpfte maskulinistische und antifeministische Webseiten und Online-Communities wie Incels, MGTOWs, Pick-up-Artists, neofaschistische Gruppen. Deutsche Beispiele sind Blogs wie *WikiMANNia, Wieviel Gleichberechtigung verträgt das Land* oder rechte YouTuber wie Hagen Grell.

-maxx/-maxxing/-max: Aspekte im Leben verbessern, beispielsweise beschreibt »Gymmaxxing« den Versuch, die eigene Attraktivität durch den Besuch eines Fitnessstudios zu steigern.

Mentalcel: Jemand, der aufgrund psychischer Krankheiten oder Störungen Incel ist (Anmerkung: viele Incels diagnostizieren sich selbst und ohne irgendeine Form professioneller Beratung).

MGTOW, Men going their own way: Eine Männerrechtsideologie die besagt, dass Frauen Männer darin behindern, ein erfülltes Leben zu führen, und man deshalb längerfristigem Kontakt zu Frauen entsagen und die eigene Männlichkeit wiederentdecken sollte. Praktisch sitzen MGTOWs den ganzen Tag im Internet und schimpfen darüber, wie schlimm Frauen doch seien.

Mog: Besser sein als jemand anderes. Wird von Incels meistens in Bezug auf ästhetische Attribute angewandt. Wird auch in dem rassistischen Kontext »Mogger« verwendet, um über Schwarze zu sprechen, von denen man sich erniedrigt fühlt.

NEET, »Not in Education, Employment, or Training« (Ohne Studium, Arbeit oder Ausbildung): Selbstbezeichnung, wird nicht nur von Incels verwendet, sondern von zahlreichen Internet-Usern, die ironisch mit dem eigenen Versager-Status kokettieren. Der Attentäter von Halle hatte sich selbst beispielsweise als »NEET« tituliert.

NW/Norwood: Die »Norwood-Skala« ist eine Skala, um Haarverlust bei Männern zu messen. Incels betrachten Haarverlust als einen der Gründe für ihren vermeintlichen Mangel an Attraktivität.

Nice Guy: Ein Mann, der sich Frauen gegenüber nur freundlich verhält, um im Gegenzug Sex mit ihnen zu haben, und sich anschließend darüber beschwert, dass das so nicht funktioniert. Ein klassischer Nice-Guy-Satz wäre »Frauen stehen nur auf Arschlöcher und nicht auf nette Typen wie mich!«

Noodlewhore: Eine rassistische Bezeichnung für asiatische Frauen.

Normie: Jede Person, die kein Chad oder keine Stacy ist.

NPC: Aus Videospielen stammendes Kürzel für »Non Player Character«, also »Nichtspielercharakter«. Begriff, den (extrem) Rechte für politische Gegner*innen und »Normies« verwenden, um zu suggerieren, dass diese fremdgesteuert seien.

NT: Kurzform für »neurotypical« oder »neurotypisch«; eine Person ohne psychische Einschränkungen. Wird auch über die Incel-Szene hinaus benutzt.

Numale: Antifeministische Beleidigung gegen den »neuen Mann«, »Numales« haben jegliche Vorstellungen traditioneller Maskulinität entsagt, sind vom Feminismus entmannt und werfen sich dieser Entmannung durch das Vertreten profeministischer Positionen begeistert in die Arme.

Oneitis: Bezeichnung für eine aufrichtige Liebe einer anderen Person gegenüber. Ursprünglich aus der Pick-Up-Artist-Szene; suggeriert, dass Liebe zu einer Frau eine Krankheit sei, die den Mann davon abhält, seiner Bestimmung zu folgen und mit so vielen Frauen wie möglich zu schlafen.

Orbiter/beta orbiter: Ein Mann, der Zeit mit einer Frau verbringt, in der Hoffnung, irgendwann einmal dafür mit ihr schlafen zu dürfen.

PUA/Pick-Up-Artist: Selbst ernannte »Verführungskünstler«, deren erklärtes Ziel es ist, Frauen durch emotionale und psychische Manipulation zum Sex zu bewegen. Gurus der Bewegung wie Julien Blanc veranstalten teure Seminare, in denen sie Männern toxische Geschlechterbilder und einen objektivierenden Umgang mit Frauen beibringen. Anschließend ziehen sie mit ihren Akolythen auf die Straße, um das Erlernte an Frauen, die oftmals einfach nur ihre Ruhe haben wollen, auszuprobieren. Zahlreiche Incels waren einmal Seminarbesucher dieser Männer, die kaum etwas anderes sind als Vergewaltiger.

-pill: In der rechten Szene verwendeter Suffix für eine bestimmte Ideologie. Wird in der Incel-Community auch verwendet, um Erleuchtung bezüglich einer bestimmten Form von Diskriminierung gegen Incels zu signalisieren. Beispiele sind »Racepill« für die Vorstellung, man wäre aufgrund seiner Hautfarbe unfähig, eine Partnerin zu bekommen, oder »Agepill« für die Vorstellung, man sei zu alt.

Pinkpill: Die Femcel-Version der Blackpill.

PSL Scale (PickUpArtist/Sluthate/Lookism Skala): Die nach drei relevanten Incel-Foren benannte Skala, nach der Incels Attraktivität bewerten.

Redpill: Auf Antifeminismus, Antisemitismus, Antikommunismus und Rassismus basierende Verschwörungsideologie, welche besagt, dass wir nicht im warenproduzierenden Patriarchat, sondern einer »Femokratie« leben, in der heterosexuelle Männer permanent von Frauen und deren Sexualität unterdrückt werden. Nur das Schlucken der roten Pille lässt einen diese Wahrheit erkennen und den Kampf gegen Feminismus und kulturellen Marxismus aufnehmen. Die Referenz stammt aus dem Film »Matrix«, dessen queere Regisseurinnen sich explizit gegen die Redpill-Community gestellt haben.

Rice-: Bezug auf eine asiatische Herkunft.

Roastie: Abwertender Begriff für eine sexuell aktive Frau, da ihre Labien Roastbeef ähneln würden. Wird auch von anderen Sexisten benutzt.

Rope: Suizid durch Erhängen (»rope or cope«).

Simp: Ein Mann, der sich einer Frau gegenüber unterwürfig und submissiv verhält in der Hoffnung, dafür Aufmerksamkeit und Zuneigung zu erhalten.

SMV, Sexual market value (»Sexueller Marktwert«): Gilt natürlich nur für Frauen, deren Sexualität man durch patriarchale Mythen zu kontrollieren gedenkt. Je mehr Partner*innen eine Frau hatte, desto geringer ist ihr »sexueller Marktwert«.

Soyboy: Ein weiterer Begriff für profeministische Männer. Linke Männer würden sich alle vegan ernähren und Sojamilch trinken, die bekannterweise Östrogen enthält und deshalb Männer verweichliche. Angst vor dem Weiblichen ist, wie man sieht, ein Thema, von dem Incels nicht lassen können.

St Blackops2cel: Eine nach dem Spiel »Black Ops 2« benannte Incel-Ikone.

Stacy/Stacie: Eine attraktive und sexuell aktive Frau. Projektionsfläche für sexuelle Triebe und den Zorn darüber, diese nicht ausleben zu können.

THOT »That whore over there« (»Die Schlampe da drüben«): Ein weiterer derogativer Begriff für Frauen, weil Incels davon nicht genug haben können.

Toilet: Wer hätte es gedacht, noch ein abwertender Begriff für Frauen.

Truecel: Die richtig wahren Incels mit der festen Überzeugung, dass für sie jegliche Hoffnung verloren ist, da sie die wahrhaft unfreiwillig Zölibatären seien.

Unzöl: Eingedeutschte Version von Incel, zusammengesetzt aus »Unfreiwillig« und »Zölibat«. Wird primär in *Kohlchan-* und rechten *Twitter*-Kontexten verwendet.

Volcel: Wird verwendet, um zu suggerieren, dass jemand doch irgendwie freiwillig zölibatär wäre. Beispiel: »Fatcels sind Volcels« (da sie abnehmen und somit dem Incel-Status entkommen könnten).

The Wall (Die Wand): Wenn eine Frau lange genug das »Schwanzkarussell« geritten und somit ihren »sexuellen Marktwert« eingebüßt hat, kracht sie an die Wand der Tatsache, dass sie zu alt und verbraucht ist, um weiterhin attraktiv für Chads zu sein. Dass diese Vorstellung auf Misogynie, Slut-Shaming und dem Hass auf weibliche sexuelle Selbstbestimmung basiert, muss nicht diskutiert werden. Gilt, wie beim Doppelstandard der Incels üblich, nur für Frauen.

White Knight: Ein Mann, der misogyn angegriffene Frauen unterstützt. – In der Vorstellung der Manosphere ist seine einzige Motivation, dies zu tun, dafür mit weiblicher Zuwendung belohnt zu werden. Andere Gründe für profeministisches Handeln sind für Männer, die unfähig sind, Frauen als etwas anderes denn Spermacontainer zu betrachten, nämlich schlicht nicht vorstellbar.

Literaturverzeichnis

Primärquellen

www.incels.co
www.lookism.net
www.incels.net
www.looksmax.me
www.rapey.org
www.incel.wiki
www.reddit.com
www.knowyourmeme.com
www.4chan.org

Harper-Mercer, Christopher Sean: My manifesto

Rodger, Elliot: My Twisted World

Hamudi Ebalz: The Fallen Ones Saint Hamudi, YouTube, 06.07.2020, URL: www.youtube.com/watch?v=To2Qbf3wzcQ

Sekundärliteratur

Accel&Qualtrics: The Millenial Study 2017 - Women and Leadership, URL: www.qualtrics.com/millennials/women-and-leadership/

ADL's Center on Extremism: *When Women are the Enemy: The Intersection of Misogyny and White Supremacy*, in: *ANTI-DEFAMATION LEAGUE*, 2018, URL: www.adl.org/resources/reports/when-women-are-the-enemy-the-intersection-of-misogyny-and-white-supremacy

Adorno, Theodor W. und Horkheimer, Max: *Dialektik der Aufklärung*, Fischer Taschenbuch Verlag, Frankfurt am Main 1971

Adorno, Theodor W.: Bemerkungen über Politik und Neurose, in: *Soziologische Schriften I*, Suhrkamp, Frankfurt am Main 1972

Baker, Katie: The Angry Underground World of Failed Pickup Artists, in: Jezebel, Februar 2012, URL: https://jezebel.com/the-angry-underground-world-of-failed-pickup-artists-5906648

Baele, Stephane J., Brace, Lewys and Coan, Travis G.: From »Incel« to »Saint«: Analyzing the violent worldview behind the

2018 Toronto attack, in: *Terrorism and Political Violence*, Routledge 2019

Benjamin, Jessica: *Die Fesseln der Liebe. Psychoanalyse, Feminismus und das Problem der Macht*, Fischer, Frankfurt am Main 1998.

Boltwood, Alana: »I'm 27 and I've never been on a date.«, 1997, in: Waybackmachine, ohne Datum der Veröffentlichung, URL: https://web.archive.org/web/20030206192844/http://www.ncf.carleton.ca/~ad097/invcel.html

Branson-Potts, Hailey/Winton, Richard: How Elliot Rodger went from misfit mass murderer to ›saint‹ for group of misogynists — and suspected Toronto killer, in: Los Angeles Times, April 2018, URL: www.latimes.com/local/lanow/la-me-ln-elliot-rodger-incel-20180426-story.html

Bundeskriminalamt: Partnerschaftsgewalt - kriminalstatistische Auswertung, URL: www.bka.de/DE/AktuelleInformationen/StatistikenLagebilder/Lagebilder/Partnerschaftsgewalt/partnerschaftsgewalt_node.html

Bundesministerium für Familie, Senioren, Frauen und Jugend: Gender Care Gap - Ein Indikator für die Gleichstellung, 27.08.2019, URL: www.bmfsfj.de/bmfsfj/themen/gleichstellung/gender-care-gap/indikator-fuer-die-gleichstellung/gender-care-gap---ein-indikator-fuer-die-gleichstellung/137294

Bundesministerium für Familie, Senioren, Frauen und Jugend: *Männerperspektiven - Auf dem Weg zu mehr Gleichstellung?*, Penzberg 2016

Burgess, Elisabeth/Donnelly, Denise: Involuntary Celibacy: A life course analysis, in: Journal of Sex Research Vol. 38, No. 2, Taylor & Francis, Oxford 2011

Carbone, Nick: Bullying and plastic surgery: Childhood friend speaks out on Anders Breivik's life, in: TIME Magazine, 26.07.2011, URL: http://newsfeed.time.com/2011/07/26/bullying-and-plastic-surgery-childhood-friend-speaks-out-on-anders-breiviks-life/

Collins, Ben/Zadrozny, Brandy: After Toronto attack, online misogynists praise suspect as ›new saint‹, in: nbc news, April 2018, URL: www.nbcnews.com/news/us-news/after-toronto-attack-online-misogynists-praise-suspect-new-saint-n868821

Connell, Raewyn: *Der gemachte Mann*, Springer Fachmedien, Wiesbaden 2015

Coston, Bethany M.: Reclaiming my fear: I will no longer stay silent about Michael Kimmel, in: Medium, 09.08.2018, URL: https://medium.com/@bmcoston/reclaiming-my-fear-i-will-no-longer-stay-silent-about-michael-kimmel-bde8602fee55

Dachverband der Migrantinnen: Pressemitteilung zum Equal Pay Day, 18.03.2019, URL: www.

damigra.de/meldungen/damigra-zum-equal-pay-day-am-18-maerz-2019-wann-ist-der-equal-pay-day-fuer-migrantinnen

Eberle, Max: Incels: Auf Lookism.net beleidigen sich Männer gegenseitig für ihr Aussehen, in: Vice.de, 05.06.2020, URL: www.vice.com/de/article/wxq5b9/incels-auf-lookismnet-beleidigen-manner-sich-gegenseitig-fuer-ihr-aussehen

Frauen gegen Gewalt: Kampagne »Vergewaltigung verurteilen«, URL: www.frauen-gegen-gewalt.de/de/zahlen-und-fakten-zum-plakat-vergewaltigung-verurteilen.html

Freud, Sigmund: Triebe und Triebschicksale, in: *Gesammelte Werke X*, Fischer Verlag, Frankfurt am Main 1999, S. 230

Futrelle, David: Incel Genocide? Conspiracy theorist claims the government is trying to eradicate beta genes by refusing to fund incel plastic surgery, in: We Hunted the Mammoth, 26.12.2019, URL: www.wehuntedthemammoth.com/2019/12/26/incel-genocide-conspiracy-theorist-claims-the-government-is-trying-to-eradicate-beta-genes-by-refusing-to-fund-incel-plastic-surgery

Futrelle, David: Incels are rooting for the Corona Virus to kill off Chads and Stacies, in: We hunted the Mammoth, 01.03.2020, URL: http://www.wehuntedthemammoth.com/2020/03/01/incels-are-rooting-for-the-coronavirus-to-kill-off-chads-and-stacies/

Giesea, Jeff: It's Time to Embrace Memetic Warfare, in: OPEN-Publications Volume 1, Nr. 5, 2017, URL: www.act.nato.int/images/stories/media/doclibrary/open201705-memetic1.pdf

Hall, Jake: Investigating the insidious rise of the gay Incel«, in: Dazed Magazine, 19.02.2020, URL: www.dazeddigital.com/life-culture/article/47978/1/an-investigation-into-the-gay-incel-reddit

Hauser, Christine: Reddit bans ›Incel‹ group for inciting violence against women, in: The New York Times, 09.11.2017, URL: www.nytimes.com/2017/11/09/technology/incels-reddit-banned.html

Hoffman, Bruce/Ware, Jacob: Incels: America's Newest Domestic Terrorism Threat, in: Lawfare, Januar 2020, URL: www.lawfareblog.com/incels-americas-newest-domestic-terrorism-threat

Hoffman, Bruce: *Terrorismus, der unerklärte Krieg. Neue Gefahren politischer Gewalt*, Frankfurt/M. 2006

Hombach, Stella: »Orgasm Gap«. Kommst du?, in: Spiegel Online, August 2019, URL www.spiegel.de/gesundheit/sex/orgasmus-bei-frauen-es-geht-nicht-nur-um-die-klitoris-a-1280920.html

Hynes, Alice: How many bones would you break to get laid, in:

The Cut, 28.05.2019, URL: www.thecut.com/2019/05/incel-plastic-surgery.html
Institute for women's policy research: The gender wage gap 2018: Earnings differences by race and ethnicity, URL: https://iwpr.org/wp-content/uploads/2019/03/C478_Gender-Wage-Gap-in-2018.pdf
Janik, Rachel: »I laugh at the death of normies«. How incels are celebrating the Toronto mass killing, in: SPL. Southern Poverty Law Center, April 2018, URL: www.splcenter.org/hatewatch/2018/04/24/i-laugh-death-normies-how-incels-are-celebrating-toronto-mass-killing
Kates, Graham: 8chan sputters back to life with new name, in: CBS News, 04.11.2019, URL: www.cbsnews.com/news/8chan-new-name-8kun-web-forum-hate-speech/
Kemnitzer, Sebastian und Shewefara, Lisabell: Warum werden so wenige Täter verurteilt? Tagesschau.de, 01.11.2019, URL: www.tagesschau.de/investigativ/report-muenchen/verurteilungen-vergewaltigung-101.html
Kesvani, Hussein: ›Incels Without Hate‹: Can a New Movement Overcome the Group's Notorious Violence?, in: MELmagazin, Oktober 2019, URL: https://melmagazine.com/en-us/story/incels-without-hate
Kimmel, Michael: *Angry White Men. Die USA und ihre zornigen Männer.* Orell Füssli Verlag, Zürich 2015, Übersetzung aus dem Englischen: Helmut Dierlamm
Klee, Miles: Desperate incels have turned to »chadfishing« women on dating apps, in: Mel Magazine, 25.06.2019, URL: https://melmagazine.com/en-us/story/desperate-incels-are-now-chadfishing-making-themselves-even-more-miserable
Koester, Elsa/Gladić, Mladen: Der Panzer des Mannes ist brüchig. Interview mit Klaus Theweleit, in: der Freitag 10/2019, URL: www.freitag.de/autoren/der-freitag/der-panzer-des-mannes-ist-bruechig
Kolman, Moris: *I Have No Mouth and I Must Meme, Internet Memes, Networked Neoliberalism and the Image of the Economic,* Williams College, 2018
Kracher, Veronika: Der Polizist als Triebtäter, in: Jungle World 30/2019
Kracher, Veronika: Incels und die Corona-Pandemie, in: Facebook.com, 19.04.2020, URL: www.facebook.com/verokracher/posts/529870731045255?__tn__=K-R
Kracher, Veronika: Wie reagiert die Incel-Community auf die Black Lives Matter-Proteste?, in: Facebook.com, 07.06 2020, URL: www.facebook.com/verokracher/posts/557552848277043?__tn__=K-R
Langner, Beatrix: *Die sieben größten Irrtümer über Frauen, die*

denken, Matthes & Seitz, Berlin 2018

Lindsey, Emma: Porn makes men terrible in bed, in: Medium.com, 19.10.2016, URL: https://medium.com/@emmalindsay/porn-makes-men-terrible-in-bed-6e4df5f73200

Makuch, Ben: Exclusive. Toronto van attack suspect Alek Minassian was a member of the Canadian Army, in: Vice, April 2018, URL: www.vice.com/en_ca/article/8xkjgg/exclusive-toronto-van-attack-suspect-alek-minassian-was-a-member-of-the-canadian-army]

Manne, Kate: *Down Girl. Die Logik der Misogynie*, Suhrkamp, Berlin 2019. Übersetzung Ulrike Bischoff

Mau, Huschke: Sie kaufen deinen Ekel, in: *der Freitag*, 22/2019, URL: www.freitag.de/autoren/der-freitag/sie-kaufen-deinen-ekel

McIntosh, Jonathan: Stalking for Love at the Movies, in: The Pop Culture Detective Agency, 01.03.2018, URL: http://popculturedetective.agency/2018/stalking-for-love-at-the-movies

Moore, Anna/Khan, Coco: The fatal, hateful rise of choking during sex, in: The Guardian, 25.07.2019, URL: www.theguardian.com/society/2019/jul/25/fatal-hateful-rise-of-choking-during-sex

Müller, Robert: War der Attentäter von Halle ein »Incel«?, in: KlasseGegenKlasse, Oktober 2019, URL: www.klassegegenklasse.org/war-der-attentaeter-von-halle-ein-incel/

Neiwart, David: Alt-America. The rise of the radical right in the age of Trump, Verso, London 2017

Nguyen, Tina: Donald Trump Jr. Shares White Supremacist Meme, in: Vanity Fair, September 2016, URL: www.vanityfair.com/news/2016/09/donald-trump-jr-pepe-nazi-instagram

O'Connor, Lydia: The Wage Gap: Terrible For All Women, Even Worse For Women Of Color, in: Huffington Post, 12.04.2016, URL: www.huffpost.com/entry/wage-gap-women-of-color_n_570beab6e4b0836057a1d98a

Palzer, Kerstin: Platzmangel in Frauenhäusern. Geschlagen, bedroht, schutzlos?, auf Tagesschau.de, 24.11.2019, URL: www.tagesschau.de/inland/frauenhaeuser-103.html

Pohl, Rolf: Der antisemitische Wahn. Aktuelle Ansätze zur Psychoanalyse einer sozialen Pathologie, in: Wolfram Stender/Guido Follert/Mihri Oezdogan (Hg.): *Konstellationen des Antisemitismus. Theorie - Forschung - Praxis*, VS Springer Verlag, Wiesbaden 2009, S. 41-68

Pohl, Rolf: *Feindbild Frau. Männliche Sexualität, Gewalt und die Abwehr des Weiblichen*, Offizin, Hannover 2019

Pohl, Rolf: Männer - das benachteiligte Geschlecht? Weiblichkeitsabwehr und Antifeminismus im Diskurs über die Krise der Männlichkeit in: Bereswill, Mechthild und Neuber, Anke (Hg.): *In der Krise? Männlichkeiten im 21. Jahrhundert*. Reihe: Forum Frauen- und Geschlechterforschung. Westfälisches Dampfboot. Münster 2010

Reply All: #120 INVCEL, Podcast, veröffentlicht auf Gimlet, Mai 2018, URL: https://gimletmedia.com/shows/reply-all/76h590/120-invcel

Speit, Andreas: Der Jude und die Weiblichkeit - Zwei alte Feindbilder. Hintergründe zur Gedankenwelt von Stephan Baillet, in: Speit, Andreas und Baeck, Jean-Philipp (Hg.): *Rechte Egoshooter. Von der virtuellen Hetze zum Livestream-Attentat*, Ch. Links, Berlin 2020, S. 86-106

Squirrell, Tim: The creator of pro-rape, pro-paedophilia Incelocalypse is an admitted paedophile and is running for Congress in Virginia, Juni 2018, URL: www.timsquirrell.com/blog/2018/6/1/the-creator-of-pro-rape-pro-paedophilia-incelocalypse-is-an-admitted-paedophile-and-is-running-for-congress-in-virginia

Squirrell, Tim: A definitive guide to Incels Part Three: the history of Incel, Juni 2018, URL: www.timsquirrell.com/blog/2018/6/4/a-definitive-guide-to-incels-part-three-the-history-of-incel

Staple, Adrian J.: Nathan Larson admits he has »sexual feelings« for children, seeks custody of daughter, Datum fehlt, URL: www.csindy.com/coloradosprings/pedophile-parental-rights-in-colorado/Content?oid=3456528

Stögner, Karin: *Antisemitismus und Sexismus - Historisch-gesellschaftliche Konstellationen*, Nomos-Verlag, Baden-Baden 2014

Theweleit, Klaus: *Das Lachen der Täter: Breivik u.a., Psychogramm einer Tötungslust*, Residenz Verlag, Wien 2015

Theweleit, Klaus: *Männerfantasien 2, Männerkörper: Zur Psychoanalyse des weißen Terrors*, Roter Stern, Frankfurt am Main 1978

Theweleit, Klaus: Mörderische Anti-Weiblichkeit - Warum ist - nicht nur rechte - Gewalt immer Männergewalt? in: IZ3W, Ausgabe 379, URL: www.iz3w.org/zeitschrift/ausgaben/379_rechte_gewalt/theweleit

Theweleit, Klaus: »Rechtsextremismus ist eliminatorisch, immer«, in: konkret 08/2019

Unbekannte*r Autor*in: BKA-Auswertung. Mehr Frauen Opfer von Partnerschaftsgewalt, in: tagesschau.de, November 2019, URL: www.tagesschau.de/inland/gewalttaten-frauen-deutschland-101.html

Unbekannte*r Autor*in: Frauen vor Gewalt schützen. Häusliche Gewalt, in: Website des Bundesministeriums für Familie, Senioren, Frauen und Jugend, Februar 2020, URL: www.bmfsfj.de/bmfsfj/themen/gleichstellung/frauen-vor-gewalt-schuetzen/haeusliche-gewalt/haeusliche-gewalt/80642

Unbekannte*r Autor*in: War der Halle-Mörder ein »Incel«? Das steckt hinter der Frauenhass-Bewegung, in: Bild, Oktober 2019, URL: www.bild.de/ratgeber/2019/ratgeber/neonazi-von-halle-war-er-anhaenger-der-incel-bewegung-65253854.bild.html

Unbekannte*r Autor*in: Teenage boy charged in Canada's first ›incel‹m terror case, in: BBC, 20.05.2020, URL: www.bbc.com/news/world-us-canada-52733060

Unbekannte*r Autor*in: ›I Shared One Unidentifiable Nude And Became A Target Of Incels‹. HR specialist Katrine grew up using discussion forums as her daily communication platform. She never thought it might cause one of the darkest periods of her life, in: Body + Soul, 09.04.2020, URL: www.bodyandsoul.com.au/sex-relationships/sex/i-shared-one-unidentifiable-nude-and-became-a-target-of-incels/news-story/f1c516d2221722c43be2a1d69ae628f4

Wendling, Mike: The extreme misogyny of ›pick-up artist‹ hate, in: bbc-news, Mai 2014, URL: www.bbc.com/news/blogs-trending-27640474

Werff, Emily van der: How the Matrix universalized a trans experience - and helped me accept my own, VOX, 30.03.2019, URL: www.vox.com/culture/2019/3/30/18286436/the-matrix-wachowskis-trans-experience-redpill

Winter, Sebastian: Die vorbildliche deutsche Frau und der echte deutsche Mann. Sozialpsychologische Überlegungen zu Geschlecht und Autoritarismus als Performanz und Charakter, in: Henkelmann, Katrin, Jäckel, Christian, Stahl, Andreas, Wünsch, Niklas und Zopes, Benedikt (Hg.): *Konformistische Rebellen. Zur Aktualität des autoritären Charakters*, Verbrecher Verlag, Berlin 2020, S. 159-176

Wolfram Stender/Guido Follert/Mihri Oezdogan (Hg.): *Konstellationen des Antisemitismus. Theorie - Forschung - Praxis*, VS Springer Verlag, Wiesbaden 2009 S. 41-68

Yong, Ed: Trans children know who they are, in: The Atlantic, 15.01.2019, URL: www.theatlantic.com/science/archive/2019/01/young-trans-children-know-who-they-are/580366/

Anmerkungen

1 Unbekannte*r Autor*in: War der Halle-Mörder ein »Incel«? Das steckt hinter der Frauenhass-Bewegung, in: Bild, Oktober 2019, URL: www.bild.de/ratgeber/2019/ratgeber/neonazi-von-halle-war-er-anhaenger-der-incel-bewegung-65253854.bild.html

2 Müller, Robert: War der Attentäter von Halle ein »Incel«?, in: KlasseGegenKlasse, Oktober 2019, URL: www.klassegegenklasse.org/war-der-attentaeter-von-halle-ein-incel/

3 »Not in employment, education, or training«

4 Zum Attentat in Halle sei das Buch »Rechte Egoshooter« empfohlen: Speit, Andreas und Baeck, Jean-Philipp (Hg.): *Rechte Egoshooter, von der virtuellen Hetze zum Livestream-Attentat*, Ch. Links, Berlin 2020

5 Makuch, Ben: Exclusive. Toronto van attack suspect Alek Minassian was a member of the Canadian Army, in: Vice, April 2018, URL: www.vice.com/en_ca/article/8xkjgg/exclusive-toronto-van-attack-suspect-alek-minassian-was-a-member-of-the-canadian-army

6 Unbekannte*r Autor*in: BKA-Auswertung. Mehr Frauen Opfer von Partnerschaftsgewalt, in: tagesschau.de, November 2019, URL: www.tagesschau.de/inland/gewalttaten-frauen-deutschland-101.html

7 Unbekannte*r Autor*in: Frauen vor Gewalt schützen. Häusliche Gewalt, in: Website des Bundesministeriums für Familie, Senioren, Frauen und Jugend, Februar 2020, URL: www.bmfsfj.de/bmfsfj/themen/gleichstellung/frauen-vor-gewalt-schuetzen/haeusliche-gewalt/haeusliche-gewalt/80642

8 ADL's Center on Extremism: When Women are the Enemy: The Intersection of Misogyny and White Supremacy, in: Anti-Defamation League, 2018, URL: www.adl.org/resources/reports/when-women-are-the-enemy-the-intersection-of-misogyny-and-white-supremacy

9 @realDonaldTrump:[Pepe der Frosch-Meme], 15. Oktober 2015, URL: https://twitter.com/realDonaldTrump/status/653856168402681856

10 Nguyen, Tina: Donald Trump Jr. Shares White Supremacist Meme, in: Vanity Fair, September 2016, URL: www.vanityfair.com/news/2016/09/donald-trump-jr-pepe-nazi-instagram

11 Shifman, Limor: Memes in Digital Culture. (Cambridge, MA: MIT Press, 2014). 41. Zitiert nach Kolman, Moris: I Have No Mouth and I Must Meme, Internet Memes, Networked Neoliberalism, and the Image of the Economic, Williams College, 2018, Übersetzung V. K.
12 Giesea, Jeff: It's Time to Embrace Memetic Warfare, in: OPENPublications Volume 1, Nr. 5, 2017, URL: www.act.nato.int/images/stories/media/doclibrary/open201705-memetic1.pdf
13 Kolman, Moris: *I Have No Mouth and I Must Meme, Internet Memes, Networked Neoliberalism, and the Image of the Economic*, Williams College, 2018
14 Boltwood, Alana: »I'm 27 and I've never been on a date.«, 1997, in: Waybackmachine, ohne Datum der Veröffentlichung, URL: https://web.archive.org/web/20030206192844/http://www.ncf.carleton.ca/~ad097/invcel.html, Übersetzung V. K.
15 Reply All: #120 INVCEL, Podcast, veröffentlicht auf Gimlet, Mai 2018, URL: https://gimletmedia.com/shows/reply-all/76h590/120-invcel
16 Squirrell, Tim: A definitive guide to Incels Part Three: the history of Incel, Juni 2018, URL: www.timsquirrell.com/blog/2018/6/4/a-definitive-guide-to-incels-part-three-the-history-of-incel
17 Squirrell, Tim: A definitive guide to Incels Part Three: the history of Incel, Juni 2018, URL: www.timsquirrell.com/blog/2018/6/4/a-definitive-guide-to-incels-part-three-the-history-of-incel
18 Ebd.; Übersetzung V. K.
19 fschmidt (Thread Starter): My concern for level of pain of rape would be greater if it weren't for the fact that most American women deserve to raped because they oppose prostitution as a sexual outlet for men. Since they deserve to raped, I cannot concern myself with the pain rape causes them, in: love-shy.com, März 2010, URL: https://fstdt.com/CQ74
20 Baker, Katie: The Angry Underground World of Failed Pickup Artists, in: Jezebel, Februar 2012, URL: https://jezebel.com/the-angry-underground-world-of-failed-pickup-artists-5906648
21 Wendling, Mike: The extreme misogyny of ›pick-up artist‹ hate, in: bbc-news, Mai 2014, URL: www.bbc.com/news/blogs-trending-27640474
22 Collins, Ben/Zadrozny, Brandy: After Toronto attack, online misogynists praise suspect as ›new saint‹, in: nbc news, April 2018, URL: www.nbcnews.com/news/us-news/after-toronto-attack-online-misogynists-praise-suspect-new-saint-n868821
23 Branson-Potts, Hailey/Winton, Richard: How Elliot Rodger went from misfit mass murderer to ›saint‹ for group of misogynists — and suspected Toronto killer, in: Los Angeles Times, April 2018, URL: www.latimes.com/local/

lanow/la-me-ln-elliot-rodger-incel-20180426-story.html

24 Collins, Ben/Zadrozny, Brandy: After Toronto attack, online misogynists praise suspect as ›new saint‹, in: nbc-news, April 2018, URL: www.nbcnews.com/news/us-news/after-toronto-attack-online-misogynists-praise-suspect-new-saint-n868821

25 Janik, Rachel: »I laugh at the death of normies«. How incels are celebrating the Toronto mass killing, in: SPL. Southern Poverty Law Center, April 2018, URL: www.splcenter.org/hatewatch/2018/04/24/i-laugh-death-normies-how-incels-are-celebrating-toronto-mass-killing

26 Hoffman, Bruce/Ware, Jacob: Incels: America's Newest Domestic Terrorism Threat, in: Lawfare, Januar 2020, URL: www.lawfareblog.com/incels-americas-newest-domestic-terrorism-threat

27 https://incels.co/threads/survey-results-oct-2019.147774/

28 Werff, Emily van der: How the Matrix universalized a trans experience - and helped me accept my own, VOX, 30.03.2019, URL: www.vox.com/culture/2019/3/30/18286436/the-matrix-wachowskis-trans-experience-redpill

29 Connell, Raewyn: *Der gemachte Mann*, Springer Fachmedien, Wiesbaden 2015, S. 130

30 https://incels.wiki/w/Scientific_Blackpill#It_is_normal_for_healthy_men_to_find_pubescent_.26_prepubesntfemales_sexually_arousing

31 https://incels.wiki/w/Rape

32 Benjamin, Jessica: *Die Fesseln der Liebe. Psychoanalyse, Feminismus und das Problem der Macht*, Fischer, Frankfurt am Main 1998

33 Ortharzeal (Thread Starter): FAQ 1.0, in: incels.net, April 2019, URL: https://incels.net/threads/faq-1-0.838/

34 Hauser, Christine: Reddit bans ›Incel‹ group for inciting violence against women, in: The New York Times, 09.11.2017, URL: www.nytimes.com/2017/11/09/technology/incels-reddit-banned.html

35 Kesvani, Hussein: ›Incels Without Hate‹: Can a New Movement Overcome the Group's Notorious Violence?, in: MELmagazin, Oktober 2019, URL: https://melmagazine.com/en-us/story/incels-without-hate

36 Kates, Graham: 8chan sputters back to life with new name, in: CBS News, 04.11.2019, URL: www.cbsnews.com/news/8chan-new-name-8kun-web-forum-hate-speech/

37 Rodger, Elliot: »My Twisted World«, S. 1, Übersetzung V.K.

38 Ebd. S. 21

39 Ebd. S. 129

40 Ebd. S. 32

41 Ebd. S. 76

42 Ebd. S. 84

43 Ebd. S. 117

44 Ebd. S. 72

45 Ebd. S. 62

46 Ebd.

47 Ebd. S. 113

48 Ebd. S. 38f.
49 Ebd. S. 39
50 Ebd. S. 36
51 Ebd. S. 47
52 Ebd. S. 56
53 Ebd. S. 57
54 Ebd. S. 65
55 Ebd. S. 66
56 Ebd. S. 67
57 Ebd. S. 91
58 Siehe: Kimmel, Michael: Angry White Men. Die USA und ihre zornigen Männer. Orell Füssli Verlag, Zürich 2015, Übersetzung aus dem Englischen: Helmut Dierlamm. Obwohl ich Michael Kimmel zitiere, möchte ich nicht unerwähnt lassen, dass mehrere Studierende ihn des Sexismus und der Transfeindlichkeit bezichtigt haben; er hätte ausschließlich männliche Studierende gefördert und weibliche und weiblich gelesene Studierende sexuell belästigt. Siehe: Coston, Bethany M.: Reclaiming my fear: I will no longer stay silent about Michael Kimmel, in: Medium, 09.08.2018, URL: https://medium.com/@bmcoston/reclaiming-my-fear-i-will-no-longer-stay-silent-about-michael-kimmel-bde8602fee55
59 Rodger, Elliot: »My Twisted World«, S. 131
60 Ebd. S. 26
61 Ebd. S. 41
62 Ebd. S. 52
63 Ebd. S. 30
64 Ebd. S. 95
65 Ebd. S. 68
66 Ebd. S. 102
67 Ebd. S. 90
68 Ebd. S. 55
69 Ebd. S. 67
70 Ebd. S. 84
71 Ebd. S. 18
72 Ebd. S. 26
73 Ebd. S. 38
74 Ebd. S. 54
75 Ebd. S. 69
76 Ebd. S. 105
77 Ebd. S. 42
78 Frauen gegen Gewalt: Kampagne »Vergewaltigung verurteilen«, URL: www.frauen-gegen-gewalt.de/de/zahlen-und-fakten-zum-plakat-vergewaltigung-verurteilen.html
79 Mau, Huschke: Sie kaufen deinen Ekel, in: der Freitag 22/2019,URL: www.freitag.de/autoren/der-freitag/sie-kaufen-deinen-ekel
80 Bundeskriminalamt: Partnerschaftsgewalt - kriminalstatistische Auswertung, URL: www.bka.de/DE/AktuelleInformationen/StatistikenLagebilder/Lagebilder/Partnerschaftsgewalt/partnerschaftsgewalt_node.html
81 Palzer, Kerstin: Platzmangel in Frauenhäusern. Geschlagen, bedroht, schutzlos?, auf Tagesschau.de, 24.11.2019, URL: www.tagesschau.de/inland/frauenhaeuser-103.html
82 Lindsey, Emma: Porn makes men terrible in bed, in: Medium.com, 19.10.2016, URL: https://medium.com/@emmalindsay/porn-makes-men-terrible-in-bed-6e4df5f73200

83 Bundesministerium für Familie, Senioren, Frauen und Jugend: Gender Care Gap – Ein Indikator für die Gleichstellung, 27.08.2019, URL: www.bmfsfj.de/bmfsfj/themen/gleichstellung/gender-care-gap/indikator-fuer-die-gleichstellung/gender-care-gap---ein-indikator-fuer-die-gleichstellung/137294

84 Ein großartiges Buch zu dem Thema ist übrigens: Langner, Beatrix: *Die sieben größten Irrtümer über Frauen, die denken*, Matthes & Seitz, Berlin 2018

85 Ropemaxx (Thread Starter): [venting] Im in so much pain lately, i think just some female affection would heal me, in incels.co, Dezember 2019, URL: https://incels.co/threads/venting-im-in-so-much-pain-lately-i-think-just-some-female-affection-would-heal-me.164024/

86 Grotesque (Thread Starter): Reminder for incels that think their mothers care about them, in: incels.co, Dezember 2018, URL: https://incels.is/threads/reminder-for-incels-that-think-their-mothers-care-about-them.97278/

87 u/[deleted]: Incel describes his perfect girl. Now if yall could excuse me, I gotta go puke. Also TIL vaginas are essentially belly buttons lower down your body, in: r/badmomensanatomy, 2018, URL: www.reddit.com/r/badwomensanatomy/comments/8zuwkc/incel_describes_his_perfect_girl_now_if_yall/

88 NEETSupremacist (Thread Starter): Virgin Girls a superior to non-virgin girls, in: incels.co, April 2019, URL: https://incels.co/threads/virgin-girls-are-superior-to-non-virgin-girls.116141/

89 Eine sehr schöne Aufarbeitung dieser Herrschaft findet man in den Comics von Liv Strömquist und in den Werken von Mithu Sanyal. Eine tiefergehende Analyse des Jungfräulichkeitsmythos würde den Rahmen meines Buches sprengen.

90 Staple, Adrian J.: Nathan Larson admits he has »sexual feelings« for children, seeks custody of daughter, URL: www.csindy.com/coloradosprings/pedophile-parental-rights-in-colorado/Content?oid=3456528

91 Josef Fritzl (Thread Starter): From now on, only rapecels and pedocels are allowed on this site, in: rapey.org, August 2020, URL: https://rapey.org/threads/from-now-on-only-rapecels-and-pedocels-are-allowed-on-this-site.1220/

92 Squirrel, Tim: The creator of pro-rape, pro-paedophilia Incelocalypse is an admitted paedophile and is running for Congress in Virginia, Juni 2018, URL: www.timsquirrell.com/blog/2018/6/1/the-creator-of-pro-rape-pro-paedophilia-incelocalypse-is-an-admitted-paedophile-and-is-running-for-congress-in-virginia

93 Crew2 (Threat Starter): Would you sacrifice pornography if it meant every random whore was banned from camwhoring in any way to leech money or face prison? in: incels.co, April 2020, URL: https://incels.co/threads/would-you-sacrifice-pornography-if-it-meant-every-random-whore-was-banned-from-camwhoring-in-any-way-to-leech-money-or-face-prison.194963/

94 Speit, Andreas: Der Jude und die Weiblichkeit - Zwei alte Feindbilder. Hintergründe zur Gedankenwelt von Stephan Baillet, in: Speit, Andreas und Baeck, Jean-Philipp (Hg.): *Rechte Egoshooter. Von der virtuellen Hetze zum Livestream-Attentat*, Ch. Links, Berlin 2020, S.86-106

95 Ebd.

96 Stögner, Karin: *Antisemitismus und Sexismus - Historisch-gesellschaftliche Konstellationen*, Nomos-Verlag, Baden-Baden 2014, S. 117

97 Ebd. S. 119

98 TheBasedCel (Thread Starter): Too much kike sympathizing on this Forum, in: incels.co, Februar 2020, URL: https://incels.co/threads/kikepill-too-much-kike-sympathizing-on-this-forum.182498/

99 Atavistic Autist (Thread Starter): The Corona Virus must be leveraged by the billionaire class to destroy the remnants of moralitiy and collective identity, in: incels.co, März 2020, URL: https://incels.co/threads/jewpill-the-corona-virus-must-be-leveraged-by-the-billionaire-class-to-destroy-the-remnants-of-morality-and-collective-identity.187143/

100 Comethazine (Thread Starter): Please never racemix: in: lookism.net, Februar 2020, URL: https://lookism.net/threads/please-never-racemix.444016/

101 Kracher, Veronika: Wie reagiert die Incel-Community auf die Black Lives Matter-Proteste?, in: Facebook.com, 07.06 2020, URL: www.facebook.com/vero-kracher/posts/557552848277043?__tn__=K-R

102 Personalityinkwell (Thread Starter): The reason n***** [Zensur durch mich, VK]-culture is pushed so much on white normies is to make people more degenerate so they vote left, in: incels.co, Juni 2020, URL: https://incels.co/threads/the-reason-n****-culture-is-pushed-so-much-on-normies-is-to-make-people-more-degenerate-so-they-vote-left.212194/

103 https://incels.wiki/w/Homosexuality

104 https://incels.wiki/w/Homocel_hypothesis

105 Ebd.

106 Hall, Jake: Investigating the insidious rise of the gay Incel«, in: Dazed Magazine, 19.02.2020, URL: www.dazeddigital.com/life-culture/article/47978/1/an-investigation-into-the-gay-incel-reddit

107 u/zanmato1109, *The New Internalised Homophobia, or, Revenge of the Gay Incels*, r/gaybros, August 2019, URL: www.reddit.com/r/gaybros/comments/csgxto/the_new_internalized_homophobia_or_revenge_of_the/

108 https://incels.wiki/w/Trans-vestigiality_hypothesis

109 Yong, Ed: Trans children know who they are, in: The Atlantic, 15.01.2019, URL: www.theatlantic.com/science/archive/2019/01/young-trans-children-know-who-they-are/580366/

110 https://incels.co/threads/survey-results-march-2020.188748/

111 Total Imbecile (Thread Starter): Female suicide is the most selfish act ever, in: incels.co, Juni 2020, URL: https://incels.co/threads/female-suicide-is-the-most-selfish-act-ever.216007/

112 Hynes, Alice: How many bones would you break to get laid, in: The Cut, 28.05.2019, URL: www.thecut.com/2019/05/incel-plastic-surgery.html

113 Eberle, Max: Incels: Auf Lookism.net beleidigen sich Männer gegenseitig für ihr Aussehen, in: Vice.de, 05.06.2020, URL: www.vice.com/de/article/wxq5b9/incels-auf-lookismnet-beleidigen-manner-sich-gegenseitig-fuer-ihr-aussehen

114 Sadness (Thread Starter): The oppression of American Men in 2019 is worse than that of jews 1943 and blacks in 1850, in: incels.co, November 2019, URL: https://incels.co/threads/the-oppression-of-american-men-in-2019-is-worse-than-that-of-jews-in-1943-and-blacks-in-1850.159943/

115 Iblamemyself (Thread Starter): Important: the goER in Halle, Germany, was indeed a false flag, in: incels.co, Oktober 2019, URL: https://incels.co/threads/important-the-goer-in-halle-germany-was-indeed-a-false-flag.153741/

116 u/Square_Hornet_9658: On brigading/spamming gore, r/IncelTear, Juli 2020, URL: www.reddit.com/r/IncelTear/comments/hqi9yv/on_brigadingspamming_gore/

117 Suigin (Thread Starter): False flag shooting in Joker premiere to kick of the incelocaust, in: incels.co, September 2020, URL: https://incels.co/threads/false-flag-shooting-on-joker-premiere-to-kick-of-the-incelocaust.147223/

118 Unbekannte*r Autor*in: Teenage boy charged in Canada's first ›incel‹ terror case, in: BBC, 20.05.2020, URL: www.bbc.com/news/world-us-canada-52733060

119 AsiaCel (Thread Starter): Incels are now labelled as terrorists, in: incels.co, Mai 2020, URL: https://incels.co/threads/incels-are-now-labelled-as-terorrists.207200/

120 Futrelle, David: Incel Genocide? Conspiracy theorist claims the government is trying to eradicate beta genes by refusing to fund incel plastic surgery, in: We Hunted the Mammoth, 26.12.2019, URL: http://www.wehuntedthemammoth.com/2019/12/26/incel-genocide-conspiracy-theorist-claims-the-government-is-trying-to-eradicate-beta-genes-by-refusing-to-fund-incel-plastic-surgery/

121 Adorno, Theodor W. und Horkheimer, Max: *Dialektik der Aufklärung*, Fischer Taschenbuch

Verlag, Frankfurt am Main 1971, S. 167

122 u/kathaskrp: Moaning must be criminalized, r/IncelsInAction, Juni 2020, URL: www.reddit.com/r/IncelsInAction/comments/h10e27/moaning_must_be_criminalized/

123 LastGerman (Thread Starter): The female next door wants to destroy me completely, in: incels.co, Juni 2020, URL: https://incels.co/threads/the-female-next-door-wants-to-destroy-me-completely.215782/

124 ShySaxon (Thread Starter): Went out for a relaxing walk, saw a couple kissing with the girl on top of the guy, day ruined. in: incels.co, Juli 2020, URL: https://incels.co/threads/went-out-for-a-relaxing-walk-saw-a-couple-kissing-with-the-girl-on-top-of-the-guy-day-ruined.221890/

125 Dokumentiert über: u/zoomie1977: Couple enjoys some time together outside during lockdown. Incel: THEY WERE DOING IT TO ME ON PURPOSE TO UPSET ME. Because the world must revolve him, r/IncelTear, Juli 2020, URL. www.reddit.com/r/IncelTear/comments/h9ac3u/couple_enjoys_some_time_together_outside_during/

126 McIntosh, Jonathan: Stalking for Love at the Movies, in: The Pop Culture Detective Agency, 01.03.2018, URL: http://popculturedetective.agency/2018/stalking-for-love-at-the-movies

127 Ein unerlässlicher Aufsatz zum sogenannten »Male Gaze« im Film, der aber auch darüber hinaus ein Muss für feministisch Interessierte ist: Mulvey, Laura: Visuelle Lust und narratives Kino. in: Liliane Weissberg (Hg.): *Weiblichkeit als Maskerade,* Fischer, Frankfurt am Main, 1994, S. 48–65

128 Siehe: Langner, Beatrix: *Die sieben größten Irrtümer über Frauen, die denken,* Matthes & Seitz, Berlin 2017

129 Erfahrungsberichte von Frauen aus der Prostitution werden unter anderem auf der Seite des Netzwerks ELLA gesammelt: https://netzwerk-ella.de

130 Kracher, Veronika: Der Polizist als Triebtäter, in: Jungle World 30/2019

131 Kemnitzer, Sebastian und Shewefara, Lisabell: Warum werden so wenige Täter verurteilt? auf: Tagesschau.de, 01.11.2019, URL: www.tagesschau.de/investigativ/report-muenchen/verurteilungen-vergewaltigung-101.html

132 Institute for women's policy research: The gender wage gap 2018: Earnings differences by race and ethnicity, URL: https://iwpr.org/wp-content/uploads/2019/03/C478_Gender-Wage-Gap-in-2018.pdf

133 O'Connor, Lydia: The Wage Gap: Terrible For All Women, Even Worse For Women Of Color, in: Huffington Post, 12.04.2016, URL: www.huffpost.com/entry/wage-gap-women-of-color_n_570beab6e4b0836057a1d98a

134 Pressemitteilung des Dachverbands der Migrantinnen zum Equal Pay Day, 18.03.2019, URL: www.damigra.de/meldungen/damigra-zum-equal-pay-day-am-18-maerz-2019-wann-ist-der-equal-pay-day-fuer-migrantinnen/

135 Siehe: Manne, Kate: *Down Girl. Die Logik der Misogynie*, Suhrkamp, Berlin 2019, S. 184. Übersetzung Ulrike Bischoff

136 Ebd. S. 184

137 Ebd. S. 190

138 Ebd. S. 193f.

139 Ebd. S. 195

140 Pohl, Rolf: Männer - das benachteiligte Geschlecht? Weiblichkeitsabwehr und Antifeminismus im Diskurs über die Krise der Männlichkeit in: Bereswill, Mechthild und Neuber, Anke (Hg.): *In der Krise? Männlichkeiten im 21. Jahrhundert.* Reihe: Forum Frauen- und Geschlechterforschung. Westfälisches Dampfboot. Münster 2010

141 Ebd.

142 Pohl, Rolf: *Feindbild Frau. Männliche Sexualität, Gewalt und die Abwehr des Weiblichen*, Offizin, Hannover 2019, S. 279

143 Moore, Anna/Khan, Coco: The fatal, hateful rise of choking during sex, in: The Guardian, 25.07.2019, URL: www.theguardian.com/society/2019/jul/25/fatal-hateful-rise-of-choking-during-sex

144 Pohl, Rolf: *Feindbild Frau. Männliche Sexualität, Gewalt und die Abwehr des Weiblichen*, Offizin, Hannover 2019, S. 184

145 Freud, Sigmund: Triebe und Triebschicksale, in: *Gesammelte Werke X*, Fischer Verlag, Frankfurt am Main 1999, S. 230

146 Pohl, Rolf: Der antisemitische Wahn. Aktuelle Ansätze zur Psychoanalyse einer sozialen Pathologie, in: Wolfram Stender/Guido Follert/Mihri Oezdogan (Hg.): *Konstellationen des Antisemitismus. Theorie - Forschung - Praxis,* VS Springer Verlag, Wiesbaden 2009, S. 41-68

147 Zur Verstrickung von Kapitalismus und Patriarchat, die hier aus Platzgründen nicht erläutert werden kann, seien die Schriften von unter anderem Heidi Hartmann, Regina Becker-Schmidt, Roswitha Scholz, Ursula Beer, Mariarosa Dalla Costa, Silvia Federici und Koschka Linkerhand empfohlen.

148 Accel&Qualtrics: The Millenial Study 2017 - Women and Leadership, URL: www.qualtrics.com/millennials/women-and-leadership/

149 Bundesministerium für Familie, Senioren, Frauen und Jugend: *Männerperspektiven - Auf dem Weg zu mehr Gleichstellung?*, Penzberg 2016

150 Theweleit, Klaus: »Rechtsextremismus ist eliminatorisch, immer«, in: konkret 08/2019

151 https://incels.wiki/w/Blackpill#Themes

152 Adorno, Theodor W.: Bemerkungen über Politik und Neurose, in: *Soziologische Schriften I*, Suhrkamp, Frankfurt am Main 1972, S.461

153 Sigmund Freud, *Massenpsychologie und Ich-Analyse*, Fischer Taschenbuch Verlag, Frankfurt 1967, S. 5

154 Winter, Sebastian: Die vorbildliche deutsche Frau und der echte deutsche Mann. Sozialpsychologische Überlegungen zu Geschlecht und Autoritarismus als Performanz und Charakter, in: Henkelmann, Katrin/Jäckel, Christian/Stahl, Andreas/Wünsch, Niklas und Zopes, Benedikt (Hg.): *Konformistische Rebellen. Zur Aktualität des autoritären Charakters*, Verbrecher Verlag, Berlin 2020, S.159-176

155 Lvl99_BixNood (Thread Starter): Based incel doxed the 14 yo IT hole, in: incels.co, Juni 2020, URL: https://incels.co/threads/based-incel-doxxed-the-14-yo-it-hole.215630/

156 u/NOXDND: They literally fuckn doxed me on their page. Seriously get a goddam life, r/inceltear, Juni 2020, URL: www.reddit.com/r/IncelTear/comments/gq4zxw/they_literally_fuckn_doxxed_me_on_their_page/

157 Unbekannte*r Autor*in: ›I Shared One Unidentifiable Nude And Became A Target Of Incels‹. HR specialist Katrine grew up using discussion forums as her daily communication platform. She never thought it might cause one of the darkest periods of her life, in: Body + Soul, 09.04.2020, URL: www.bodyandsoul.com.au/sex-relationships/sex/i-shared-one-unidentifiable-nude-and-became-a-target-of-incels/news-story/f1c516d2221722c43be2a1d69ae628f4

158 u/shredtheblackpill1: Looks like I'm getting doxed. It was nice knowing y'all, r/IncelTear, Juli 2020, URL: www.reddit.com/r/IncelTear/comments/hnv77k/looks_like_im_getting_doxxed_it_was_good_knowing/

159 u/Sickoincels: Stalker lies on a subreddit to try & get other incels to attack a lesbian who had to get a restraining order against him, r/IncelTear, Juli 2020, URL: www.reddit.com/r/IncelTear/comments/hqd6ha/stalker_lies_on_a_subreddit_to_try_get_other/

160 Freakinasuite: A guide to getting nudes through Chadfish, in: incels.co, November 2019, URL: https://incels.co/threads/a-guide-to-getting-nudes-through-chadfish.161252/

161 Klee, Miles: Desperate incels have turned to »chadfishing« women on dating apps, in: Mel Magazine, 25.06.2019, URL: https://melmagazine.com/en-us/story/desperate-incels-are-now-chadfishing-making-themselves-even-more-miserable

162 Nxdismycope (Thread Starter): I cutted in line today a foid at the supermarket, in: incels.co, Juni 2020, URL: https://incels.co/threads/i-cutted-in-line-today-a-foid-in-the-supermarket.213026/

163 Wide_eyed_optimism (Thread Starter): I went to a club late at night and groped 20-30 women, in: incels.co, November 2019, URL: https://incels.co/threads/i-went-into-a-night-club-late-at-night-and-groped-like-20-30-women.160705/

164 Archiviert auf: u/Samsstuff3499, Saw this shared on my facebook, r/IncelsinAction, URL: www.reddit.com/r/IncelsInAction/comments/hstgol/saw_this_shared_on_my_facebook/

165 Demik (Thread Starter): Fucking a drunk girl = rape? This is new to me, in: incels.co, April 2018, URL: https://incels.co/threads/fucking-a-drunk-girl-rape-this-is-new-to-me.35826/

166 DepravedAndDeprived (Thread Starter): You cannot rape your partner, in: incels.co, April 2020, URL: https://incels.co/threads/you-cannot-rape-your-partner.223442/

167 Lev Peshkov (Thread starter): Post women getting beaten, raped or killed [nsfw allowed], in: looksmax.me, Juni 2020, URL: https://looksmax.me/threads/post-women-getting-beat-raped-and-killed-nsfw-allowed.173735/

168 Archiviert auf: u/WonderChode: They will never stop. Those people should be in a psych ward, r/IncelTear, Juli 2020, URL: www.reddit.com/r/IncelTear/comments/hjyvr2/they_will_never_stop_these_people_should_be_in_a/

169 Neiwart, David: Alt-America. The rise oft he radical right in the age of Trump, Verso, London 2017, S. 219

170 Hoffman, Bruce: *Terrorismus, der unerklärte Krieg. Neue Gefahren politischer Gewalt*, Frankfurt/M. 2006, S. 80

171 Kimmel, Michael: *Angry White Men. Die USA und ihre zornigen Männer*, Orell Füssli Verlag, Zürich 2015, Übersetzung aus dem Englischen: Helmut Dierlamm, S. 98

172 Zitiert nach: Baele, Stephane J., Brace, Lewys and Coan, Travis G.: From »Incel« to »Saint«: Analyzing the violent worldview behind the 2018 Toronto attack, in: *Terrorism and Political Violence*, Routledge 2019.

173 Ebd.

174 Screenshot des Eintrags dokumentiert auf Reddit unter https://i.redd.it/dqm29ijiqwt01.jpg

175 Ebd.

176 Jazavac (Thread Starter): Incels are literally ISIS, in: incels.co, November 2018, URL: https://incels.co/threads/incels-are-literally-isis.89041/page-2

177 foreVER (Thread Starter): Every incel who converts to islam will be awarded a virgin, in: incels.co, November 2018, URL: https://incels.co/threads/every-incel-who-converts-to-islam-will-be-awarded-a-virgin.90782/#post-1759420

178 Maskedman (Tread Starter): Islammaxx and guarantee yourself a muslim bitch, in: incels.net, Mai 2020, URL: https://incels.

net/threads/islammaxx-and-guarantee-yourself-a-muslim-bitch.15332/#post-251901
179 Fightcel (Thread starter): A movie about Anders Breivik is inspiring, in: incels.co, Oktober 2018, URL: https://incels.is/threads/a-movie-about-anders-breivik-is-inspiring.82663/
180 VST (Thread Starter): Anders Breivik was an incel turned gymcel, in: incels.co, August 2018, URL: https://incels.co/threads/anders-breivik-was-an-incel-turned-gym-cel.66363/
181 Carbone, Nick: Bullying and plastic surgery: Childhood friend speaks out on Anders Breivik's life, in: TIME Magazine, 26.07.2011, URL: http://newsfeed.time.com/2011/07/26/bullying-and-plastic-surgery-childhood-friend-speaks-out-on-anders-breiviks-life/
182 FoidsDeserveCancer (Thread Starter): Who's your favorite incel hero as in someone you think benefitted inceldom, in: incels.co, August 2018, URL: https://incels.co/threads/whos-your-favorite-incel-hero-as-in-someone-you-think-benefitted-inceldom.65179/
183 Outherebrothers (Thread Starter): A collage I made out of every incel mass killer from the 20th century to the present day, in: incels.co, Oktober 2019, URL: https://incels.co/threads/a-collage-i-made-of-every-incel-mass-killer-from-the-20th-century-to-the-present-day.148503/
184 Harper-Mercer, Christopher Sean: My manifesto, gefunden auf: https://schoolshooters.info/sites/default/files/Christopher-Sean-Harper-Mercer-My-Manifesto.pdf
185 u/Titanbrass: Incel claims that women get wet during school shootings, r/iamatotalpieceofshit, August 2020, URL: www.reddit.com/r/iamatotalpieceofshit/comments/8ekloe/incel_claims_that_women_get_wet_during_school/
186 Theweleit, Klaus: *Männerfantasien 2, Männerkörper: Zur Psychoanalyse des weißen Terrors*, Roter Stern, Frankfurt am Main 1978, S. 246
187 Koester, Elsa/Gladić, Mladen: Der Panzer des Mannes ist brüchig. Interview mit Klaus Theweleit, in: der Freitag 10/2019, URL: www.freitag.de/autoren/der-freitag/der-panzer-des-mannes-ist-bruechig
188 Theweleit, Klaus: Mörderische Anti-Weiblichkeit - Warum ist - nicht nur rechte - Gewalt immer Männergewalt? in: IZ3W, Ausgabe 379, URL: www.iz3w.org/zeitschrift/ausgaben/379_rechte_gewalt/theweleit
189 Theweleit, Klaus: *Das Lachen der Täter: Breivik u.a., Psychogramm einer Tötungslust*, Residenz Verlag, Wien 2015, S. 117
190 Futrelle, David: Incels are rooting for the Corona Virus to kill off Chads and Stacies, in: We hunted the Mammoth, 01.03.2020, URL: http://www.wehuntedthemammoth.com/2020/03/01/incels-are-rooting-for-the-coronavirus-to-kill-off-chads-and-stacies/

191 Kracher, Veronika: Incels und die Corona-Pandemie, in: Facebook.com, 19.04.2020, URL: www.facebook.com/verokracher/posts/529870731045255?__tn__=K-R
192 Mvp (Thread Starter): Schadenfreude is a major lifefuel, in: lookism.net, Juni 2020, URL: https://lookism.net/threads/schadenfreude-is-major-lifefuel.502948/#post-4606081
193 Hidden (Thread Starter): Old feminazi foid died, in: incels.net, Juli 2020, URL: https://incels.net/threads/good-news-old-feminazi-foid-died.20289/
194 JustAWittyCel (Thread Starter): A toilets life was ended because of her stupidity, in: incels.net, Juni 2020, URL: https://incels.net/threads/a-toilets-life-was-ended-because-of-her-stupidity.19930/#post-336872
195 Demir (Thread Starter): My crush started looking like shit, in: lookism.net, März 2020, URL: https://lookism.net/threads/lifefuel-my-crush-started-looking-like-shit.458856/#post-4099030
196 MidnightJewCrew (Thread Starter): Vietnam is probably the best place to SEAmaxx, in: incels.co, Juli 2020, URL: https://incels.co/threads/vietnam-is-probably-the-best-place-to-seamaxx.226529/
197 Goydivision (Thread Starter): Foid I know got beaten by the pigs, in: incels.co, Juli 2020, URL: https://incels.co/threads/stupid-foid-i-know-got-beaten-by-the-pigs.225810/
198 DeadInside (Thread Starter): My biggest lifefuel is remembering when I saw my wh*re cousin got smacked/beaten, in: incels.net, Juli 2020, URL: https://incels.net/threads/my-biggest-lifefuel-is-remembering-when-i-saw-my-wh-re-cousin-got-smacked-beaten.19018/
199 Theweleit, Klaus: *Das Lachen der Täter: Breivik u.a., Psychogramm einer Tötungslust*, Residenz Verlag, Wien 2015, S.114
200 Ebd. S. 115
201 Ebd. S. 115f.
202 Theweleit, Klaus: *Männerphantasien 2, Männerkörper: Zur Psychoanalyse des weißen Terrors*, Roter Stern, Frankfurt am Main 1978, S. 283
203 Hamudi Ebalz: The Fallen Ones Saint Hamudi, YouTube, 06.07.2020, URL: www.youtube.com/watch?v=To2Qbf3wzcQ
204 Burgess, Elisabeth/Donnelly, Denise: Involuntary Celibacy: A life course analysis, in: Journal of Sex Research Vol. 38, No. 2, Taylor & Francis, Oxford 2011
Die Studie ist online auf folgender Seite abrufbar: http://web.archive.org/web/20110126185647/http:/findarticles.com/p/articles/mi_m2372/is_2_38/ai_79439406
205 Dokumentiert über: u/gatemansgc: This is epic-tier self-defeating, r/IdiotTears, Juni 2020, URL: www.reddit.com/r/IdiotTears/comments/gl8hn2/this_is_epic-tier_selfdefeating/
206 u/chgghg: I think the black pill completely fucked my mind,

r/IncelExit, Juli 2020, URL: www.reddit.com/r/IncelExit/comments/huulju/i_think_the_black_pill_completely_fucked_my_mind/
207 r/Shmoodical: I want to leave incel forums but they are the only people I talk to, r/IncelExit, Juli 2020, URL: www.reddit.com/r/IncelExit/comments/hkuqvs/i_want_to_leave_incel_forums_but_they_are_the/
208 u/takedownhisshield: Incel subreddits kill me, r/IncelExit, April 2020, URL: www.reddit.com/r/IncelExit/comments/fqwapn/incel_subreddits_kill_me/
209 u/[deleted]: Every time I read incel forums I get really depressed, r/IncelExit, Dezember 2019, URL: www.reddit.com/r/IncelExit/comments/e6l96c/every_time_i_read_incel_forums_i_get_really/
210 u/CharlieBrown829: I'm recovering from my unhealthy addiction to stalking incel forums on the internet screenshotting their posts and uploading them on reddit, but I'm afraid I might relapse., r/recovertogether, Februar 2020, URL: www.reddit.com/r/recovertogether/comments/fg770c/im_recovering_from_my_unhealthy_addiction_to/
211 squirrelsonfire2 (Thread Starter): Being mogged by a female is worse than being raped, Januar 2020, URL: https://incels.co/threads/being-mogged-by-a-female-is-worse-than-being-raped.172501/
212 u/AndySambergsPants, u/rueterna, u/ Urist-McWarrior et al.: Incel Language Dictionary, in: reddit [subreddit: IncelTears: Because hating women will always get you laid], Februar 2020, URL: www.reddit.com/r/IncelTears/wiki/incel-terminology

Bildquellen

S. 21 links: https://knowyourmeme.com/photos/1705233-doomer
S. 21 rechts: https://knowyourmeme.com/memes/virgin-vs-chad
S. 22 oben: https://www.reddit.com/r/IncelTear/comments/ibl9dx/theyre_so_desperate_to_believe_no_one_likes_older/
S. 22 unten: https://knowyourmeme.com/photos/1884167-soy-jaks-vs-chads
S. 23: https://knowyourmeme.com/memes/clown-pepe-honk-honk-clown-world
S. 28: https://www.timsquirrell.com/blog/2018/6/4/a-definitive-guide-to-incels-part-three-the-history-of-incel
S. 45 oben: https://looksmax.me/threads/how-do-we-stop-hypergamy.101454/#lg=_xfUid-1-1588087768&slide=0
S. 45 unten: https://knowyourmeme.com/memes/millimeters-of-bone
S. 189: https://incels.co/threads/survey-results-march-2020.188748/

Danksagungen

Als Erstes möchte ich Jonas Engelmann danken, meinem Lektor und Verleger. Ohne ihn wäre dieses Buch nicht möglich gewesen. Des Weiteren gebührt mein Dank meinen Korrekturleser*innen Kim Posster, Babsi de l'Ordinateur und Roland Sieber für ihre Zeit, ihre Ideen und ihre Unterstützung. Danke an Marit Hofmann, die mich das Schreiben gelehrt hat. Danke an meine Interviewpartner*innen für ihre Zeit und Offenheit. Vielen Dank an meine Freund*innen für ihre Geduld, ihre Solidarität und ihren intellektuellen Input. Jane, Daniel, Robin, Tobi, Jeja, Bilke, Patrick, Kuku und Rina: es ist ein Privileg, eure Freundin zu sein. Danke an meine Eltern. Außerdem möchte ich meiner Psychoanalytikerin Dank aussprechen, ohne ihre ausgesprochen kompetente Arbeit wäre ich vermutlich an meinem Gegenstand gescheitert. Vor allem gilt mein Dank Dominik, der mich aufgefangen hat, wenn mir meine Arbeit zu Kopf stieg, für mich da war und mich unterstützt hat. Du bist der beste Partner, den man sich wünschen kann, ich liebe dich.